渡邉　泉 編著

歴史から見る公正価値会計
──会計の根源的な役割を問う──

東京 森山書店 発行

まえがき

　2011年3月11日の東日本大震災の後で，繰り返し繰り返しテレビを通して届けられたキャッチコピー，「『こころ』は誰にも見えないけれど，『こころづかい』は見える。『思い』は見えないけれど，『思いやり』は誰にでも見える(注)」は，今もなお多くの人の心に深く刻まれている。

　1人の若者が気恥ずかしさからか電車の中で妊婦に席をゆずるのを逡巡し，心にわだかまりを持ちながら帰途につく。帰り途で，重い荷物を抱えた老婆が階段を上る姿を見て，一旦は通り過ごしたものの立ち戻り，その荷物を代わりに持ち，手を添えながら老婆と一緒にゆっくりと階段を上っていく若者の映像が放映された。どれだけ多くの人の心に強く反響したことか。困った時にこそ，心の思いを行動に移すことの大切さ，理論だけではなく実践の大切さを訴えたメッセージである。

　（注）この感動的なメッセージは，宮沢章二の『行為の意味』という詩の1節からとってきたものである。原詩では，次のようになっている。「―あなたの〈こころ〉はどんな形ですか　と人に聞かれても答えようがない　自分にも他人にも〈こころ〉は見えない　けれどほんとうに見えないのであろうか　確かに〈こころ〉はだれにも見えない　けれど〈こころづかい〉は見えるのだ　それは人に対する積極的な行為だから　同じように胸の中の〈思い〉は見えない　けれど〈思いやり〉はだれにでも見える　それも人に対する積極的な行為なのだから　あたたかい心があたたかい行為になり　やさしい思いがやさしい行為になるとき　〈心〉も〈思い〉も初めて美しく生きる　―それは人が人としていきることだ」（宮沢［2010］,『行為の意味　青春前期のきみたちに』ごま書房新社，108-109頁）。

　ややもすれば，ここで伝えようとしている意思は，結果としての具体的な行動を重視する現代社会の風潮が強調されているように見えなくもない。しかし

ながら，原詩が明確に伝えているように，もちろん，すべての事象は，結果だけが忽然と現れるものではない。意識としての「こころ」がなければ実在としての「こころづかい」は生まれず，「思い」がなければ「思いやり」もまた決して生まれてくることはない。逆に，「こころづかい」を伴わない心は，何の意味もないし，「思いやり」のない思いなどは，絵に描いた餅に等しい。いわば「こころ」と「こころづかい」，「思い」と「思いやり」は，単に一つの心象を二面的に捉えた表現に過ぎず，われわれが生きていく上では，どちらか一方だけでは，意味をなさないのである。

　資産負債アプローチ偏重の昨今の会計観のもとでは，「もの」の世界，すなわち結果としての実践的行動（その結果が貸借対照表の資産や負債や純資産として表示される）が重視されているが，この具体的な行為は，その原点になる「こと」の世界，すなわち抽象的な心や思い（貸借対照表の具体的な資産や負債等を生み出した原因としての商行為，すなわち費用や収益を示した損益計算書）がなければ，実在していると思われている資産や負債や純資産もまた存在しなくなるということを，われわれは，強く心に刻んでおく必要がある。その結果，資産負債アプローチのみによる会計観，換言すれば貸借対照表に過度に重点を移した今日の会計観では，取引の実像を捉えることができないし，決して会計の本質を明らかにすることもまたできないのである。会計ならびにその計算構造を支える複式簿記の原点は，いつでも誰によっても検証可能な継続的記録を前提にした，事実性と検証可能性に支えられた信頼性にこそ求められなければならない。そして，この信頼性は，現実に生じた経済事象をありのままに記録することによってのみ得られるものである。この複式簿記による継続的な記録，すなわち収益費用アプローチこそが会計の原点なのである。

　他方，資産負債アプローチを支える時価評価実務は，複式簿記の発生と同時に行われていた。周知のように，複式簿記は，債権債務の備忘録として13世紀初めにイタリア北方諸都市で誕生する。この備忘録として発生した複式簿記は，14世紀前半に至り，実地棚卸で求めたビランチオ（利益処分結合財産目録）

の利益を証明する手段として完成することになる。すなわち，会計の計算構造を支えてきた複式簿記は，取引事実，したがって取引時点の市場価値（時の経過により取得原価に変容）にもとづく証明手段をその根源的な役割として生成したのである。証明のためには，そこに表示された数字が投資家や与信者を始め全ての利害関係者から信頼されるものでなければならない。公正証書に代わる証明手段として発生した複式簿記がその生成当初より，信頼性を第一義としたのは，必然の帰結である。証明する側（収益費用アプローチ）と証明される側（資産負債アプローチ），どちらが信頼に値するかは，言うまでもない。

　会計の利益計算構造を支え続けてきた複式簿記は，現実に生じた取引を事実にもとづいて正確に記録した帳簿であるがゆえに，全ての人から信頼され，800年もの長きにわたって機能してきたといえる。換言すれば，この取引の事実性（正確性）と検証可能性（透明性）に担保された信頼性こそが会計を会計として存立せしめた根源なのである。自己にとって利益になり，役に立てばそれでよしとする今日の行き過ぎた有用性アプローチの下では，もはや信頼性の持つ本来的意義が忘れ去られてしまったのではなかろうか。

　この意思決定有用性アプローチのもとでの公正価値会計は，1966年のASOBATで示された「われわれは，歴史的原価による情報がある目的には適合するとしても，すべての目的に適うものではないことを認めなければならない。それ故，われわれは，歴史的原価による情報とともに時価による情報をも報告することを推奨する」(AAA[1966], *A Statement of Basic Accounting Theory*, Illinois p. 19, 飯野利夫訳［1969］『アメリカ会計学会 基礎的会計理論』国元書房，29頁。ただし拙訳による。）という文言がその原点になっている。とりわけ，1978年以降のSFACの公表によってこの会計観に拍車がかかり，2011年にはIFRS第13号「公正価値測定（Fair Value Measurement）」が公表されることになる。

　しかしながら，時価によって取引時点の価格を補正する手法は，20世紀を待つまでもなく，すでに1211年の現存の最古の勘定記録の中にも見出せるところである。そこでは，貸付債権の時価評価，すなわち貸倒損失が計上され，

備品の評価損の計上もすでに14世紀のイタリア商人の帳簿の中に散見される。また，棚卸資産の時価評価も17世紀後半のイギリス東インド会社の会計実務や18世紀のイギリスの簿記書において数多く見出せるところである。複式簿記は，その発生当初より，取得原価測定と時価測定の両者を併存させてきた。すなわち，会計を支える計算構造としての複式簿記は，その発生当初から，時間の落差によって生じる価格差異を補正するシステムを内包しながら進化してきたといえる。

取引時点においては，すべてが市場価値（現在価値）で取引され，その価格は，時の経過した決算時点で取得原価（過去価値）に変容するに過ぎない。換言すれば，市場価値測定会計は，広義の取得原価主義会計（過去会計と現在会計の両者の併存会計＝混合属性会計），すなわち取引価格会計の枠組みの中で捉えられることができる。

しかし，一般に時価と呼ばれる市場価値は，同じく時価と呼ばれたとしても1950年代に登場する将来キャッシュ・インフローを基軸に据えた割引現在価値（未来価値）を原点に置く公正価値とは，その本質において大きく異なる。なぜなら，両者は，事実にもとづく現実の取引の記録なのか，それとも予測にもとづく非現実的な仮想の取引であるのか，それらが寄って立つ時間軸が根本的に異なるからである。

現代会計の最も基本的な役割は，情報提供機能にあるといわれている。しかしながら，近年，意思決定に有用な情報という側面が過度に強調され過ぎたため，財務会計は，その本来の計算構造の枠組みを超えて，事実にもとづく結果の提示から乖離した，予測あるいは期待という禁断の実を口にしてしまったように思えてならない。なぜなら，投資家とりわけ投資ファンドに代表される投機家(スペキュレイター)と呼ばれる人たちが要求する有用な情報は，過去の取引事実にもとづく信頼される利益情報よりも，たとえ不確実な要素を含んだものであったとしても，将来において一体どれだけのキャッシュ・フローを獲得できるのかといった予測にもとづく企業価値情報の方が意思決定により有用であるという錯覚に落入っていると思われてならないからである。

かつて FASB は，1980 年 5 月に発表した SFAC 第 2 号「会計情報の質的特徴」で会計情報の有用な質的特性について検討し，「財務報告は，現在および将来の投資者，債権者その他の情報利用者が合理的な投資，与信およびこれに類似する意思決定を行うのに有用な情報を提供しなければならない」とした。その上で，有用性を担保するものとして，目的適合性と信頼性の二つを対等な関係として位置づけていた。この段階では，有用な情報は，信頼できる情報でなければならないことを明確に認識していたはずである。しかしながら，2010 年の IASB の概念フレームワークあるいは 2011 年版 IFRS は，「財務情報が有用であるべきだとすれば，それは目的適合的で，かつ，表現しようとしているものを忠実に表現しなければならない」と規定した。当初は，信頼できる情報こそが有用であると言っていた SFAC あるいは IFRS は，有用な情報提供にとって逆に信頼性が足かせとなってしまったのである。その結果，検証可能性が会計基準設定の基本的特性から補強的特性へと降格させられ，信頼性は，有用な情報の補強的特性からも排除させられてしまった。乱心としか思えない変更である。代わって登場してきたのが「忠実な表現」である。一体，何に対して忠実であれというのであろうか。

　会計の計算構造を支えてきた複式簿記が 13 世紀の初めから今日に至るまでの 800 年もの長きにわたり，脈々と継承されてきたのは，取引事実にもとづく正確で誰によっても検証可能な信頼できる利益計算システムであったからである。有用性や目的適合性という名のもとに，会計を誕生せしめた収益費用アプローチは，会計的利益計算の王道から片隅に追いやられてしまった。昨今の資産負債アプローチ偏重の会計観やそれを支える公正価値会計は，会計の本質に照らし合わせて見たとき，果たして如何なる，そして如何ほどの理論的根拠を持ちうるのであろうか。

　本書の目的は，情報提供機能を第一義的とする現代会計の役割に照らし合わせながら，会計ならびにその損益計算構造を支えてきた複式簿記がいかなる役割を担って歴史の舞台に登場してきたのかを再吟味し，会計の本質を再検討す

るところにある。会計の重心を信頼性から有用性に，あるいは検証可能性から目的適合性にシフトさせてきた現代会計が目指す方向性の危うさに歴史というフィルターを通して警鐘を打ち鳴らすところにある。

　最後になったが，本書は，2010年秋に2年間のプロジェクトとして日本会計研究学会に設置された課題研究委員会「歴史から見る公正価値会計―会計の根源的な役割を問う―」（委員長：渡邉　泉）での研究成果をまとめたものである。メンバー各位の努力と尽力に敬意を払うと同時に，研究会や報告書の作成に当たり惜しまず尽力してくれた幹事役の宮武記章氏（大阪経済大学），ならびにサポート役の櫛部幸子氏（関西学院大学大学院生）に心よりお礼申し上げる。また，科研の1共同研究者としてほとんどの研究会に参加して貴重なアドバイスを与えてくれた平松一夫氏（関西学院大学），ならびに研究会において特別講師としてご教示頂いた斎藤静樹氏（東京大学名誉教授）と安藤英義氏（専修大学）にも感謝しなければならない。

　なお，本書の上梓にあたっては，日本会計研究学会および平成23-25年度科学研究費基盤研究（B）の助成を受けた。記して謝意を表すると同時に，本書の出版を快くお引き受けいただいた森山書店の菅田直文氏にお礼申し上げる。

　　2013年早春　季節の移ろいに想いを馳せながら

　　　　　　　　　　　　　　　　　　　　書斎にて

　　　　　　　　　　　　　　　　　　渡　邉　　泉

目　　次

第Ⅰ部　公正価値会計の現状と諸相

第1章　会計の基本機能と公正価値会計 ················· 3
　　　　　―分配可能利益の計算機能の観点から―
　1-1　は じ め に ·· 3
　1-2　会計の基本機能とトライアングル体制 ···················· 4
　1-3　評価益の分配可能性 ·· 9
　1-4　公正価値会計の特徴 ·· 15
　1-5　全面公正価値会計における分配基準の模索 ········· 20
　1-6　お わ り に ·· 24

第2章　公正価値会計の登場とその時代的背景 ········· 27
　2-1　は じ め に ·· 27
　2-2　S&L危機と時価主義への期待 ······························· 28
　2-3　公正価値会計の登場 ·· 32
　2-4　エンロン事件と公正価値会計 ······························· 36
　2-5　サブプライムローン問題と公正価値会計 ············ 41
　2-6　お わ り に ·· 45

第3章　公正価値会計の現状と課題 ·························· 51
　3-1　は じ め に ·· 51
　3-2　サーベイの類型 ·· 52
　3-3　会計の機能と公正価値の硬度 ······························· 53
　3-4　投資意思決定支援機能と公正価値会計 ················ 57
　3-5　契約支援機能と公正価値会計 ······························· 66

3-6　お わ り に ……………………………………………………… *68*

第4章　公正価値会計をめぐる相剋 ……………………………………… *73*
　　　　──実現主義の呪縛──
　4-1　は じ め に ……………………………………………………… *73*
　4-2　収益費用アプローチから資産負債アプローチへの会計観の変更 …… *74*
　4-3　資産負債アプローチにおける測定属性選択をめぐる問題 ……… *80*
　4-4　収益費用アプローチの展開と実現原則 ………………………… *84*
　4-5　企業リスクと会計測定 …………………………………………… *87*
　4-6　お わ り に ……………………………………………………… *90*

第Ⅱ部：公正価値会計への歴史からの検証

第5章　17世紀における時価評価の実態 ………………………………… *97*
　　　　──イギリス東インド会社の時価評価実務（1664-1694）──
　5-1　は じ め に ……………………………………………………… *97*
　5-2　ロンドン東インド会社の概要と輸入商品の販売方法 ………… *98*
　5-3　元帳締切時の売残商品の評価方法 ……………………………… *100*
　5-4　売却価格を基礎とした見積もり ………………………………… *110*
　5-5　評価差額の処理 …………………………………………………… *114*
　5-6　お わ り に ……………………………………………………… *116*

第6章　18世紀を中心にイギリス簿記書に見る時価評価の登場 ……… *121*
　　　　──モンテージ，マルコム，ヘイズ，ハミルトンの記帳例示──
　6-1　は じ め に ……………………………………………………… *121*
　6-2　時価評価の登場 …………………………………………………… *123*
　6-3　18世紀までの固定資産の時価評価 ……………………………… *126*
　6-4　18世紀における固定資産の評価方法 …………………………… *128*
　6-5　棚卸資産に対する時価評価の登場 ……………………………… *134*

| 6-6 | おわりに ………………………………………………………… | 139 |

第7章 19世紀イギリスの企業会計実務における時価情報の意義 ……… 143
──公益事業会社と一般事業会社の場合──

7-1	はじめに …………………………………………………………	143
7-2	グランド・ジャンクション鉄道会社の会計実務における時価情報 ……	144
7-3	ヌーシャテル・アスファルト株式会社の会計実務における時価情報 ……	158
7-4	ナタールランド・コロナイゼイション株式会社の会計実務における時価情報 …………………………………………………………………	161
7-5	おわりに …………………………………………………………	165

第8章 19世紀末からのプロフェッショナル監査における資産評価額への対応 ……………………………………………… 167
──英米監査テキストに見る手続き──

8-1	はじめに …………………………………………………………	167
8-2	イギリス・プロフェッショナル監査の立証構造 …………………	168
8-3	資産の検証(verification)という観念 ………………………………	173
8-4	アメリカ貸借対照表監査とそこにおける資産の検証 ……………	180
8-5	おわりに …………………………………………………………	190

第9章 伝統的時価主義会計と公正価値測定 ……………………… 193

9-1	はじめに …………………………………………………………	193
9-2	米国における伝統的時価主義会計の制度化実験と新金融商品プロジェクト以後 ……………………………………	194
9-3	「企業固有の観点」対「市場参加者の観点」……………………	199
9-4	日本における戦後の時価評価および公正価値測定受容の経緯 …………	201
9-5	おわりに …………………………………………………………	208

4　歴史から見る公正価値会計

第10章　歴史に見る公正価値会計離脱の諸相 ……………………………… 215
　　　　　――時価会計適用の現実的条件――
　10-1　は じ め に――時価会計適用を巡る基本的視座―― ……………… 215
　10-2　金融危機と時価会計適用緩和に対する一つの解釈 …………………… 216
　10-3　時価会計に対する流動性の機能 …………………………………………… 217
　10-4　流動性喪失時における時価離脱論と時価からの隔離 ………………… 219
　10-5　時価会計の適用妥当性に関する議論と時価会計適用回避 …………… 226
　10-6　お わ り に ……………………………………………………………… 230
　　　　　――時価会計適用の前提となる市場と企業主体の条件――

結　章　行き過ぎた有用性アプローチへの歴史からの警鐘 ………………… 235
　11-1　は じ め に …………………………………………………………… 235
　11-2　会計の本質――証拠性の担保としての取得原価―― ………………… 236
　11-3　会計の計算構造を支える複式簿記の根源的役割 ……………………… 238
　11-4　時間軸の相違に過ぎない取得原価と時価 ……………………………… 241
　11-5　取引価格会計としての取得原価と市場価値 …………………………… 243
　11-6　割引現在価値と実現概念 ………………………………………………… 247
　11-7　信頼性，検証可能性の後退と忠実な表現 ……………………………… 250
　11-8　むすびに代えて――会計の本来的役割―― …………………………… 253

　索　引 …………………………………………………………………………… 259

第Ⅰ部　公正価値会計の現状と諸相

第1章　会計の基本機能と公正価値会計
―分配可能利益の計算機能の観点から―

1-1　は　じ　め　に

　前世紀末の会計ビッグバンと，それに続く欧州委員会の同等性評価への対応により日本の会計基準にFASBの財務会計基準（以下，SFAS）やIAS/IFRS（いわゆる国際会計基準）の会計処理方法が次々に導入されてきた。金融担当大臣の記者会見でIFRS強制適用の判断が先延ばしされたものの[1]，資本市場の国際的連携が推進されるかぎり，日本基準とこれらの基準とのコンバージェンス，あるいはIFRS適用会社の増加傾向は今後も持続するものと考えられる。

　そのSFASやIFRSは証券市場に対する企業財務情報の提供を第一義的な目的としており，経営管理情報の提供や，配当限度額あるいは課税所得の基礎となる分配可能利益の計算を意識しているようには思えない。実際これらの会計基準は評価益（未実現利益）の認識に繋がる公正価値会計（売却時価，購入時価，使用価値等による資産・負債の測定を前提とする会計）の処理方法を次々に取り入れてきた。そしてその規定は，後述するように，わが国の会社法計算規則に影響を与えているだけでなく，確定決算主義のもとで税務会計ともリンクしている。

　このような状況を受け，配当限度額や課税所得の決定を会社法や税法に固有の機能とすることで，財務会計の役割を情報提供に特化する思考や，逆に評価

1）金融庁［2011］，企業会計審議会［2009］。

益を含む包括利益を配当限度額や課税所得の計算基礎とする思考が展開されている。しかしこの種の議論を進めるためには，分配可能利益と評価益の関係を整理しておく必要があろう。本章は，分配可能利益の計算の観点から公正価値会計の限界を明らかにするとともに，その機能を回復する方法を模索している。

1-2　会計の基本機能とトライアングル体制

(1)　会計の3つの基本機能

　会計の発展過程を教科書的に辿るならば，簿記の萌芽は売上債権と仕入債務の記録にあるとされている[2]。このことが示しているように，会計の根源的な機能は財産管理や企業経営に必要な情報の提供にあると考えるのが自然であろう。

　やがて企業が共同出資の形態を採り，出資者への配当が常態化してくると，企業維持の観点から分配可能利益の計算が必要になる。その際，銀行等からの借入があれば，分配可能利益の計算は資本主と債権者の利害調整機能を担い，企業への課税が一般化すれば，分配可能利益の計算が課税所得計算の出発点になる。そして経済規模の拡大とともに株式や社債による資金調達が一般化してくると，証券市場に対する情報提供機能が新たな機能として会計に付け加わる。

　このように考えるとき，会計には少なくとも以下の機能が期待されてきたといえよう。

　① 経営管理情報（取引記録，原価記録，業績情報等）の提供機能
　② 分配可能利益（配当限度額，課税所得額）の計算機能
　③ 証券市場に対する企業財務情報の提供機能

　これらの機能のうち，今日，最も重視されているのが証券市場に対する情報提供機能であり，他の機能は議論の俎上に載ることすら少なくなってきた。し

2）たとえば，片野訳［1973］46-48頁。

かし会社法と税法が会計上の利益に基づいて配当限度額や課税所得を計算しているかぎり，会計がもつ分配可能利益の計算機能は厳然として存在しているといわなければならない。図表1-1は，分配可能利益の計算機能と証券市場に対する情報提供機能を，関連の資源配分額によって確認したものである。具体的には日経平均採用銘柄225社を対象とし，2006年度[3]から2011年度までの6年間における新株発行による新規資金調達額[4]，利益剰余金の配当額，法人税等の納税額を合計している。ここに示されているように，資源配分額から見るかぎり，分配可能利益の計算機能は，証券市場に対する情報提供機能に劣るものではない。

図表1-1　資源配分額から見た会計機能

日経平均採用銘柄225社：2006年度～2011年度（単独決算）	
増資額	10,103,678百万円
（新株の発行による資本金増加額）	(5,069,906百万円)
（新株の発行による資本準備金増加額）	(5,033,772百万円)
利益剰余金の配当額	24,507,892百万円
法人税等	18,028,339百万円

（Nikkei NEEDS-Financial QUESTにより作成）

(2)　トライアングル体制の変化
　　　　──純利益から包括利益へ──

　戦後，わが国では商法会計と税務会計が分配可能利益の計算機能を担い，証券市場への情報提供機能は証取法会計が担ってきた。具体的には，旧商法の「会社ノ計算」規定によって作成された計算書類を基に配当額と課税所得を計

---

3) この年度から，新株発行による増資額を明記した株主資本等変動計算書が公表されるようになった。
4) 証券市場に対する情報提供機能を取り上げるなら，社債による資金調達額を加算すべきであり，資本市場全般に対する情報提供機能を対象とするならば，銀行等からの資金調達額も加算すべきである。しかしこれらの項目については，調達額と返済額が相殺表示されるため，勘定残高から新規調達額を算出することができない。そのため，図表1-1では新株発行による資金調達額だけを集計した。

算し，その計算書類に若干の修正を加えた財務諸表を有価証券報告書等に含めて証券市場で公表してきた。いわゆるトライアングル体制であり，そこでは商法の計算規定が要石の役割を果たしていた。

しかし，近年，この体制に大きな変化が生じている。すなわち 2006 年に施行された会社法から計算規定が消え，代わって法務省令「会社計算規則」が施行された[5]。その規定の内容は ASBJ（企業会計基準委員会）等の会計基準を全面的に受け入れるものとなっており[6]，このことは会社計算規則の実質的な制定主体が法務省から ASBJ に移管したことを意味する。

一方，金融商品取引法（旧証券取引法）と法人税法の関係についてみても，ASBJ 等による会計基準の改正が税法に影響を与える事例が発生している。具体的には 2000 年の法人税法の改正で，売買目的有価証券の評価損益が一定の要件のもとに益金の額または損金の額に算入されるようになった。これは 1999 年に公表された企業会計審議会の『金融商品に係る会計基準』の規定を受けたものである。また 2008 年には，ASBJ が棚卸資産の評価方法の中から後入先出法を排除した[7]ことに伴い，法人税法も後入先出法を廃止した[8]。

---

5) 計算規定が省令に委託された理由について次の解説がある。「近年の企業活動の国際化は国際的な企業比較を要請することから，国際的な会計基準の確立が企てられるようになり，わが国においてもこれにすみやかに対応する必要から，平成 14（2002）年改正商法は，株式会社の貸借対照表等に記載・記録すべき事項から資産の評価規定まで法律で規定すること（大陸法方式）を止め，法務省令に委託した。」（泉田・佐藤・三橋 [2008] 8 頁)。

6) 平成 21 年の会社計算規則の一部改正にあたり，法務省は HP でその「改正の趣旨」について次のように述べている。「本改正は，国際的な会計基準とのコンバージェンスの必要から企業結合に関する会計基準等が企業会計基準委員会によって公表されたこと及び近時の関係法令の改正等に伴い，会社法（平成 17 年法律第 86 号）の委任に基づく会社計算規則（平成 18 年法務省令第 13 号）について，所要の改正を行うとともに，同法の委任に基づく会社法施行規則（平成 18 年法務省令第 12 号）についても，関係各方面から様々な見直しの要望が寄せられていること等から同規則の一部を改正するものです。」(http://www.moj.go.jp/MINJI/minji179.html)

7) 企業会計基準委員会 [2008]。

8) 財務省 [2009] には「企業会計の国際的コンバージェンスの観点から行われた棚卸資産の評価の見直し（平成 20 年 9 月 26 日企業会計基準委員会公表「棚卸資産の評価に関する会計基準」）を踏まえ，税制上も棚卸資産の評価について，所要の経過措置を講じたうえで，選定できる評価の方法から後入先出法及び単純平均法を除外する（法令 28 ①一)」という文章がある。

このように，旧トライアングル体制のもとでは商法の計算規定が要石の役割を果たしていたのに対して，現在は金融商品取引法が主導権を握り，ASBJ等の会計基準が会計制度全般に影響を与える体制になりつつある。

そこで改めて問題となるのがわが国の会計基準の変質である。旧トライアングル体制を支えていた会計基準（旧商法の計算規定や企業会計原則）は損益法原理に基づく原価・実現主義の会計システムである。ところが，わが国の会計基準がこれまでコンバージェンスの直接の対象としてきたIFRSが目指す究極の計算構造は，「資産の公正価値評価額＋のれん－負債の公正価値評価額＝純資産額＝企業価値」の関係が成立するような純資産簿価モデルに基づいた会計システムとされている[9]。実際，SFASやIFRSはこのモデルを構成する各種の処理方法を次々に導入してきた。そしてわが国の会計基準も，これらの会計基準とのコンバージェンスを通じて，従来の原価・実現主義の会計システムから，公正価値会計を部分的に埋め込んだ「混合会計」あるいは「ハイブリッド型会計」[10]と呼ばれる会計システムに変質している[11]。

図表1-2は，企業（製造業）の資本循環過程を示したものである。ここに示されているように，公正価値（時価や期待キャッシュ・フローの割引現在価値）による評価の対象は「その他の包括利益」の構成項目（その他有価証券評価差額金，繰延ヘッジ損益，為替換算調整勘定等）に限定されない。当期純利益（営業利益）の計算過程にも公正価値評価の手法が取り入れられており，その結果，現在の当期純利益は，かつての原価・実現主義会計のそれとはかなり異なったものになっている。いわゆる営業利益ないし当期純利益の「包括利益化」[12]である。

その変化を象徴する事例の1つが，売買目的有価証券の評価益[13]の取り扱いである。旧商法は売買目的有価証券の評価益を配当限度額から除外していたが，2006年に施行された会社法はこれを配当限度額に含めた[14]。

---

9) 徳賀 [2011] 93-102頁。辻山 [2003] 73-74頁。
10) 石川 [2008] 61-79頁。
11) トライアングル体制の変化については，石川 [2008] 175-216頁に詳細な分析がある。

8　歴史から見る公正価値会計

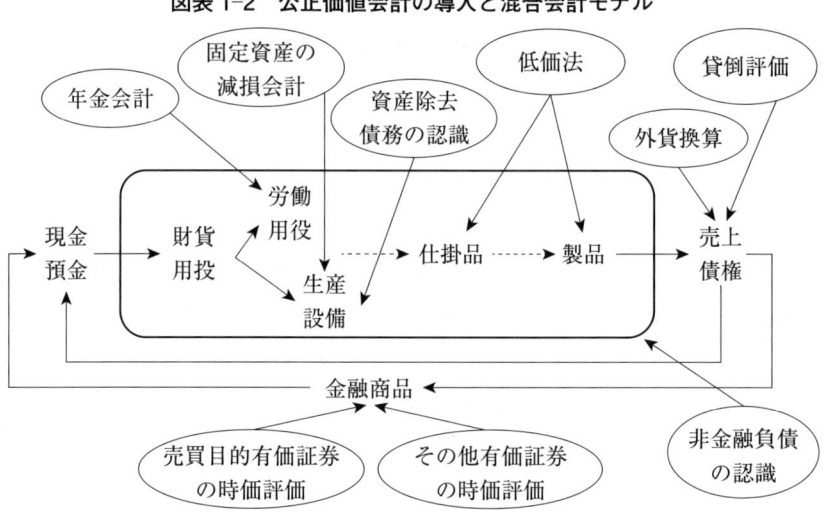

図表1-2　公正価値会計の導入と混合会計モデル

　ただし，現在，それによって特段の問題が生じているわけではない。図表1-3は，先ほどの日経平均採用銘柄225社が，会社法施行後に計上した評価益，評価損，減損損失を集計したものである。この数値が示しているように，制度上，特定項目について評価益の計上が認められていても，実務上は評価損の計

---

12) わが国の会計制度では，資産・負債の公正価値評価による評価差額は以下の3つに分かれる。
　① 評価益が発生していても識別が困難なもの（例：退職給付費の構成要素）。
　② 純利益の計算に算入され，識別が容易なもの（例：売買目的有価証券評価損益）。
　③ その他の包括利益として計上されるもの（例：その他有価証券の評価差額）。
　　以上の項目のうち，①および②系列が当期純利益や営業利益の包括利益化を生じさせることになる。
13) 企業会計基準委員会［2008b］。
14) 旧商法は，以下の資産項目の時価評価を認めていた。
　・市場価格のある金銭債権（商法施行規則30条3項）。
　・市場価格のある社債，国債，地方債その他の債券（同31条2項，3項）。
　・市場価格のある株式であって子会社の株式以外のもの（同32条，2項）。
　　しかし，「その付した時価の総額が当該資産の取得価額の総額を超えるときは，時価を付したことにより増加した貸借対照表上の純資産額」を配当可能利益の計算にあたって控除する（商法施行規則124条3項）と規定していた。この点は中間配当の限度額の計算においても同じである。なお，現行会社法の配当規制については，例えば，泉田・佐藤・三橋［2008］170-177頁，落合・神田・近藤［2010］212-213頁を参照。

上額が評価益の計上額を上回っているからである。

図表 1-3 当期純利益に算入された評価益・評価損及び減損損失[15]

日経平均採用銘柄 225 社：2006 年度〜 2011 年度（単独決算）	
有価証券評価益	29,311 百万円
デリバティブ評価益	17,133 百万円
有価証券評価損	9,969,046 百万円
投資有価証券評価損	918,210 百万円
デリバティブ評価損	25,793 百万円
減損損失	1,939,641 百万円

とはいえ，公正価値会計の重要な特徴は，評価益の認識を前提とするその計算構造にある。そのため現時点では低価法の拡大適用の様相を呈しているものの，経済環境が変化すれば，わが国の混合会計においても評価益の計上額が評価損の計上額を上回る可能性がないわけではない。そしてその可能性は，現行の混合会計が公正価値会計の色彩を強めるにつれて大きくなる。

このような理解のもとに，分配可能利益の計算機能の観点から公正価値会計を考察するとき，論点は次の2つに絞られよう。1つは評価益（正確には評価益の評価損超過額）の分配可能性であり，いま1つは，現行の会計システムが全面公正価値会計の色彩を強めた場合の分配可能利益の計算方法である。

1-3 評価益の分配可能性

(1) 評価益の認識と分配資金

評価益の認識については2つの観点から議論が行われてきた。1つは業績測定の観点から，いま1つは分配可能利益の計算の観点からである。

まず，伝統的な実現・稼得過程アプローチ（原価・実現主義会計モデル）で

---

15) 評価損益の計上に関する一般的な傾向を探るために，この表では日経平均採用銘柄225社を対象に，会社法が施行された2006年度から2011年度までの過去6年間の数値を合計している。

は，販売前に発生した財・サービスの評価益はもとより，運用資産に発生した評価益も事業の成果として認識してこなかった。もともとこのアプローチは収益稼得過程の完了を収益認識の基本要件としており，その過程は財・サービスの販売，あるいは運用資産の売却によって完了するものと考えるからである。

　一方，利益の計上は資金の流出（税・配当）を伴うため，利益を計上する際には分配に必要な資金の存在が必要とされてきた。その要件が整うのは，一般に，財・サービスの販売によって，あるいは運用資産等の売却によって貨幣性資産を取得する時点である。そのため，販売以前に生じた増価は，資金的裏付けのない利益，すなわち未実現利益として認識の対象にされなかった。

　このような伝統的な思考に対して，対象を市場性のある金融商品に限定したうえで，その評価益の認識を強く主張する思考が展開されている[16]。

　まず，業績測定を目的とする評価益の認識根拠は次の論述に要約される。「転売を目的に保有する金融資産……は許容されたリスクの範囲内で，その実質価値を増大させる目的で運用されている資産であるから，そうした運用目的の達成状況を測る基準は時価以外にありえない。……この種の金融資産の運用成果を評価するうえで決定的な事象は，経営者ないしは運用担当者の裁量で操作可能な売買益を当期中にどれだけ獲得したかではなく，当期中に運用資産の市場価値総額をどれだけ伸ばし，その結果，随時実現可能な評価益をどれだけ増殖したかであるといえる」（醍醐［1994］61-63頁）。この思考は，わが国を含め，各国の会計基準にすでに反映されている。

　次に，分配可能利益の算定目的からみた評価益の認識根拠は次のとおりである。「評価益はそれが当期の資産運用の成果を示すという点でも，随時見合いの資金を捻出できる分配適状性を備えているという点でも，配当可能利益としての適合性を十分に備えているといってよい」（醍醐［1994］66-67頁）。「資金準備というなら，期中で稼得され，その都度あれこれの使途に利用される取引利益の期間集合としての実現利益よりも，期末時点で随時換金可能な流動性を

---

16) 醍醐［1993］18-33頁，醍醐［1994］59-74頁，弥永［2001］188-198頁。

留めている有価証券評価益の方が分配適状な利益とさえいえるであろう」(醍醐［1993］31頁)[17]。

一方，この肯定論に対して，次のように債権者保護の観点から評価益の分配可能性を否定する見解がある。「値上がりした有価証券には，値下がりのリスクもある。……企業の価値は，このリスクの評価にも依存する。評価が保守的になるほど，企業価値は低くなるのである。そのため，有価証券の時価が上がっても，企業の価値が同じだけ上がる保証はない。そうしたケースで値上がり分にみあう配当を支払えば，配当後の企業価値は値上がり前の水準を下回る。現金配当が株主に支払われる以上，そこに生じた企業価値の下落分は，債権者の側の負担になる」(斎藤［1991］10頁)。

あるいは次のようにも説明されている。ここでの議論の前提は，有価証券を売却しないで値上益を配当する場合である。その場合，余剰資金がなければ配当資金を外部から調達しなければならないが，「従来の株主に新株を割り当てて発行した上，調達資金をすぐに配当したら…株主が払い込んだ現金を，株主に払い戻しているだけで……経済的にはまったく無意味な行為(になる。あるいは)……第三者の出資金を従来の株主に配当した場合も，……従来の株主が持分の一部を第三者に譲渡しただけ」となる(斎藤［1991］11頁)。結局，意味のある資金調達方法として借り入れが残るが，借入資金「を配当に支出した場合，企業は借り入れ前と同じ資産をもつ一方で，債務だけは従来よりも多くを負うことになる。新たな債権が劣位のものでないかぎり，それは従来の債権の償還リスクを高め……債権価値は下がり，既発行社債の価格は低下する」(斎藤［1991］11頁)。これに対して「実現した利益の配当だけなら，ここでいう債権者の利害を損なわない」(斎藤［1991］12頁)[18]。

[17) 評価益の分配に必要な資金を得るために有価証券を売却する場合，評価益はもはや未実現利益ではなく，その一部が実現利益になる。たとえば取得原価1,000の有価証券に生じた200の評価益を分配するために有価証券を200売却した場合，その取得原価は167（＝全取得原価1,000×売却額200÷時価1200）であり，売却益は33になる。これをいいかえれば，分配資金を得るために，1,000で取得した有価証券のうち167を売却し，33については評価益を実現させて分配資金を賄うことになる。

(2) 評価益の分配と資本維持

株主有限責任制度のもとでは,企業資産が債権者の唯一の担保となる。そのため商法(会社法)は債権者保護の観点から,分配可能利益の計算にあたり,一定の資産を確保するための資本原則を示してきた。その原則には2つの側面がある。1つは図表1-4のように,会社の純財産(資産の負債超過額)が,基準額(資本額)[19]を上回る状態を維持することを要求する資本維持の原則であり,いま1つは,当初の資本額そのものを維持することを要求する資本不変の原則である[20]。

図表1-4　資本維持の原則の意味

貸借対照表

資産	負債
(純財産)	(資本額) 維持すべき 純財産の額 分配可能利益 （自己資本）

　図表1-5では,有価証券の評価を念頭に置きながら,①取得原価評価,②低価評価,③公正価値(時価)評価の違いが資本に与える影響を比較している。この設例から明らかなように,①取得原価評価では,時価が下落した場合に資本維持の要請を満たすことができない[21]。

---

18) 斎藤[2009]137-151頁でこの問題について詳細な検討が加えられている。
19) 株主の出資額中,資本金に組み入れられない部分は資本準備金として配当財源から除外されるため,基本的に出資額が維持すべき純財産の基準値になる。
20) 田中は「資本額に相当する資産を維持することを要する原則」を「資本維持の原則」,「資本額は一定不動なのを原則とし,…ことにこれを減少するためには,一定の厳重な法定手続によらせる原則」を「資本不変の原則」としている(田中[1982]114-115頁)。なお,会社法の資本制度については,例えば石井[1967]37-40頁,岸田[1991]360-362頁,前田[2009]19-24頁を参照。
21) この点は,取得原価主義会計の欠陥といえるかも知れない(弥永[2001]193-194頁)。

図表1-5 資産評価基準と資本維持

【設例】現金100の出資で会社を設立し、第0期末に有価証券を100で購入。

	第0期末	第1期末	第2期末	第3期末
有価証券の公正価値（時価）	100	80	110	90
純財産額	100	80	110	90
①取得原価による有価証券評価額	100	100	100	100
資本の額	100	100	100	100
純財産の資本超過額	0	△20	10	△10
②低価基準（洗替法）による有価証券評価額	100	80	100	90
資本の額	100	80	100	90
純財産の資本超過額	0	0	10	0
③公正価値による有価証券評価額	100	80	110	90
資本の額	100	80	110	90
純財産の資本超過額	0	0	0	0

いいかえれば、②低価評価と③公正価値評価が資本維持の原則に適合するが、このうち③公正価値評価による評価益の認識と分配は、資本不変の原則に抵触する可能性がある。この点を説明しているのが、次の設例である。

【設例】
① 第0期末に現金100を出資して会社を設立し、有価証券100を取得。
② 第1期末に現金50を借り入れ、有価証券の評価益50を配当。
③ 第2期末に有価証券の時価が120に下落。
④ 第3期中に有価証券を110で売却。

この説例では、有価証券の取得原価が100に対して売却額は110である。したがって投資自体は成功している。にもかかわらず、図表1-6に示されているように、投資完了時点の資本は60であり、投資開始時点の100を維持して

14 歴史から見る公正価値会計

図表 1-6　公正価値評価と資本不変の原則

	第 0 期末	第 1 期末	第 2 期末	第 3 期末
	購入	保有	保有	期中売却
有価証券の時価	100	150	120	110
貸借対照表：				
現　　　　　金	0	0	0	110
有　価　証　券	100	150	120	0
借　入　　　金	0	50	50	50
資　本　　　金	100	100	100	100
剰　余　　　金	0	0	△30	△40
損益計算書：				
有 価 証 券 評 価 益		50	△30	0
有 価 証 券 売 却 益		0	0	△10
利　　　　　益		50	△30	△10
キャッシュ・フロー計算書：				
有 価 証 券 売 却 収 入		0	0	110
借　入　収　入		50	0	0
配　当　支　出		△50	0	0
純　収　入　額		0	0	110
資　　　　　本	100	100	70	60
純　財　　　産	100	100	70	60

（注）公正価値会計では評価益と売却益を区別しないが，ここでは取引の違いを明確にするために別勘定で表示している。

いない。その原因は投資期間中に配当した評価益50のうち，40が値下がりによって「絵に描いた餅」になったことにある。つまり評価益を分配した後で「評価益＞最終利益」の状態が発生すれば，投資それ自体は成功していても，投資終了時点の資本が投資開始時点の金額を下回る。このような資本不変の原

則に抵触する事態を避けるためには，評価益の実現を待って分配を行わなければならない[22]。

1-4　公正価値会計の特徴

(1)　使用価値による測定と評価益の計上

　現行の会計制度は，原価・実現主義会計に公正価値会計を組み込んだ混合会計の構造をもつが，それでも売買目的有価証券とデリバティブ以外の資産・負債に発生する評価益については，原則としてその計上を認めていない[23]。

　ところで計算構造を論理レベルで比較するとき，全面公正価値会計と混合会計の最大の違いは，前者が投資資産はもとより，有形固定資産等の営業用資産，無形資産，さらには負債についても評価益の認識を前提とする点にある。仮にその評価益を含む包括利益を分配可能利益とみなすならば，資金と利益の間に大きな乖離が生じ，場合によっては多額の借り入れが必要になる（事業目的に拘束されている営業用資産は，売買目的有価証券のように簡単に売却することができない）。

　また，公正価値会計では，売却時価，購入時価，使用価値等による評価が行われるが，有形固定資産や無形固定資産の測定属性として使用価値が選択されれば，それによって認識される評価益には上限がなくなる。なぜなら，取得原価の未償却残高が評価額の上限となる費用配分方式と異なり，使用価値の計算要素である将来キャッシュ・フローの期待値には上限がないからである。

　図表1-7はその使用価値の特性を示している。たとえば営業用資産を使用価値で評価し，それによって認識される評価益をそのまま配当するならば，図表の設例にあるように，④利益額（＝分配に必要な資金量）と③実際のキャッ

---

22) もっとも評価益の分配を肯定する立場からは，評価益分配後の有価証券の値下がりを，分配後に行った新たな投資の失敗とみなすことになろう。その場合，資本の減少は損失の発生に起因することになり，資本不変の原則に抵触しないものと解釈されよう。
23) ただし退職給付会計では，数理計算上の差異（＝年金資産の時価－期待運用収益を加算した年金資産の簿価）の償却額が退職給付費用を押し下げる形で，評価益が処分可能利益に加算される可能性がある。

シュ・フローとの間に大きな乖離が生じ，借入等による資金の手当が必要になる。しかし新規の借入は，前述のように，負債比率の上昇等を通じて財政基盤を弱める（債権者の利益を害する）だけでなく，プロジェクトの完了前に多額の評価益を配当することで，それが実現しなかった場合に，当初の資本（純財産）が大きく毀損するリスクを負うことにもなる。

図表 1-7　使用価値の特性と評価益

見積時点	使用価値	第0期末	第1期末	第2期末	第3期末	第4期末	合計
第0期末	709	−600	*200*	*200*	*200*	*200*	200
第1期末	454	−600	200	*200*	*100*	*200*	100
第2期末	1,859	−600	200	200	*1,000*	*1,000*	1800
第3期末	190	−600	200	200	200	*200*	200
第4期末	0	−600	200	200	200	200	200
①使用価値		709	454	1,859	190	0	合計
②評価損益		709	−255	1,405	−1,669	−190	0
③実際の CF		−600	200	200	200	200	200
④利益		109	−55	1,605	−1,469	10	200
⑤資金不足額		−709	255	−1,405	1,669	190	0

（注）①使用価値は，各期末時点で予測される将来キャッシュ・フロー（イタリック体＋網掛部分）の割引現在価値であり，割引率を5％としている。ゴチック体は③実際のキャッシュ・フローを表しており，各期の④利益は，当該年度の実際のキャッシュ・フローと②評価損益（＝期末の使用価値−期首の使用価値）の合計額としている。⑤資金不足額は，利益とCFの差額（＝③−④）である。

(2)　全面公正価値会計の計算構造

ここで改めて理念型としての全面公正価値会計（すべての資産・負債に公正価値評価を適用する会計）を措定し，他のモデルとの比較を通じてその計算構造を確認しておく。

まず，現行の包括利益計算書は「包括利益＝当期純利益＋その他の包括利益」の計算式のもとに，当期純利益に算入しない評価損益を「その他の包括利益」として別個に表示している。このような区別が可能になるのは，取引の継続記録に基づいた当期純利益の計算システムが存在しているからにほかならない。

これに対して，全面公正価値会計では「資産・負債の公正価値による評価⇒収益・費用の測定⇒包括利益の測定」のプロセスを採るため，原理的に取引の継続記録が不要になる。その結果，当期純利益の計算が不可能になるだけでなく，資産・負債の評価差額について実現部分と未実現部分を区別する手段がなくなる。この点を簡単な設例によって確認すると以下のとおりである。

【設例】

期首貸借対照表

現　　金	20	借　入　金	50
機　　械	40	資　本　金	100
有 価 証 券	30		
土　　地	60		
	150		150

期中取引及び決算資料

		取引額	期末簿価	期末時価
①	売上	200		
②	仕入	120		
③	経費支払額（販管費）	30		
④	減価償却費	5		
⑤	期末売掛金		30	25
⑥	期末棚卸資産		20	25
⑦	機械		35	45
⑧	有価証券（その他）		30	45
⑨	土地		60	70
⑩	知的財産評価額			40
⑪	期末買掛金		24	24
⑫	借入金		50	47

(a) 原価・実現主義会計

資産を取得原価（費用配分）に基づいて評価し，収益（利益）を実現時点で認識する場合，次の計算書が作成される。

期末貸借対照表

現金	64	買掛金	24
売掛金	25	借入金	50
棚卸資産	20	資本金	100
機械	35	利益剰余金	60
有価証券	30		
土地	60		
	234		234

損益計算書

売上原価	100	売上	200
支払経費	30		
減価償却費	5		
貸倒償却	5		
当期純利益	60		
	200		200

（注） 貸倒償却 5 ＝ ⑤期末売掛金簿価 30 － 同時価（回収可能額）25

キャッシュ・フロー計算書

売上収入	170
仕入支出	96
経費支出	30
営業 CF	44
期首現金残高	20
期末現金残高	64

(b) 混 合 会 計

混合会計は次の2つの意味に解釈することができる。1つは当期純利益と包括利益を二重に測定するという意味の混合会計であり，原価・実現主義会計の当期純利益に特定の資産・負債項目の評価差額を「その他の包括利益」として加算する会計モデルがこれに該当する。

これを形式的な意味の混合会計とするならば，いま1つは，従来の原価配分による当期純利益の計算過程に公正価値会計の手法を部分的に組み込んだ会計モデルである。この場合，当期純利益（あるいは営業利益）が実質的に包括利益化することになる。

もっとも，現在の包括利益計算（書）はいずれかに特化したものではなく，双方の特徴を有しているといえる。なぜなら，当期純利益と包括利益が同時に計算されるともに（形式的混合会計），当期純利益の計算過程に公正価値会計の手法が次々に取り入れられた結果，現在の当期純利益は包括利益の要素を随所に織り込んだものとなっている（実質的混合会計）からである。

ここで先の【設例】に基づいて，形式的な意味での混合会計の計算表を作成すると次のようになる（キャッシュ・フロー計算書は省略）。

期末貸借対照表

現金	64	買掛金	24
売掛金	25	借入金	50
棚卸資産	20	資本金	100
機械	35	利益剰余金	60
有価証券	45	その他の包括	
土地	70	利益累計額	25
	259		259

損益及び包括利益計算書

売上原価	100	売上	200
支払経費	30		
減価償却費	5		
貸倒償却	5		
当期純利益	60		
	200		200
		その他有価証券	
		評価差額金	15
その他の包括利益	25	土地評価差額金	10
	25		25
		当期純利益	60
包括利益	85	その他の包括利益	25
	85		85

(c) 全面公正価値会計

　ここでいう全面公正価値会計は「資産－負債＝純資産＝企業価値」となるような貸借対照表の作成を目的とした会計モデルである。ただしこれはあくまでも理念型としての会計モデルであり，現実に行われているわけではない。そしてそこで想定されるのが，将来の期待キャッシュ・インフローの割引現在価値を資産総額とし，将来の期待キャッシュ・アウトフローの割引現在価値を負債総額とすることで，純資産額が株主にとっての企業価値を表すようにする計算構造である。実際には個々の資産，負債項目を公正価値によって測定した後，超過収益要因（のれん）をブランドや知的財産として追加計上することになろう。そしてこの思考を先の【設例】に当てはめると次の計算表が作成される（キャッシュ・フロー計算書は省略）。

期末貸借対照表			
現金	64	買掛金	24
売掛金	25	借入金	47
棚卸資産	25	資本金	100
機械	45	包括利益	143
有価証券	45		
土地	70		
知的財産	40		
	314		314

包括利益計算書			
買掛金増加額	24	現金増加額	44
包括利益	143	売掛金増加額	25
		棚卸資産増加額	25
		機械増加額	5
		有価証券増加額	15
		土地増加額	10
		知的財産増加額	40
		借入金減少額	3
	167		167

1-5　全面公正価値会計における分配基準の模索

　常時換金可能な市場性のある有価証券の場合でさえ，その評価益の分配については議論がある。ましてや全面公正価値会計はその計算構造上，評価益の認識対象がすべての資産・負債に及ぶ。また，現実の市場価格によって評価益の計上に自ずと制約がかかる出口価格（売却価格，負債の譲渡価格）や入口価格（再調達原価）と異なり，使用価値の場合は，論理上，評価益の計上に上限がな

い。ここで評価益の分配を否定する立場を採るならば，財務会計制度が公正価値会計の性格を強めつつある現在，評価益を識別し，これを分配可能利益から除外する方策が必要になる。

　もちろん現行の混合会計が維持されるかぎり，特段の問題が生じることはないともいえる。なぜなら，当期純利益の包括利益化が現状のレベルで留まるのであれば，帳簿記録から評価益を抽出し，その評価益（正確には評価益の評価損超過額）を分配可能利益から除外することができるからである。

　問題は，現在の財務会計制度が混合会計から全面公正価値会計に移行した場合[24]に生じる。前述のように，その全面公正価値会計が純資産の金額によって企業価値を表すような貸借対照表の作成を究極の目的とするならば，その会計モデルは評価差額（包括利益）の実現部分と未実現部分を区別する機能を失うことになるからである（前節の設例を参照）。その場合，未実現利益（評価益）の分配を否定する立場を採るならば，全面公正価値会計に分配可能利益の計算機能を求めることはできない。

　とはいえ，全面公正価値会計のもとにおいても，分配可能利益の計算が必要とされるならば，何らかの方法でそれを実施する必要がある。その場合，以下の方法が考えられる。

　(a)　原価・実現主義会計を並行して実施し，分配可能利益を計算

---

[24]　旧聞に属するが，2006年11月6日付けの日本経済新聞朝刊に「欧米，純利益廃止で合意　日本，株式売却益の操作不能に」という記事が掲載された。曰く「欧米の企業会計基準を作る専門機関が，損益計算書から『純利益』の項目を将来的に廃止し，株式などの保有資産の時価変動を反映する『包括利益』に一本化する方向で合意した。世界の二大基準が包括利益重視へ踏み出したことで，日本の基準にも影響を与えるのは必至。持ち合い株式を保有する日本企業は対応を迫られる可能性がある。…包括利益では時価評価する株式などの時価変動も損益に反映する。今回の合意は，期末に時価評価する資産は，実際の売却時に利益計上（リサイクリング）することを禁じる点に特徴がある」。
　IASBのこの目論みは失敗に終わったが，純利益の廃止とリサイクリングの禁止は混合会計の包括利益計算を全面公正価値会計の包括利益計算に切り替えるための野心的な試みとして理解することができる。なぜなら純利益とリサイクリングは実現主義に基づく純利益計算を包括利益計算の中に温存する混合会計の象徴的存在だからである。いいかえれば当期純利益を廃止することで，これに連なる実現・稼得利益計算システムを一気に空洞化することができると考えたのかもしれない。いずれにしてもこのような試みが今後再び表面化してくる可能性は零ではない。

(b) 資産・負債項目の取得原価と評価額を継続記録し，包括利益累計額から評価益（正確には評価益の評価損超過額）を控除して分配可能利益を計算
(c) キャッシュ・フロー計算書から分配可能利益の代替値を計算

これまでの考察で確認したように，収益稼得過程の完了によって実現した利益を分配するかぎり，債権者の利益を侵害することはない。この要件を満たすのが会計ビッグバン以前のトライアングル体制を支えていた原価・実現主義会計（その典型が企業会計原則の期間損益計算思考）である。(a) はこの会計システムを全面公正価値会計と並行して実施する方法であり，それによって計算される当期純利益は配当限度額や課税所得の基礎となるだけでなく，市場価格の変動を除外した経営成果の指標として，一種の管理会計情報にもなる[25]。

次に，現行の財務会計制度がたとえ全面公正価値会計に移行しても，取引の継続記録は企業経営上不可欠であり，従来の原価・実現主義会計を支えてきた記録システムはそのまま保持されることになろう。(b) はこのシステムの存在を前提に，資産・負債の期末評価額と取得原価から評価益を抽出する方法であり，実質的には (a) の代替物となる。

以上の方法は取引の継続記録とそれに基づく成果計算を前提にしているが，全面公正価値会計それ自体は取引の継続記録を必要としない。またここで作成される包括利益計算書は純資産の変動原因を示すだけで，実現部分と未実現部分の区別がつかない。このような制約のもとで分配基準を模索するとき，手がかりになるのが営業キャッシュ・フロー（以下，営業CF）である。ここで営業CFと当期純利益の関係を整理すると①式になる。

① 営業CF＝当期純利益＋減価償却費＋減損損失
　　　　－売上債権増加額－棚卸資産増加額＋仕入債務増加額
　　　　－資産評価益＋資産評価損－負債評価益＋負債評価損（引当金繰入額）
　　　＝当期純利益＋減価償却費＋減損損失
　　　　－運転資本増加額

---

25) 松本［2008］56-59頁。

－資産評価益＋資産評価損－負債評価益＋負債評価損

　このうち，運転資本増加額は比較的短期間に相殺されるため，これを①式から除外すると次の②式が導かれる。

　②　営業CF＝<u>当期純利益＋減価償却費＋減損損失</u>
　　　　－資産評価益＋資産評価損－負債評価益＋負債評価損

　ここで当期純利益から評価損益を除外した金額（アンダーライン部分）を「修正前利益」と呼ぶとき，②式はさらに③式に集約される。

　③　営業CF＝修正前利益＋減価償却費＋減損損失

　この修正前利益は資産・負債の評価損益を含まない当期純利益であり，実現収益から期間配分された費用を控除した金額である。資産・負債の評価損を含まない分，現行の当期純利益を金額的に上回る可能性があるが，分配可能利益の要件を一応満たしているものといえよう[26]。したがって，上記の式は④式のように表現できる。

　④　分配可能額＝営業CF－投資回収額（減価償却費＋減損損失）

　この関係は全面公正価値会計においても変わらない。したがって損益計算書が全面公正価値会計の包括利益計算書に転換し，分配可能利益の計算機能を失ったとき，④式によって分配可能額を計算することになる。ただしそのためには全面公正価値会計で不要となる減価償却計算が行われなければならない。またそれによって減損損失[27]の把握も可能になる[28]。

　なお，ここでは営業CFと当期純利益の関係を示すために間接法（利益とキャッシュ・フローの差異分析表）の等式を用いているが，全面公正価値会計の包

---

26) 図表1-5に示されているように，原価主義を貫くとき（評価損を認識しないとき），資本を維持できない場合が生じる。しかし原価主義会計も分配可能利益の計算体系として認知されてきた。そのため，ここでは「一応」という表現を用いている。
27) 問題は，営業CFから控除される投資回収額の内容である。具体的には控除額を従来の減価償却費に限定するのか（この場合，減損損失を資産評価損に含めて上記の②式から消去する），それとも減損損失も減価償却費と同じ投資の回収と考えるのか，この点は論点の1つになる。
28) 全面公正価値会計ではこれらの要素が有形固定資産の評価差額（＝期末評価額－期首評価額＝新規投資額－除却・売却額＋増価額－減価償却額－減損損失額）の中に埋没するため，減価償却費計算を別個に行う必要がある。

括利益計算書には当期純利益，減価償却費，資産・負債の評価損益の記載がない。したがって全面公正価値会計では，直接法（キャッシュ・フローの原因分析表）によって営業CFを計算することになろう。

1-6 お わ り に

　かつての勢いは失ったものの，日本の会計基準は，会計ビッグバン以降，急速に公正価値会計の色彩を強めてきた。本章ではこの傾向をふまえ，会計の基本機能の1つである分配可能利益の計算機能の観点から公正価値会計の問題点を検討してきた。

　もともと公正価値会計は，資本市場に対する情報の提供を第一義的（唯一の）目的とし，そのうえで企業価値の計算表示を志向する会計モデルとして理解することができる。であれば，配当や課税に適さない評価益の計上は必然であり，そしてその可能性は小さいものの，全面公正価値会計が本格的に実施されれば，計算構造上，評価益を包括利益から分別することができなくなる。

　ただし，会計の計算構造が大きく変化し，それによって配当限度額や課税所得の計算目的のために財務諸表を利用できなくなったとしても，それによって分配可能利益の計算に対する社会のニーズが消滅するわけではない。

　そのために必要になるのが（全面）公正価値会計のもとでの分配可能利益の計算方法である。具体的には従来の原価・実現主義会計を支えてきた取引の継続記録システムを維持活用するか，あるいは分配可能利益の概念を転換し，営業キャッシュ・フローから従来の分配可能利益の代替値を計算することが考えられる。しかしその場合においても，従来の費用配分に基づく減価償却データがなければその計算ができない。ここに会計の本質的な機能があるようにも思われる。

　ところで，現行の財務会計システムは混合会計の段階に留まっており，純資産によって真の企業価値を表示する全面公正価値会計にはほど遠い状態にある。ところが，この実現不可能とも思える目標に向かって段階的に公正価値評価を導入した結果生まれたのが現在の混合会計であるといえよう。しかしそれ

は，極めて困難な外科手術に着手し，比較的容易な作業を済ませたものの，核心部分の処置方法が見つからないために患者を放置している状態に似ている。

　すなわち現在の混合会計は，原価・実現主義会計に公正価値会計の手法を部分的に組み込んだパッチワークの様相を呈しており，市場の影響を排除した分配可能利益（稼得利益）の計算システムでもなければ，純資産が真の企業価値を表示しているわけでもない。

　目下のところ，この混合会計システムで計算される当期純利益を分配可能利益に置き換えているが，今後，会計基準や経済環境が大きく変化すれば，この方法も限界に突き当たる可能性がある。その場合，分配可能利益の計算を情報提供機能からいかに切り離し，純化していくのか，この問題が，財務会計上の新たな論点として浮上することになろう。

【参考文献】

石井照久［1967］『会社法 上巻』勁草書房。
石川純治［2008］『変貌する現代会計』日本評論社。
泉田栄一・佐藤敏昭・三橋清哉［2008］『株式会社会計法』信山社。
落合誠一・神田秀樹・近藤光男［2010］『商法Ⅱ—会社［第8版］』有斐閣。
片野一郎訳［1973］『リトルトン会計発達史』同文舘，（16版，初版1952年）。
企業会計基準委員会［2008a］「企業会計基準第9号　棚卸資産の評価に関する会計基準」
――――［2008b］「企業会計基準第10号　金融商品に関する会計基準」
――――［2010］「企業会計基準第25号　包括利益の表示に関する会計基準」
企業会計審議会［2009］「わが国における国際会計基準の取扱いについて（中間報告）」
岸田雅雄［1991］『ゼミナール会社法入門』日本経済新聞社。
金融庁［2011］「IFRS適用に関する検討について」（2011年6月21日），http://www.fsa.go.jp/common/conferance/damwa/20110621-1.html
斎藤静樹［1991］「実現基準と原価評価の再検討」『會計』第140巻第2号。
――――［2009］『会計基準の研究』中央経済社。
財務省［2009］「平成21年度改正関係参考資料（経済危機対策関係の税制措置を含む）（法人税関係）」
醍醐　聰［1993］「有価証券評価益論争を考える」『會計』第143巻第5号。
――――［1994］「時価評価と業績測定・成果分配」『會計』第146巻第5号。
田中誠二［1982］『再全訂会社法詳論 上巻』勁草書房。

辻山栄子［2003］「業績報告をめぐる国際的動向と会計研究の課題」『會計』第163号第2号。
徳賀芳弘［2011］「会計利益モデルと純資産簿価モデル」『企業会計』第63巻第1号。
前田　庸［2009］『会社法入門［第12版］』有斐閣。
松本敏史［2008］「財務会計と管理会計の新たな融合―JSOX法，減損会計，包括利益概念の特徴を考える―」『會計』第173巻第5号。
弥永真生［2001］『企業会計と法』新世社。

第2章　公正価値会計の登場とその時代的背景

2-1　はじめに

　AAAが1966年に公表した『基礎的会計理論に関する報告書（*A Statement of Basic Accounting Theory*：ASOBAT）』において，会計を「情報の利用者が事情に精通して判断や意思決定をすることが可能なように，経済的情報を識別し，測定し，伝達するプロセスである[1]」と定義した。この定義は，あまりにも有名であり，また，意思決定有用性アプローチが台頭するきっかけともなった。

　意思決定有用性を重視する流れは，1978年以降FASBの概念フレームワーク（SFAC）によってさらに強調された。SFAC第1号「営利企業の財務報告の基本目的」において「財務報告は，現在および将来の投資者，債権者その他の情報利用者合理的な投資，与信およびこれに類似する意思決定を行うのに有用な情報を提供しなければならない[2]」と述べられている。次いでSFAC第2号「会計情報の質的特徴」では，保守主義のような慣行に対しては，注意深く適用される必要があるとし，「「測定において起こりうる誤謬は，純利益および純資産を過大表示する方向ではなく，それらを過小表示するする方向に作用する」ということを選好するために財務報告に偏向にもたらし，その結果，保守主義は表現の忠実性，中立性および比較可能性（首尾一貫性を含む）のような重大な質的特徴と矛盾する傾向にある[3]」としている。

---

1 ）AAA[1966], p. 1, 飯野訳 [1969] 2 頁。
2 ）FASB[1978], para. 34. 平松・広瀬訳 [2002] 26 頁。

このような流れを受け，2011年には，IFRS第13号「公正価値測定（Fair Value Measurement）」が公表された。当該基準では，公正価値を「測定日時点で，市場参加者間の秩序ある取引において，資産を売却するために受け取るであろう価格又は負債を移転するために支払うであろう価格[4]」と定義している。その価格とは出口価格である。IFRS第13号は，2009年にIASBとFASBが，公正価値測定について共同で作業することに合意し，その成果として公表されたものである[5]。したがって，上記の定義は，現時点において，もっとも権威づけられたものと考えることができる。しかしながら，公正価値会計への疑問や反論の全てに答えが出されたといえる状況ではなく，公正価値を適用する範囲，評価技法等について，いくつかの問題が残されている。

本章では，主として米国における公正価値会計の登場とその時代背景に焦点をあて，分析を行う。公正価値会計が求められる要因の一つとなった1980年代のS&L危機，多様なデリバティブ取引に加えて粉飾によって会計不信を招いた2001年のエンロン事件，2007年に表面化し，2008年9月のリーマン・ブラザーズの破綻によって，世界的な金融危機を招いたサブプライムローン問題を中心に，公正価値会計の登場とその意義を考察する。

2-2　S&L危機と時価主義への期待

(1) S&Lの概要

貯蓄と住宅ローンに特化した金融機関の一形態である貯蓄貸付組合（Savings and Loan Associations：S&L）の起源は，19世紀初頭にイングランド，スコットランドで発生した「友愛（friendly）」貯蓄組合だとされる[6]。19世紀のアメリカでは，友愛貯蓄組合を起源とする相互貯蓄銀行，持ち家をすすめる建築組合が大きく成長した。組合の所有者である組合員は，組合の資金作りに協力を求

---

3) FASB[1980], para. 92. 平松・広瀬訳[2002] 105頁。
4) IASB[2011], para. 9. 企業会計基準委員会・財務会計基準機構監訳[2012] 223頁。
5) IASB[2011], para. BC9-BC18. 企業会計基準委員会・財務会計基準機構監訳[2012] 300-301頁。
6) 星野[1998] 13-16頁。

められる。すなわち，すでに家を持てた人は，それに応じて資金を拠出し，それが次に家を建てる人に貸し付けられた。一般の勤労者にとって，この組合は，とても魅力的であった。1840年に最初の建築組合が設立され，1890年には，およそ5,000組合に増加し，資産は3億ドルにものぼった。

建築組合は，成長するにつれて，住宅を建設する予定のない人たちからの預金も受け入れるようになった。米国の中産階級の増加にともなって，次第に貯蓄銀行の要素を持つようになり，やがてそれがS&Lに発展していったのである。S&Lには，歴史的な経緯から友愛組合，相互貯蓄銀行そして建築組合などの要素が混在している。1929年の世界恐慌では，他の金融機関と同様に大きな損失を被るが，S&L全体としては，その後も成長を続け，そして1980年代のS&L危機をむかえることとなった。

(2) S&L危機と時代背景

ベトナム戦争やオイルショックの影響などにより，1970年代から80年代にかけて，アメリカは，激しいインフレ下にあった。1979年にFRB議長に就任したボルカーは，金融政策の引き締めを強め，プライムレートは，最大で約20％へと，それまでの約12％から大幅に上昇した。その結果として，インフレは収まりを見せたが，急激な金利の上昇は，その後の不況を招くことにつながった。住宅着工数は，1978年202万件をピークに，1980年には129万件，1982年には106万件と約半分にまで落ち込んだ。S&Lは，1980年の4,613社から1982年に3,825社へと減少した[7]。その後，当時のレーガン大統領による「レーガノミックス」と呼ばれた減税や規制緩和などによって，景気は回復に向かうが，それは，財政赤字と貿易赤字という「双子の赤字」を拡大させた。

預金金利が自由化された1982年以降，金融機関の倒産が急増し，1988年からは，その勢いが一段と激しくなった[8]。なかでもS&Lの経営悪化は著しく，各地で取付けが発生した。S&Lの預金を保険する連邦貯蓄貸付保険公社(Federal Savings and Loan Insurance Corporation：FSLIC)も，S&Lの救済および

---

7) Eichler [1989], pp. 63-64. 柿崎・呉訳 [1994] 71-72頁。
8) 濱本 [1996] 24頁。

精算のために多額の支出が発生し，1986年に赤字に転落した。

　1989年には，当時のH・W・ブッシュ政権が，S&L整理のために金融機関改革救済法を施行，FSLICは業務を停止し，商業銀行を対象としていた連邦預金保険公社（Federal Deposit Insurance Corporation：FDIC）にFSLICの業務が引き継がれた。加えて，整理信託公社（Resolution Trust Corporation：RTC）も設立された。1980年～1994年の間に1,617件（うちS&Lは1,295件）の銀行破綻が発生，1934～2002年の総破綻件数2,221件のほぼ7割強がこの時期に集中したことになる[9]。

　1980年代にS&Lが経営難に追い込まれた原因として，次のような理由が考えられる[10]。①満期のミスマッチ；S&Lは，基本的に短期の預金（負債）で資金を調達し，長期の住宅ローン（資産）で運用するが，1970年代のインフレおよび1980年代に金利の自由化が認められたことで「満期のミスマッチ」がさらに拡大したこと。この問題により，金利収入の減少もしくは逆ザヤが発生することになった。②他の金融機関との競争激化；特に証券会社によるMMFの影響が大きく，多額の預金がS&Lから証券会社に流れたこと。③非住宅分野への進出；規制緩和によって有価証券の購入や民間企業への貸し出しなど，資金運用を拡大させたが，不慣れな分野であり，なおかつハイリスク・ハイリターンでもあったこと。

(3)　S&Lの会計上の問題

　1980年前後からS&Lの収益状況は，前述のような理由によって急速に悪化し，多くのS&Lにおいて純資産額が減少し始めた。監督当局の連邦住宅貸付銀行理事会（Federal Home Loan Bank Board：FHLBB）は，自己資本比率を指標として経営状態をモニタリングしていたが，当局がとった対応は，要求最低自己資本比率の引き下げ，自己資本算入項目の追加と資産項目の削除による自己資本規制の実質的緩和であった[11]。

---

9) 片岡［2004］3-4頁。
10) 星野［1998］40頁。なお，星野［1998］では，他にも複数（合計で7つ）の原因を指摘している。

S&LがFHLBBへ提出する会計報告書が準拠すべき会計基準は，GAAPではなく，むしろ銀行規制会計実務（Regulatory Accounting Practices：RAP）であった。RAPを制定する権限はFHLBBにあったが，S&L危機が顕在化する以前には，RAPとGAAPの間の相違は，ほとんど存在しなかった。しかし，危機の初期の段階においてFHLBBはRAPの改訂を推進した。その結果，RAPはGAAPから乖離したが，経営環境の急激な悪化にもかかわらず，純資産額の表面的な減少は，緩和されることとなった[12]。改訂された会計ルールの代表的なものとして，①「債権売却損失の繰延」（deferral of loss on the sale of loans），②「固定資産の評価切り上げ」（mark-up of fixed assets）がある[13]。

①は，抵当貸付債権の売却から生じた損失を無形資産として繰り延べ，当該債権の平均残存期間にわたって償却する方式を認めるものであった。このルールの意図するところは，S&Lに利回りの低い固定金利債権の処分を促すことと，売却収入を再び貸出しに回すことによって，売却損の償却費を上回る手数料収入を生み出すことにあった。②は，保有する固定資産の簿価を鑑定価額まで切り上げることの認可であり，その評価益は，名目上の純資産を増加させ，多くのS&Lに自己資本比率規制抵触の可能性を減少させた[14]。

しかしながら，これらは一時的な延命に過ぎず，1980年代半ばには，破綻するS&Lが急増することとなった。預金保険の支払いによる財政負担が，巨額に上ることが明らかになるにつれ，議会やマスコミの間にS&Lの危機を招いた元凶としてRAPを批判する声が高まり，再びGAAPが注目された[15]。

(4) GAAPへの批判と時価会計への期待

RAPへの批判からGAAPへの回帰が行われたが，それによってS&Lの危機

---

11) 澤邉 [1998] 97-98頁。
12) 澤邉 [1998] 98頁。
13) Margavio [1993], pp. 17-19. 本文中の訳は，濱本 [1996] 24頁を参考にしている。
14) Davis & Hill [1993], p. 70.
15) S&L業界を救済もしくは清算するのに要する連邦政府の財政支出は，資金調達のための債券の利払いを含めて総額で4,810億ドルに達する。このうち，1995年に解散するまでの間に747に及ぶS&Lの清算業務を担当したRTCの処理コストが879億ドル，FSLICの処理コストが647億ドルとなっている（日本経済新聞，1996年7月13日，夕刊，2面）。

が解消されることはなかった。預金保険機構が必要としている情報は、閉鎖されたS&Lの純資産の額であったが、GAAPは継続企業に対する会計原則であり、その期待に応えるものではなかった。

米国会計検査院 (General Accounting Office: GAO) は、取得原価主義に基づくGAAPによる財務諸表では、S&L (直接にはFSLIC) への支援資金がどれだけ必要になるか、推定するのが困難であると批判した[16]。原価主義会計は、金融商品に生じた市場価値の変動を無視するため、財務諸表から金利変動リスクのシグナルを得ることができない。また、時価が簿価より高い金融資産を売却することで保有利得が実現する、いわゆる「益出し行為」のような会計操作を行うインセンティブを経営者に与えるというのである。

1990年前後より、時価会計は、議会や当局の関係者の間で急速に支持者を増大させた。SECのブリーデン (Breeden) 委員長や、貯蓄金融機関監督局 (Office of Thrift Supervision: OTS) のRyan (ライアン) 局長がその代表であり、時価会計の有用性を主張した[17]。このような流れを受けて、金融制度改革の一環として時価主義会計が模索されることになった。時価主義の導入を求めるSECの参入は、この問題がS&Lの会計にとどまらず、会計制度全体に拡大されたことを意味する。S&L危機に端を発したRAPへの批判は、GAAPに対しても金融投資の測定と開示を求める動きとなった一因として考えられる。

2-3 公正価値会計の登場

(1) FASBの金融商品プロジェクト

FASBは、1986年に金融商品プロジェクトを発足させ、時価会計への期待の高まりを背景に、金融商品の会計基準に関する検討を開始した。これには、S&L危機による影響の他に、拡大を続けるデリバティブの実態を把握する目的もあった。1980年代後半から90年代前半にかけてマーケットを揺るがした

---

16) General Accounting Office[1991], pp. 20-24.
17) 大石[2012] 176-177頁。なおOTSは、現在、通貨監督庁 (Office of the Comptroller of the Currency: OCC) に統合されている。

出来事としては，1987年10月19日に起こったブラックマンデー（ダウ平均が508ドル安，下落率は史上最大の22.6%），1994年に発覚したP&Gの金利スワッブよる巨額損失，カリフォルニア州オレンジ群の仕組債による巨額損失，1995年に女王陛下の銀行と称されていた英国のベアリングス銀行が，一行員のデリバティブ取引による損失で破綻したこと等があげられる。

金融商品プロジェクトは，認識，測定，開示を取り扱う包括的かつ首尾一貫した会計基準が必要と考えられていたが，そうした会計基準を短期間で完成させることは，現実的ではないと判断された。そのため，注記等での「開示」について検討する第1フェーズと，財務諸表本体での「認識と測定」について検討する第2フェーズに分けて作業が進められた[18]。

(2) 金融商品プロジェクト第1フェーズ[19]

1990年に公表されたSFAS第105号［1990］「オフバランスリスクを伴う金融商品，ならびに信用リスクの集中を伴う金融商品に関する情報の開示」は，金融商品プロジェクトの最初の成果であり，金融商品に関する情報開示を規定している。開示要求項目は，次の3つに大別される。①オフバランスリスクを伴う金融商品の範囲，性質および条件の開示。②オフバランス信用リスクを伴う金融商品の信用リスクの開示。③すべての金融商品の信用リスクの集中の開示。

当該基準でのオフバランスリスクとは，単に貸借対照表に計上されていないという意味ではなく，「金融商品の信用リスクまたは市場リスクで，それから発生するかもしれない損失が貸借対照表上に示されていないもの」と定義されている。

翌年に公表されたSFAS第107号［1991］「金融商品の公正価値に関する開示」は，すべての事業体に対して，貸借対照表で認識されているか否かを問わず，すべての金融商品の公正価値の開示を求めている。金融商品には，資産と

---

18) 鈴木［2002］7頁。なお，第3フェーズとして，「負債と資本の区分」が設けられているが，当面は第1および第2フェーズに集中して取り組まれた。
19) 山田［1995］72-75頁。

負債の双方が含まれている。本基準の要点として，次の2つをあげることができる。①公正価値の見積もりができる場合には，当該金融商品の公正価値，公正価値を見積もるために使用した方法および重要な仮定の開示が求められる。②公正価値の見積もりができない場合には，当該金融商品の公正価値の見積もりに関連する情報（例えば，帳簿価額，実効金利，満期日）および公正価値の見積もりができない理由の開示が求められる。

　当該基準での公正価値は，強制売却や生産売却以外で，意思のある当事者間の取引において金融商品が交換され得る価額とされている。公表市場価格がベストとされるが，これ以外に経営者の見積もりによる公正価値の算出も許容されている点が特徴で，このような公正価値の見積りや将来キャッシュ・フローを割り引いた現在価値，プライシング・モデル等の評価手法が示されている。

　SFAS第105号と第107号の公表をもって第1フェーズはいったん終了していたが，その後デリバティブ取引が増大し，これらが内包するリスクの開示が，オフバランスリスクのあるものに開示を限定するSFAS第105号では不十分との指摘が各方面から寄せられるようになった。例えば，オプションの場合，SFAS第105号では売建オプションのみが開示され，オフバランスリスクのない買建オプションは開示対象とはならないため，事業体がSFAS第105号にもとづいて開示する金融商品がなぜ取得されたか，といった意図や事情を投資家が十分理解できない恐れがあることなどがあげられる。そのため，新たにデリバティブに関する開示の充実に関する検討が開始され，SFAS第119号［1994］「デリバティブと金融商品の公正価値に関する開示」が公表された。

　SFAS第119号は，デリバティブに対して新たに開示を要求する部分と，SFAS第105号および第107号の改訂を行う部分の2つに分けることができる。新たに求められる開示は，次の3点である。①SFAS第105号の対象とならないデリバティブに対して，第105号で要求されるのと同様な範囲，性質および条件を，その保有目的別（売買目的とそれ以外の目的）に開示すること。②売買目的で保有されるデリバティブに対して，期中の公正価値の平均額およびこれに対応する期末公正価値，取引に係る純損益等の量的情報の開示。③売買

目的以外の目的で保有されるデリバティブに対して，保有目的や財務諸表での表示，予定取引のヘッジ目的でデリバティブが保有されている場合には，これらに関する事項等，主として質的情報の開示。SFAS 第 105 号および第 107 号の改訂としては，これらの基準書の適用が開始されてからの実績を踏まえたいくつかの開示の充実が図られるとともに，保有目的別に区分して開示することなど，デリバティブに係る新たな開示要求に対応がなされている。

(3) 金融商品プロジェクト第 2 フェーズ[20]

SFAS 第 114 号［1993］「債権者による貸出金減損の会計」は，貸出金の減損の認識，測定，開示に関する基準を取り扱っている[21]。貸出金の全額（元利総額）を約定どおり回収できない可能性が高くなった時点で，減損の認識を求めている。将来キャッシュ・フロー予測額を実行利子率で割り引いて算出される割引現在価値を用いた減損額の測定方法が，原則的方法として規定されている（例外として市場価格や担保物件の公正価値による測定方法も認められている）。また，減損を認識した時点以降の収益の認識に関する取り扱いや開示事項についても規定されている。

SFAS 第 115 号［1993］「負債証券および特定の持分証券投資の会計処理」は，金融商品全般ではなく，そのうち公正価値が容易に決定できる持分証券およびすべての負債証券を対象とし，その会計処理と報告とを取り扱うものである。対象とする有価証券を保有目的に基づき次の 3 つのカテゴリーに区分し，それぞれに対応する会計処理方法および開示基準を示している。①満期保有目的有価証券；貸借対照表上に償却原価法（プレミアムまたはディスカウントの当期償却分は当期利益に計上）で評価される。②売買目的有価証券；貸借対照表上に公正価値で測定され，その結果生じる未実現評価損益は当期利益に計上される。③売却可能証券；公正価値が容易に決定できる持分証券およびすべての負債証券のうち①および②に該当しないものが対象となる。貸借対照表上に公正

---

20) 山田［1995］73-74 頁。
21) SFAS 第 114 号は，SFAS 第 118 号［1994］「債権者による貸出金減損の会計―収益の認識と開示」によって改訂されている。

価値で測定されるが，未実現評価損益は当期利益には計上されず，資本の部の独立項目として報告される。

星野［1998］では，SFAS 第 115 号は，S&L 危機をひとつの契機として公表されるに至ったものとして捉えている。「期間損益および自己資本の変動性の拡大のため，保有する金融資産が多く，自己資本の規制を受ける金融機関は，会計的影響を回避しようという動機を有し，様々な「経営的対応」および「経済的影響」があり得る」（151 頁）と指摘している。また，SFAS 第 115 号は，有価証券を保有目的から 3 つに分類したうえで，それぞれに異なる評価基準を適用しているが，「このようなアプローチは，有価証券の分類時に介在する恣意性，および分類に起因する会計的影響を緩和することを意図した会計情報操作の可能性などのために，リスク問題をかえって複雑にする恐れがある」（155 頁），と指摘している。

2-4　エンロン事件と公正価値会計

(1)　エンロン社とは

エンロンの前身は，1985 年にネブラスカ州のガス会社であるインターノース社と，テキサス州のヒューストン・ナチュラルガス社の合併によって誕生し，翌 1986 年にエンロンへと名称変更された。CEO には，ヒューストン・ナチュラルガス社のケネス・レイが就任した。当時の事業は，アメリカの荒野にパイプラインを引いて，天然ガスを供給する典型的なオールドエコノミーで，一中堅企業にすぎなかった[22]。1980 年代のエンロンは，1987 年に「北米で一番の天然ガス会社になる」という目標を立て，実際に 1990 年にはシェアを 15％に伸ばして目標を達成している[23]。天然ガス分野で世界進出を進める一方で，各地に発電所の建設を計画し，電力事業にも乗り出していた。

この経営スタイルは，1990 年代に進んだ規制緩和によって大きく変わることになった。背景には，規制緩和によって新規参入が相次ぎ，その売買を円滑

---

22)　エンロンの歴史については大島・矢島［2002］，奥村［2002］に詳しい。
23)　大島・矢島［2002］34 頁。

に行うための新たなエネルギー市場が生まれたことがある。この規制緩和には，ケネス・レイとH・W・ブッシュ大統領の個人的なパイプに加えて，エンロンによる共和党および民主党の双方へのロビー活動も効果があったとされている。

エンロンは，新しく誕生したマーケットにおいて，多様なデリバティブを活用し急成長を遂げた。先物やオプションなど比較的わかりやすいものの他に，新しく天候やブロードバンドの回線までデリバティブとして利用した。エンロンは，1993年にクリントン政権が誕生した後も，90年代を通して急成長を続け，2000年には，『フォーチュン』の売上高ランキングで全米7位となった[24]。

しかし，2000年春をピークにITバブルの崩壊が始まり，エンロンの株価の上昇も止まった[25]。エンロンは，2001年10月，これまで連結の範囲外としていた特別目的事業体（Special Purpose Entity：SPE）を連結することによって巨額の損失を計上し，約12億ドルの自己資本を取り崩すことを発表した。翌11月には，過去数年間の連結財務諸表の修正を報告，生き残りをかけてダイナジー社との合併を模索したが，合併は成立せず，2001年12月2日，連邦破産法第11条の申請により，エンロンは破綻した。

エンロンは，日本への進出も計画しており，2000年にエンロン・ジャパンが設立され，火力発電所を建設する準備も進めていた[26]。しかし，本格的に始動する前にエンロン本社が破綻し，エンロン・ジャパンもその直後に倒産した。

---

[24] この年の1位はエクソンモービル，エンロンの前後である6位はシティグループ，8位はIBMであった。
[25] エンロンの株価は，1985年の設立当初から何年間も10ドルに届くかどうかという水準であったが，1990年代後半に急上昇し，2000年には80ドルを超えた。
[26] 奥村[2000]では，エンロンの日本進出を「地域独占を崩す電力自由化の大波」と表現している。奥村[2001]では（エンロン事件が表面化する前），エンロンを「右手に「ホワイトハウス」左手に「ウォール街」電力会社の衣をまとった投資銀行」と表現している。リスクとタブーに挑戦し，法律ギリギリのところで勝負，社員は高報酬だが激しい競争があると指摘している。

(2) 当時の時代背景

　エンロンが急成長を遂げた1990年代は，冷戦の終結によるソ連の崩壊，東欧諸国の民主化，東西ドイツの統一，日本のバブル崩壊，さらにイラクによるクウェートへの進行と湾岸戦争の勃発という世界全体が混沌とした時代の幕開けであった。しかしながら，1993年に誕生したクリントン政権下の米国経済は，全体的に好調であり，ニューエコノミーと呼ばれたIT革命やグローバル化によるインフレなき経済成長が続くという楽観論が多く聞かれた。この楽観論には，民主主義の勝利，唯一の超大国となったアメリカのひとり勝ちなどの考えも含まれていた。

　経済が全体的に好調な状況下においても，デリバティブによる巨額損失は，幾度となく発生した。ITの進歩に伴い，デリバティブは，より複雑に，かつ規模を膨らませていた。ヘッジファンドが大きな注目を浴びるようになったのもこの頃であり，ジョージ・ソロスのクォンタムファンドが，1992年にイングランド銀行に仕掛けたポンド売りは有名である。1990年代後半には，97年にアジア通貨危機，98年にロシア財政危機が発生した。これらの危機による相場の乱高下は，数十倍におよぶレバレッジを掛けて投資を行っている金融機関やヘッジファンドにも影響を与え，メンバーに2人のノーベル経済学賞受賞者を含み，ドリームチームと呼ばれたLTCM（Long-Term Capital Management）も巨額の損失により実質的に破綻した[27]。

　度重なる危機にもかかわらず，その後もデリバティブやヘッジファンドの規模は拡大を続け，平均株価は上昇したが，2000年に入り，ついにITバブルが崩壊した。この崩壊の一因としては，ナスダックの急激な上昇とITブームに対する反動，1999年後半からの金利の上昇などが考えられる。ハイテク株およびIT関連株が多いナスダックは，1995年に初めて1,000ドルを超えた後，

---

27) LTCMは，元ソロモン・ブラザーズのトレーダー，ジョン・メリウェザーの発案により設立され，1994年に運用を開始した。他の主要メンバーにはFRB元副議長デビッド・マリンズや，1997年にノーベル経済学賞を受けた経済学者であるマイロン・ショールズとロバート・マートンらがいた。設立当初は，好調な成績で運用資産を増やし続けた。

上昇のペースを速め，2000年3月に史上最高値となる5,000ドルを突破した。急上昇した分だけバブル崩壊の影響も大きく，2002年後半には約1,100ドルにまで下落し，1996年前半の値にまで戻した。

(3) エンロンと公正価値会計

エンロンの会計の特徴は，① SPE を利用した利益の水増し，資産および負債のオフバランス化などによる会計操作，②ストックオプションによる経営陣および幹部社員への多額の報酬，③公正価値会計の積極的な利用による収益の過大計上などがあげられる。

①は，すでに多くの先行研究よって指摘されているところであるが，外部からの出資が3％以上あるSPEを連結会計の対象から外すことができる規定を利用して，損失をSPEに移し換えるという会計操作によって，見せかけの高利益を計上した。エンロンが連結の対象外としたSPEの一部については，外部からの出資者を募るために，その資金調達を支援したり，社内の関係者が関与していたケースがあり，それらは，最初から連結対象とすべきSPEであった[28]。

②のストックオプション自体は，認められている制度であり，CEOであったケネス・レイや，その後任であるスキリングの他，複数の幹部が数千万ドル規模の報酬を得た。しかし，その源泉となる高株価が，不正会計によって実現していたのであれば，違法行為と言わざるを得ない。

③は，1998年に公表されたSFAS第133号「デリバティブとヘッジ活動の会計」の影響が考えられる。SFAS第133号は，すべてのデリバティブを公正価値によって測定し，貸借対照表に計上することを求めており，公正価値の純変動額は，当期の損益ないしはその他の包括利益に計上される[29]。デリバテ

---

28) エンロンは，連結対象として計上すべきであったSPEの債務を計上しなかったことなどにより，1999年末の負債の額を実際より7億ドル少なく見せた。また，2000年後半から2001年にかけた15ヶ月でSPEへの資産売却収入などによって，利益を10億ドル水増しした。社内調査を担当したパワーズ氏は，同期間に計上した純利益の70％超が存在しなかったと述べた（日本経済新聞，2002年2月6日，夕刊1面）。

29) 中央青山監査法人 [2005] 57頁。

ィブの拡大に伴って，巨額の損失が発生するケースが相次いでおり，公正価値による測定は，デリバティブに対する透明性を高めることが期待された。しかし，エンロンは，これを自らの株価を上げる手段として利用した。

電力市場は，まだ歴史が浅く，エンロン自身が主要なプレイヤーであった。短期の先物取引であれば，参加者も多く，活発な取引が行われていたが，長期の取引は，そうではなく，価格を操作する余地があった。高寺[2004]は，「1990年代（特にエンロン）における利益の早期認識は，市場価値会計から現在価値会計へ拡大した公正価値会計によって推進された」(206頁)と指摘している。

(4) エンロン事件後の動き

エンロン事件は，自他共に最高水準にあると認めていたアメリカの会計制度および企業統治に大きな影響を与えた。SPEを利用した不正会計，その結果としてのストックオプションによる多額の報酬は，インサイダー取引によるものではないかとの疑念が生じた。経営幹部が，自社の株価が急落する前に所有する株を売り抜けた一方で，一般の投資家や従業員は，多額の損失を被った。エンロンの従業員は，自社株への投資を推奨されていたことに加え，401kによる年金制度においてもエンロン株を購入していた。他にも，エンロンは，自社の利益のためにカリフォルニア州の停電までも利用したとされ，多数の刑事訴訟，民事訴訟がおこされた[30]。

エンロン事件では，企業統治の機能不全も指摘された。米議会上院の小委員会によれば，エンロンの監査委員会の社外取締役らは，アンダーセンから，エンロンがきわどい会計処理をしているとの報告を破綻する2年以上前に受けていたという。また，取締役会は，リスクが非常に高いことを知りながら，エンロンのデリバティブを絡めたSPEを活用した簿外取引の一部を承認していた[31]。

さらに，監査法人やアナリストの中立性についても大きな問題があった。エ

---

30) エンロン事件の訴訟をめぐる動きについては，高柳[2005]に詳しい。
31) 日本経済新聞，2002年7月8日，朝刊9面。

ンロンを監査していたのは，当時「ビッグ5」と呼ばれた監査法人のひとつのアンダーセンであった。監査法人は，監査対象である企業から監査報酬を得ることの問題を指摘されているが，アンダーセンは，エンロンから監査報酬の他にコンサルティング業務による収入も得ており，粉飾を見逃したのでないかと疑われた。アンダーセンは，その後，エンロンに関係する書類を廃棄したことや，翌2002年に明らかとなったワールドコムの粉飾も見逃したとの疑いで，急速に顧客を失い，解散に追い込まれた。

　会計制度や企業統治への不信に対処するため，2002年にSECは，各企業のCEOおよびCFOに決算書が正確である旨の宣誓を求めた。同年には，企業改革法（Sarbanes-Oxley Act：SOX法）も制定された。SOX法の主要な目的は，①監査の品質管理と独立性の強化，②コーポレート・ガバナンスの改革，企業責任の厳格化・明確化，③ディスクロージャーの強化である[32]。会計制度の対処としては，①SPEを連結の対象から外す条件であった，外部からの出資の基準を，従来の総資産の3％以上から10％以上に厳格化，②実質利益またはプロフォーマ利益[33]などと呼ばれる企業の判断によって特別損失等を除外した数値の公表に対して，詳細に説明することを義務化，SFAS第123号改訂版[2004]「株式に基づく報酬」の公表による，ストックオプションの費用化などが行われた。

2-5　サブプライムローン問題と公正価値会計

(1)　サブプライムローン問題と時代背景（リーマンショック以前）

　サブプライムローンは，比較的所得が少なく信用力の低い層を対象とした住宅ローンであり，住宅価格の上昇を背景に規模が拡大した。そのローン債権

32）あずさ監査法人のWebページ（http://www.azsa.or.jp/b_info/keyword/sox.html）による。
33）他にワールドコムが公表していたEBITDA（利払い前，税引き前，償却前利益）がある。経営者は，市場から強い圧力を受け，ウォール街が期待する利益を，プロフォーマ利益等として算出し，本来の会計上の利益をそれらに近づける操作がなされた（渡邉泉「行き過ぎた利益管理」日本経済新聞，2002年8月20日，朝刊26面）。

は，不動産担保証券（Mortgage backed security：MBS）と呼ばれる証券化によって世界中に広がった。しかし，サブプライムローンは，その後の住宅価格の下落によって不良債権化し，リーマンショックへとつながる金融危機の原因となった。住宅価格は，2006年末頃から下落傾向が明らかになり，2008年末に2006年のピークから約30％も下落した。住宅ローンの延滞率は，2006年末の13％程度から2008年末には40％程度にまで悪化し，同時期に住宅を対象としたサブプライム関連のMBSの価格は，AAA格でも約60％の下落，BBB格に至っては90％以上も下落した[34]。

2007年に入ると，サブプライムローン関連企業の破綻が目立つようになり，翌年には，さらに深刻さを増した。大手の金融機関が次々に多額の評価損の計上を発表し，不良債権の処理や現金の確保のために金融商品の売却が進められ，それがさらにMBSを含めた金融商品価格の下落に拍車をかけた。モノラインと呼ばれる金融保証会社の格下げの影響も大きく，AAA格で信用力の高いモノラインの保証を受けることによって，高格付けを得ていた金融商品も格付けを落とすことになった。そして2008年3月，ベアー・スターンズが実質的に破綻し，JPモルガン・チェースに買収された[35]。

次いで7月には，政府支援企業（Government Sponsored Enterprises：GSE）であるファニーメイ，フレディマックの2社が経営難に陥り，政府の管理下に置かれた。これらGSEの2社は，住宅ローンの取扱いを主要な業務としており，MBSも多く保有していた。GSEが発行した債権は，海外で1兆3,000億ドル保有されており，政府の救済がなければシステミックリスクにつながる恐れがあった[36]。

(2) サブプライムローン問題と時代背景（リーマンショック以後）

2008年9月15日，投資銀行大手リーマン・ブラザーズが破綻し，サブプラ

---

34) 日本銀行［2009］25頁。なお，商業用不動産を担保にしたMBSも，AAA格で約30％，BBB格で約80％下落した。
35) サブプライムローン問題に関連した金融期間の経営危機や，政府の対応については，翁［2010］12-13頁に詳しい。
36) 小林［2008］18頁。

イムローン問題は，ついに世界金融危機にまで発展した。この破綻は，安全資産との認識が強いMMFの一部に元本割れの事態も招いた。

　リーマン・ブラザーズが破綻した同日に，同じく投資銀行大手のメリルリンチがバンク・オブ・アメリカに買収された。同月には，5大投資銀行の残り2つであったモルガン・スタンレーおよびゴールドマン・サックスも，政府とFRBの支援を受けて銀行持ち株会社に転換した[37]。5大投資銀行は，ベアー・スターンズの破綻からわずか半年で姿を消した。さらに同月には，S&L最大手のワシントン・ミューチュアルが破綻，大手保険会社のAIGも経営危機となり，政府の支援を受け，その管理下に置かれた。その後も，金融機関の危機もしくは再編が進み，シティグループは政府の支援を受け，ワコビアはウェルズ・ファーゴに買収された。この金融危機による影響は，自動車業界にもおよび，2009年4月にはクライスラーが破綻，同年6月にはGMが破綻した。

　この金融危機から十分に立ち直る間もなく，2009年後半には，ギリシャに端を発する欧州債務危機が表面化した。この債務危機は，ポルトガルやアイルランドに加えて，経済規模の大きなイタリアやスペインにも広がりを見せており予断を許さない。しかしながら，アメリカの経済は，リーマンショック直後と比較して，落ち着きを取り戻しつつあるようにみえる。NYダウ平均株価は，リーマンショック前の2007年10月に14,000ドルを超えたが，2009年3月には6,600ドルを下回り，ピーク時の半分以下となった。しかし，2009年末には，10,400ドルを超え，欧州債務危機が懸念される中，2012年9月末時点では，13,000ドルを上回る水準にまで回復している。

(3) サブプライムローン問題と公正価値会計

　高寺・草野［2009］は，サブプライムローンに関連する会計の問題として，証券化取引の売却会計が，その先達であると指摘している。「銀行の貸し出し様式が（満期までローンを保有し続ける）簿価記帳／満期保有モデルから，（ロ

---

37) 両投資銀行は，銀行持株会社に転換することによって，商業銀行業務として預金の取扱いが可能になった。SECよりも厳格なFRBによる監督を受けるが，FRBから資金面において流動性支援を受けることも可能となった（小林［2008］19頁）。

ーンを証券化して売却する）組成／販売モデルへの移行を象徴するかのように，サブプライム会計はその先達として（証券化取引を売却として処理する）売却会計と公正価値会計が連係した短期主義会計によって利益（またはマイナスの利益を含む損益）を早期認識（先取り）している」(179頁)。

具体例として，ニューセンチュリー・ファイナンシャル社（以下，NCF社）における証券化取引の売却会計を紹介している[38]。その概要は，次のとおりである。NCF社は，ローンの買い手（投資家）と販売契約を結び，ローンを額面価額以上で売却した。契約の内容には，一定の条件が満たされた場合，NCF社が投資家からローンを買い戻すことが含まれていた。NCF社は，買い戻しに備えた十分な引当金を計上する必要があったが，そうはしなかった。NCF社は，サブプライムローン問題が騒がれるようになった比較的早い段階で破綻しているが，その原因には，上記のような会計処理の問題もあったと考えられる。

しかし，仮に十分な引当金を計上していたとしても，前述したようなMBSの90％もの下落に対応することは，困難であったと推察される。リーマンショックによって，MBSのみならず，幅広い金融商品の価値が急落しており，大手の金融機関にも損失が拡大して，次々に破綻もしくは政府の支援を受けた。銀行は，金融商品への投資を，本体のみならず，当局の規制が比較的緩やかな，簿外の投資子会社（Structured Investment Vehicle：SIV）を利用して増やしていた[39]。SIVは，従業員も事務所も存在しないケースが多く，設立した銀行が資産管理者となって，資産運用を行う。2007年1月には55社あったが，その多くが倒産し，設立した銀行の損失を拡大させた[40]。

市場の混乱による大手金融機関の損失の拡大は，市場や政府がSEC，FASBおよびIASBなどに，金融商品に対する公正価値測定の変更を求める圧力となった。SECらは，その対応に追われ，公正価値会計の限界の一端が明らかと

---

38) 高寺・草野［2009］，181頁を，筆者が要約している。
39) SIVを簿外の投資子会社と訳したのは，翁［2010］10頁による。
40) 植田［2010］27-28頁。

なった。アメリカでは，リーマンショック後に成立した緊急経済安定化法で，SECにSFAS第157号「公正価値測定」を中止できる権限があることが確認された。FASBは，FASBスタッフ意見書（FASB Staff Position：FSP）FAS157-3「市場が活発でないときの金融資産の公正価値の決定」，FSP FAS157-4「資産または負債にかかるボリュームおよび活動レベルが大きく低減した場合の公正価値の決定および通常ではない取引の識別」を発表し，流動性が低下した市場価格や投げ売り価格と認められる場合には，それを公正価値としなくても良いとした[41]。

IASBは，SFAS第115号が「レア（稀）」な場合に限って，金融商品の区分の変更を認めているのを考慮して，IAS第39号「金融商品：認識及び測定」を改訂した[42]。この改訂によって，レアなケースに該当すれば，「売買目的」で保有していた債券を，「満期保有」または「売却可能」の区分に振り替えること，証券化を予定して「売買目的」としていた貸出金を，「貸出金及び債権」の区分に再分類することができるようになった。IASBは，時間的な制約があったとはいえ，この改訂をデュー・プロセスを経ずに行い，批判を浴びた[43]。

2-6 おわりに

本章では，公正価値会計登場の時代的背景には，S&L危機よって取得原価主義に基づくGAAPの問題が指摘され，時価会計への期待の高まりがその一因であることを明らかにした。しかしながら，エンロン事件，サブプライムローン問題を考慮すれば，時価会計およびその後の公正価値会計には，未実現利益の計上や，金融商品の測定方法などに欠陥があることは明らかである。

取得原価主義のもとでは，未実現の評価益は，帳簿上に計上されることはなく，したがって評価損もまた原則的に計上されることはない。損失は，オフバランス化されるため，たとえ財政状態が悪化していたとしても表面に出てくる

---

41) 本文中のFAS157-3およびFAS157-4のタイトルの日本語訳は，大日方編著［2012］138頁，145頁を参考にしている。
42) 山田・金児・平松［2009］89頁。
43) この経緯は山田・金児・平松［2009］87-93頁に詳しく紹介されている。

ことはない。とりわけ，固定資産に関しては，その価額が高額なため企業全体に与える影響は，甚大である。隠しきれないほどに矛盾が大きくなった時，ある日突然に巨額の損失が表面化する。これがS&L危機のパターンである。

一方で，明確な市場価格がない金融商品を公正価値で測定すると，恣意性を排除できないまま，過大な未実現の評価益を計上する恐れが生じる。それが株価の上昇や配当金の増額，経営陣への莫大な報酬につながると，当該企業は，存続の危機に瀕する。エンロン事件のパターンである。

このような状況を回避するためのひとつの方策に低価法の適用が考えられるが，バブルの崩壊時のような金融危機の局面では，評価損の計上や損切りが金融資産の価値をさらに押し下げてしまう恐れがある。サブプライムローン問題と公正価値の適用をめぐる混乱のパターンである。

会計制度もしくは会計基準は，金融危機やエンロン事件後の会計不信のような事態に直面する度に，改善を重ねてきた。しかし，会計のみの力でこれらの問題を未然に防ぐことは，極めて困難であろう。バブルの発生と崩壊をコントロールすることや，違法行為やグレーゾーンの行為に対して適切な罰則やルールを定めることは，会計の役割を超えている。

しかしながら，ディスクロージャー制度を担う会計には，金融システムに対する一定の責任があり，これらの問題に重要な役割を果たす可能性がある。例えば，連結範囲のさらなる見直しや，未実現利益と実現利益とをはっきり区別することである。連結の範囲は，エンロン事件を経て強化されたはずであったが，サブプライムローン問題の際に同じ失敗（SIVを利用したオフバランス取引の拡大）が繰り返されている。利益の区別は，過剰な配当および経営陣への報酬を抑制することで，企業から過大な資金の流出を防ぎ，景気の下降局面における評価損への対応能力を維持し，企業の継続性を高める効果が期待できる。

金融経済が実体経済の規模をはるかに上回るなかで，公正価値会計は，その重要性を増したかに見えた。しかし，そのもう一方で，リーマンショックによって顕在化したように，評価損の急激な拡大や政治の圧力による基準の変更は，公正価値会計の不完全さを露呈した。公正価値会計は，世界金融危機の一

因になったと言うこともできるのではないだろうか。

【参考文献】

AAA[1966], *A Statement of Accounting Basic Theory*. 飯野利夫訳［1969］『基礎的会計理論』国元書房。

Davis, H. and J. W. Hill[1993], "The Association Between S & Ls' Deviation from GAAP and Their Survival", *Journal of Accounting and Public Policy*, Vol. 12, No. 1.

Eichler, N.,[1989], *The Thrift Debacle*. 柿崎映次・呉天降訳［1994］『アメリカの貯蓄貸付組合（S&L）』御茶の水書房。

FASB[1976], *An Analysis of Issues Related to Conceptual Framework for Financial Accounting and Reporting : Elements of Financial Statements and Their Measurement, FASB Discussion Memorandum*. 津守常弘監訳［1997］『FASB 財務会計の概念フレームワーク』中央経済社。

────[1978], *Objectives of Financial Reporting by Business Enterprises, Statement of Financial Accounting Concepts No. 1*. 平松一夫・広瀬義州訳［2002］「会計情報の質的特徴」『FASB 財務会計の諸概念〔増補版〕』中央経済社。

────[1980], *Qualitative Characteristics of Accounting Information, Statement of Financial Accounting Concepts No. 2*. 平松一夫・広瀬義州訳［2002］「営利企業の財務報告の基本目的」『FASB 財務会計の諸概念〔増補版〕』中央経済社。

General Accounting Office[1989], Troubled Financial Institutions : Solutions to the Thrift Industry Problem, GAO/GGD-89-47.

────[1991], *Failed Banks : Accounting and Auditing Reform Urgently Needed*, GAO/AMFD 91-43.

Hill, J. W. and R. W. Ingram[1989], "Selection of GAAP or RAP in the Savings and Loan industry," *The Accounting Review*, No. 4.

IASB[2011], *Fair Value Measurement No. 13*, IFRS. 企業会計基準委員会・財務会計基準機構監訳［2011］「公正価値測定（IFRS 第 13 号）」『国際財務報告基準』。

Lev, Baruch[2003], "Corporate Earnings : Facts and Fiction", *Journal of Economic Perspectives*, 17（2）.

Leviit, Arthur[1998], "The Numbers Game", *NYU Center For Law and Business*, New York.

Margavio, G. W.[1993], "The Savings and Loan Debacle : The Culmination of Three Decades of Conflicting Regulation, Deregulation, and Re-Regulation, *The Accounting Historians Journal*, Vol. 20, No. 1.

Hodge, Frank D.[2003], "Investors' perceptions of earnings quality, auditor independence, and the usefulness of audited financial information", *Accounting Horizons*, Vol. 17.

Neef, Dale[2003], *Managing Corporate Reputation and Risk*, Elsevier.

Nissim, Penman[2008], *Principles for the Application of Fair Value Accounting*, Columbia Business School. 角ヶ谷典幸・赤城諭士訳［2012］『公正価値会計のフレームワーク』中央経済社.

Thomas. C. William[2002], "The Rise and Fall of Enron", *Journal of Accountancy*, Vol. 13, No. 4.

Razaee, Z. and J. T. Lee[1995], "Market Value Accounting Standards in the United States and their Significance for the Global Banking Industry", *The International Journal of Accounting*, Vol. 30, No. 3.

Report of the Staff to the Senate Committee on Governmental Affairs[2002], *Financial Oversight of Enron : The SEC and Private Sector Watchdogs*.

Walton, Peter[2007], *The Routledge Companion to Fair Value and Financial Reporting*, New York.

安藤英義編著［2007］『会計学論考』中央経済社.
植田和男編著［2010］『世界金融・経済危機の全貌』慶應義塾大学出版会.
浦崎直浩［2002］『公正価値会計』森山書店.
大石桂一［2012］「金融規制の枠組み」大日方隆編著『金融危機と会計規制』中央経済社.
大島春行・矢島敦視［2002］『アメリカがおかしくなっている』NHK出版.
翁　百合［2010］『金融危機とプルーデンス政策』日本経済新聞出版社.
奥村浩一［2000］「地域独占を崩す電力自由化の大波　米エンロンが日本上陸」『エコノミスト』2000年9月12日号.
―――［2001］「これがエンロン」『エコノミスト』2001年3月13日号.
奥村　宏［2002］『エンロンの衝撃　株式会社の危機』NTT出版.
大日方隆編著［2012］『金融危機と会計規制』中央経済社.
片岡久議［2004］「米国及びカナダの預金保険料制度」『預金保険研究』第1号.
北村敬子［2011］『公正価値測定の意義とその限界（最終報告書）』日本会計研究学会特別委員会.
草野豊己［2007］「システミックリスクを誘発するヘッジファンドと巨大金融機関の一体化」『エコノミスト』2007年7月31日号.
草野真樹［2005］『利益会計論』森山書店.
古賀智敏［1999］『デリバティブ会計　第2版』森山書店.
―――［2009］『財務会計のイノベーション』中央経済社.
小林晋也［2008］「特集 米国型金融資本主義の崩壊―世界が震撼した九月のアメリカ」『金融財政事情』2008年10月13日号.

斎藤静樹編著［2007］『討議資料 財務会計の概念フレームワーク（第 2 版）』中央経済社。
澤邉紀生［1998］『国際金融規制と会計制度』晃洋書房。
鈴木直行［2002］「金融商品の全面公正価値会計の提案に至るまでの米国会計基準の歴史的考察」『日本銀行金融研究所ディスカッションペーパー』No. 2002-J-6。
高須教夫［2012］「意思決定有用性アプローチの確立と概念フレームワークの形成」斎藤静樹主幹，千葉準一・中野常男編『体系現代会計学第 8 巻 会計と会計学の歴史』中央経済社。
高寺貞男［2004］「攻めの会計における早期の利益認識」『大阪経大論集』第 55 巻第 1 号。
高寺貞男・草野真樹［2009］「サブプライム会計の批判的研究」『大阪経大論集』第 59 巻第 6 号。
高柳一男［2005］『エンロン事件とアメリカ企業法務』中央大学出版部。
中央青山監査法人［2005］『アメリカの会計原則 2006 年版』東洋経済新報社。
角ヶ谷典幸［2009］『割引現在価値会計論』森山書店。
日本銀行［2009］『金融市場レポート（2009 年 7 月）』。
濱本道正［1996］「アメリカの S&L 危機と会計政策」『会計検査研究』第 14 号。
星野一郎［1998］『金融危機の会計的研究』同文舘。
山田辰巳［1995］「金融商品をめぐる米国財務会計基準の動向の調査・研究」『商事法務』No. 1402。
山田辰巳・金児 昭・平松一夫［2009］「国際財務報告基準の現状と課題」『税経通信』第 64 巻第 1 号。
渡邉 泉［2012］「行き過ぎた有用性アプローチへの歴史からの警鐘」『大阪経済大学ワーキングペーパー』No. 2012-1。

第3章 公正価値会計の現状と課題

3-1 は じ め に

　国際財務報告基準（International Financial Reporting Standards；以下，IFRSと略す）とのコンバージェンス，あるいはアドプションの見通し等に基づいた自国会計基準の新設・改廃作業によって，世界各国の会計基準の中に公正価値測定に基づく会計情報が増加しつつある。現に，日本国内の会計基準にも，相当の公正価値概念が導入されている。また，欧州域内の各国では，2005年度より連結財務諸表に対してIFRSの適用が強制されるようになり，日本では，2009年度より任意でのIFRS適用の財務諸表の開示が認められており，IFRSをベースとした財務報告を行う企業が増加しつつある。このように，公正価値測定を行う会計項目の増加，あるいは公正価値概念を中心に据えたIFRSベースの財務報告を行う企業の増加によって，公正価値会計がもたらす経済的帰結を題材とした実証研究の分析結果が急速に蓄積されつつある。

　本章の目的は，これらの実証成果のサーベイを行い，公正価値会計が果たしている会計機能の現状，およびその課題について明らかにすることにある。より具体的には，公正価値会計が投資意思決定支援機能を改善させたのか否か，契約支援機能に何らかの影響を与えているのか否かについてのサーベイを行う。

　本章の構成は以下のとおりである。第2節では，サーベイ論文でとりうる記述スタイルを類型化し，本論文がとるスタイルを明示する。第3節では，公正

価値会計が重視する会計の機能の確認，公正価値会計の硬度の高低について検討を行う。第4節，第5節では，公正価値会計が投資意思決定支援機能に与えた影響と，公正価値会計が契約支援機能に与えた影響とについて考察を行う。最後に，議論を要約し結論を述べる。

3-2 サーベイの類型

本章では，公正価値会計の拡大・進展が，投資意思決定支援機能と契約支援機能とにもたらした経済的帰結について，サーベイを実施する予定でいるが，当該領域の先行研究として，大日方[2011]，首藤[2011]，徳賀[2011]が存在する。サーベイ論文には何通りかのスタイルが考えられる。

一つは，「現状・課題明示型のサーベイ」であり，あるテーマに対して先行研究を渉猟し，帰納的にわかる事実を報告することで，明らかになっていること（まだ明らかになっていないこと），矛盾する研究結果が提示されていること（今後，明らかにされていくべきこと）などの現状を，当該テーマについて明らかにし，課題を浮き彫りにしていくタイプのサーベイである。先行研究の中では，大日方[2011]，首藤[2011]がこれに該当する。大日方[2011]は，公正価値を題材とした極めて多数の実証論文を概観したうえで，公正価値会計の拡大に，経営者による裁量的な会計報告の機会の増大と，会計情報の有用性の低下という，重大な欠陥が含まれていることを指摘している。首藤[2011]は，公正価値測定を求める会計基準の導入・増加によって，会計の投資意思決定支援機能は改善したのか否かというテーマについてサーベイを行い，公正価値会計が，必ずしも投資意思決定支援機能を改善させていない可能性を示している。

いま一つのサーベイ論文のスタイルは「仮説検証型のサーベイ」である。いわゆる実証研究と呼ばれる研究では，検証すべき仮説に対してサンプル企業を抽出し，仮説の適否を当該サンプル企業のデータに基づいて検証するスタイルをとるが，このスタイルをサーベイ論文に適用したものである。具体的には，検証すべき仮説を設定したうえで，既発表のジャーナルの実証結果を「サンプ

ル」とみなし，網羅的な研究結果のサーベイを通じて，仮説の支持・棄却の作業を行うサーベイである。たとえば，（実証成果ではなく）会計基準の文言を扱ったものであるが，大日方 [2002][1] が採用したスタイルが想定される。

　第三のスタイルは，「規範提唱型のサーベイ」である。「会計は，本来こうあるべきだ」という規範を複数並列し，その規範間の比較を行う論証プロセスに，実証研究のサーベイを通じて明らかになる事実を，根拠としていくスタイルである。徳賀 [2011] は，会計利益モデルと純資産簿価モデルという，2種類の会計基準設定の規範を設定し，実証結果のサーベイを通じて，当該規範，およびその規範に基づいた会計基準設定上の政策の妥当性の検証を試みている。

　本書の課題は，歴史研究によって，会計の本源的な機能を明らかにすることである。その課題の中で本章の意義づけを考えたとき，実証的なアプローチによって得られた経験的な知見に基づき，現代の会計において，公正価値会計がどのような影響を与えているのか，あるいは公正価値会計が何らかの問題を抱えているのかを明らかにしたうえで，歴史研究による問題の解明を期待することが，委員会の趣旨に沿うと考えられる。よって，本章では「現状・課題明示型のサーベイ」を行うものとする。

3-3　会計の機能と公正価値の硬度

(1)　会計の機能と公正価値会計

　財務会計情報が果たす基本的な機能としては，投資者の投資意思決定への役立ちと，利害関係者間の利害調整への役立ちが知られている。須田 [2000] は，前者の機能を投資意思決定支援機能とよび，「投資家の意思決定に有用な

---

[1] 大日方 [2002] では，対応概念が収益費用アプローチの中心概念である一方で，資産負債アプローチでは必要とされない概念であることを確認したうえで，「資産負債アプローチに基づく会計基準設定が支配的になったのであれば，対応・配分概念で説明される基準は少ないはずである」との仮説を設定したうえで，膨大な基準書の文言を確認し，その結果，対応と配分を否定する資産負債アプローチは定着していないことを示している。

会計情報を提供し、もって証券市場における効率的な取引を促進する」機能と定義付け (16-17頁)、後者の機能を契約支援機能とよび、「契約の監視と履行を促進し、契約当事者の利害対立を減少させ、もってエイジェンシー費用を削減する」機能としている (21-22頁)。この二つの基本的な機能のうち、公正価値会計の進展を積極的に推進するIFRSは、投資意思決定支援機能を果たすことを、その目的の第一に掲げている。そうであるならば、公正価値会計（あるいは公正価値会計を積極的に取り込んだ会計基準）は、少なくとも、その主目的が果たされているか否かという視点から、換言すれば、公正価値会計が、投資意思決定支援機能上有用なものであるのかという視点から評価されるべきである。また、実際には、利害調整を要する契約にも会計数値は利用されているため、公正価値会計が、（従属的な位置づけにおかれている）契約支援機能に対して与えた影響についても、可能な範囲で検討を行うべきである。

(2) 公正価値会計と測定値の硬度

公正価値会計の評価を行う際に、無視できない要素となるのが、公正価値測定値の裁量性の問題である。従来の会計基準設定の背後にあった「収益費用アプローチ」では、企業の経営成績を表示しうる純利益の計算を会計制度設計上の主軸としてきた。具体的には、取得原価を中心とした資産評価を行い、多数の配分ルールを定めたうえで当該原価の配分を行い、利益を算定してきた。ただ、その配分・対応上のルールの多さが、経営者による利益マネジメントに悪用されてきたとも指摘されてきた。他方で、近年の会計基準設定の背後にある「資産負債アプローチ」では、資産・負債がもたらす将来の経済的便益・経済的犠牲の増減の評価を行ったうえで、資産と負債の差額たる純資産によって、企業価値をダイレクトに表示することを主軸としてきた。そのため、配分を規定する詳細なルールを定める必要性はなく、経営者の利益マネジメントに悪用されることはないと主張されてきた。しかしながら、会計項目の測定値について、経営者が行った見積りの過程が可視化されていないなどの問題も指摘される。

そこで、本項では、公正価値測定値の硬度に関する代表的な実証成果の紹介

を行う。公正価値の測定値に経営者による裁量が介入する点は，既に先行するサーベイ論文でも指摘されているところである。大日方［2011］は，有形固定資産，のれん，ストック・オプション，金融商品などの会計項目別に，硬度の低い裁量的な公正価値測定がなされている旨を明らかにしている。首藤［2011］は，公正価値測定値の裁量性について，「裁量の機会の有無」と，「裁量を働かせる動機の有無」の二段階に分けて，経験的証拠に基づく議論を行い，公正価値会計は，従来の取得原価主義会計にはない新たな裁量の機会を経営者に与えており，経営者による利益調整は，機会主義的な動機に基づいて行われている旨を明らかにしている。さらに，徳賀［2011］は，会計数値の硬度に影響を与えるのは，会計主体，測定対象，測定方法の三つである点を指摘したうえで，公正価値の測定値は，これらの三つの側面からバイアスを受けうる点を，実証成果を引用しながら指摘している[2]。

　後の議論との関係で，これらの論文で引用されている実証研究の中から，代表的なものを紹介し，公正価値測定値の硬度について確認をしておく（詳細については，大日方［2011］，首藤［2011］，徳賀［2011］をそれぞれ参照せよ）。

　Juettner-Nauroth［2004］は，デリバティブ商品のように，活発でない市場で取引される金融商品について，活発な市場下での疑似的な公正価値を推定する際の問題点を指摘している。モデルによるシミュレーション分析の結果，単一の評価モデルに基づいた推定であったとしても，シナリオや条件などの計算の

2）会計主体によるバイアスとは，会計項目の将来的な経済的便益や経済的犠牲の予測に際し，見積り主体によって持ち込まれるバイアスのことである。たとえば，見積り主体のこれまでの経験（技術畑出身か営業畑出身か等），会計数値測定に関連するインセンティブの有無（利益連動型報酬の有無等）などによって，異なる測定値が算定されうることが該当する。次に，測定対象によるバイアスとは，会計項目によっては，将来予測が行いやすいものと行いにくいものとがあり，会計項目間で見積もりやすさにバラツキが生じうることである。たとえば，無形固定資産の価値や有形固定資産の使用価値などの将来予測は，他の会計項目に比べ，相対的に困難でありうることが該当する。最後に，測定手法によるバイアスとは，何らかの推定モデルに基づいて測定値を算出する場合に，利用する算定モデルの選択や，インプット変数の選択によって，測定値に加えられるバイアスのことである。DCF法，二項モデル，ブラック・ショールズモデル間のモデル選択や，インプット変数として割引率の選択などがこれに該当する（徳賀［2011］28-29頁）。

基礎条件の変化によって，価値関連性を有さない公正価値が算定されうることを指摘した。また，Carlin and Finch[2009]は，オーストラリア企業ののれんの減損計上行動を題材に，①どのような割引率を用いるかによって公正価値の測定額が大きく変化することと，②割引率の選択を通じて，減損損失の計上時期を操作するという機会主義的な行動をとっていることを明らかにした。これらの研究が示すように，公正価値は，その推定時の条件やインプット変数の選択によって，測定値が大きく変動することが指摘されている。

　次に，裁量的な公正価値測定を行う主体とその動機に関する研究として，以下の4本を挙げることができる。まず，Zhang and Zhang[2007]は，企業結合時において，経営者が被取得企業から引き継ぐ資産の償却費負担を嫌って，買い入れのれんの公正価値を高く見積もりがちであることを示した。U.S. GAAP下では，取得企業は，企業結合後に，被取得企業の有形固定資産，認識可能な無形資産と負債とを，公正価値評価額に基づき再評価したうえで，原価配分を行うことになる（減価償却および償却）。さらに，買収時の支払対価と認識可能な資産の公正価値評価額との差額は，買い入れのれんとして認識され，減損テストにさらされる。このような制度を背景に，経営者が，被取得企業の識別不能資産の割合を高く見積もり，より大きなのれんを計上することで，識別可能資産の償却負担を回避する行動をとることを明らかにした。Shalev *et al.*[2010]は，経営者報酬構造に占める年次利益ベースのボーナスの割合が高くなると，のれんとして記録される金額が多くなる（買い入れのれんの公正価値測定値が大きくなる）ことを報告した。CEOの報酬制度のうち，年次利益に基づいて決定される賞与（bonus plan）は，ストック・オプション等のequity-baseの報酬等に比べて，報告利益をよく見せるインセンティブを相対的に生じさせやすいことが想定され，経営者は，利益にチャージされる償却性資産よりも，非償却性資産であるのれんを過大に計上する（のれんの公正価値を過大に測定する）行動をとりうる。Dechow *et al.*[2010]は，債権を証券化した場合の留保受益権（retained interests）の公正価値評価に際して，経営者が公正価値の推定モデルのインプット値である割引率の選択を裁量的に行うことで，自身に望ましい公正

価値の評価額を決定していることを明らかにした。Coundhary[2011]は，従業員に支給するストック・オプションについて，当該ストック・オプションの公正価値測定値を注記開示する企業に比べ，損益計算書上に費用計上処理する企業の方が，より小額な値を見積もることを指摘している。

これらの先行研究が明らかにしているように，公正価値測定値は，機会主義的な利益報告を行う際の手段として用いられているおそれがある。次節以降では，このように硬度に問題を抱えている公正価値会計が，会計の基本機能にどのような影響を与えているかについて検証を行う。

3-4　投資意思決定支援機能と公正価値会計

本節では，公正価値会計が投資意思決定支援機能を改善させたか否かに関する検証を行っていく。その際に，実証研究の結果をいくつかの視点に分けて検討していく。一つ目の視点は，利益観の相違に着目した純利益と包括利益の有用性比較である。従来の収益費用アプローチを中心に据えた会計制度で算定されてきた純利益に対し，公正価値会計の背後にある資産負債アプローチによった場合，利益は，期首と期末の純資産の評価差額として算定される包括利益であることが求められる。包括利益は，純利益との関係を考慮すれば，「包括利益＝純利益＋その他包括利益」として表されるが，その他包括利益には，土地再評価差額金のように，必ずしも活発な市場で取引されていない土地の測定値や，追加最少年金負債のように，推定モデル（mark-to-marketによる値ではなく，mark-to-modelによる値）を用いた測定値が含まれうる。したがって，純利益と包括利益の有用性を比較することで，公正価値会計が投資意思決定の有用性を改善させたか否かが判明する。

二つ目の視点は，公正価値会計を強く指向するIFRS下の会計数値と，自国基準下の会計数値との有用性比較である[3]。欧州をはじめとしてIFRSの適用を求められる国・地域が増加したことにともない，IFRS移行期に，IFRSベー

3）この比較には，IFRS導入前の自国基準よりも，IFRSの方が公正価値による測定項目が多くなるという，やや強い前提が置かれている。

スの会計情報と自国基準下の会計情報を並行開示している企業が増えている。この状況下で，IFRSベースの「利益情報＋純資産情報」と，自国基準下の「利益情報＋純資産情報」の，情報セット間の有用性比較が可能となる[4]。

　第三の視点は，階層別公正価値測定値の有用性比較である。たとえば，SFAS157号では，金融商品を公正価値で測定する際には，当該金融商品を階層ごとに区分し，適用すべき測定属性をその区分に応じて指定している。具体的には，「レベル1」…活発な市場がある場合は，その市場価格による測定を行い，「レベル2」…公表価格を入手できない場合は，その類似資産・負債の市場価格をもって測定を行い，「レベル3」…活発な市場も，類似の資産・負債もない場合は，自社データやモデルを用いた最善の見積り値による測定を求めている。「レベル1」「レベル2」のように，市場価格に基づく測定の場合（mark-to-marketに該当する）には，その数値の客観性は担保されうるが，「レベル3」の段階になると，経営者による推定を伴い（mark-to-modelに該当する），測定値の硬度が低くなっているおそれがある。

　以下では，上述の三つの視点に基づき，公正価値会計が投資意思決定機能を改善させたか否かについて検討してく。

(1) 純利益と包括利益との価値関連性比較

　まず，純利益と包括利益の有用性を比較した研究について検証していく[5]。

　Dhaliwal et al.[1999]は，利益情報の価値関連性という点で，少なくとも「包括利益＞純利益」とは言えない点を確認している。Dhaliwal et al.[1999]は，純利益，包括利益，その他包括利益の3項目について，株価変化率に対する説明力を検証している。その結果，純利益，包括利益ともに価値関連性を有するが，Vuong検定を実施したところ，両者の価値関連性の強さに有意な差は観察されず，投資意思決定への有用性という点で，包括利益に明確な優位性がないことを明らかにした。また，その他包括利益項目のうち，純利益に対し

---

4) Collins et al.[1997]によって，会計情報の価値関連性の重点が，利益情報から純資産情報へと移行しつつある旨が指摘されている。その意味では，第二の軸による比較は，利益情報間の比較だけでなく，純資産情報をも含んだ有用性の比較を可能とするため，より意義のある比較になることが期待される。

て増分情報内容をもつのは，市場価格に基づく売却可能有価証券の評価差額金のみであるという結果も示しており，包括利益はノイズを多く含んだ利益であることが示唆される。また，O'Hanlonm and Pope[1999] は，イギリス企業を対象に，株価変化率に対する経常利益の説明力と，「買入のれんの減損損失」「固定資産再評価差額金」「為替換算調整勘定」の3項目からなるダーティー・サープラス項目の増分情報内容を検証したところ，ダーティー・サープラス項目は全体として株価説明力をもたず，投資意思決定の有用性に関して，包括利益の優位性は確認されなかった。さらに，Chambers et al.[2007] は，その他包括利益情報の追加的な株価説明力を検出したものの，その結果は限定的であり，株主持分変動計算書に記載された「その他包括利益」情報は統計的に有意な増分情報内容を有するが，損益計算書に記載された「その他包括利益」情報は，投資意思決定上の有用性をもたないことを明らかにした。

　同様の研究テーマについて，日本企業を対象に分析した研究も存在する。須田 [2008] は，1999 年～ 2004 年までの日本企業のデータを用いて，純利益と包括利益の情報内容の比較に取り組み，純利益は包括利益に対して，相対情報内容の点で優位性をもつことを明らかにした。ただし，「純利益」と「純利益＋その他有価証券評価差額金」とを比較した場合は，後者の方が，相対情報内容でも勝る点を指摘している。その他包括利益の個々の項目の中には，純利益

5）会計情報 A と会計情報 B の情報内容を検証する方法として，増分情報内容研究と相対情報内容研究が一般的に知られている。増分情報内容研究は，会計情報が二つ存在する場合に，片方の会計情報を所与とした時に，もう一方の会計情報に追加的な情報内容があるかどうかを評価するものである。他方で，相対情報内容研究は，二つの会計情報の情報内容の大きさを比較するものであり，ある会計情報が他の会計情報よりも多くの情報を提供するかどうかを評価するものである。価値関連性研究との関連で言えば，株価に距離的により近い推定値を提供できる会計情報はいずれであるのかを比較する研究と言い換えることもできる（Biddle et al.[1995]，須田 [2001]，太田・松尾 [2004]）。
　たとえば，A・B からなる情報内容が，単独の情報内容 A（または B）よりも大きければ，情報 B（または A）は増分情報内容をもつと主張することが出来る。式で表現すれば，情報内容（A, B）＞情報内容（B），または情報内容（A, B）＞情報内容（A）を示せばよい。相対情報内容については，情報 A と情報 B との情報内容の大小比較であり，式で表現すれば，情報内容（A）＞情報内容（B），または情報内容（B）＞情報内容（A）を示せばよい。なお，相対情報内容を検証する際の有効な方法として，Vuong 検定が知られている。

よりも高い価値関連性を持ちうる項目もあるが，「純利益＋その他包括利益の全項目」では，純利益に勝る価値関連性は示さないことを明らかにした。若林[2009]は，2002年度〜2006年度までの日本企業を対象に，包括利益を算出し，純利益と包括利益の価値関連性の比較を行っている。その結果，純利益は包括利益に対して，相対情報内容を有する結果を得ている。ただ，その他包括利益項目の中には，純利益に対して増分情報内容を有する項目がある点が確認されており，企業の業績指標としては，純利益の方が包括利益よりも優れているものの，その他包括利益の情報も株価形成には有用であると述べている。

他方で，包括利益の方が純利益よりも有用であることを示す研究も存在する。Biddle and Choi[2006]は，Dhaliwal et al.[1999]と同様の検証を，サンプル期間とデータ数を拡張させたうえで分析したところ，包括利益に相対情報内容があるとの結果を得ている[6]。また，Kanagaretnam et al.[2009]も，包括利益の方が，純利益よりも相対情報内容をもつとの結果を得ている[7]。

ここまでの概観結果を踏まえて，包括利益情報の有用性については，明確な結論を導けないが，実証結果の数のうえでは，純利益情報の方に相対的な意味での有用性があるようである。また，その他包括利益項目の情報は，売却可能証券や為替換算調整勘定項目など，市場価格のある項目については価値関連性を示しうるものの，増分情報内容の存在を示すに留まり，相対情報内容の点で純利益に対する優位性を示す研究は，少ないことが明らかとなった。

(2) 自国基準とIFRSとの価値関連性比較

次に，自国基準下の「利益＋純資産」の情報セットとIFRS下の「利益＋純

---

6) 包括利益を構成する「その他包括利益項目」は，純利益を構成する「特別損益項目」と同じような性質をもつと理解されることがある。しかし，Jones and Smith[2011]は，経済環境の変化によって，計上されたりされなかったりする特別損益項目よりも，その他包括利益項目の方が持続性を有しており，将来キャッシュ・フローの予測能力という点で，優れていることを明らかにし，その他包括利益項目は，ボラティリティーは高くとも，特別損益項目とは異質な項目である点を指摘している。
7) 首藤[2008]は，(純利益をボトムラインとする)損益計算書を経由せずに，貸借対照表の純資産の部に直入されるダーティー・サープラス項目のうち，負債コストに対して有意に説明力をもちうる項目があることを指摘しており，公正価値会計が債券等の金融商品への投資意思決定にあたり，有用な情報を提供している可能性を指摘している。

資産」の情報セットの有用性を比較した研究を概観する。

　Hung and Subramanyam[2007]は，1998年から2002年の期間にIASを適用したドイツ企業を対象に，会計数値のボラティリティーと価値関連性の検証を行った。その結果，純資産と純利益のそれぞれのボラティリティーについて，IAS下の方がドイツGAAP下よりも高くなることを明らかにした。さらに，IAS下の会計数値の価値関連性は，ドイツGAAP下の会計数値の価値関連性よりも，相対的に低くなるという分析結果を得ている。Schiebel[2007]は，投資者指向の会計基準であるIFRSと債権者指向の会計基準であるドイツGAAPとを対置させたうえで，IFRS下の純資産，およびドイツGAAP下の純資産のどちらにも，プラスの株価説明力があることを確認している。そのうえで，ドイツGAAP下の会計情報の方が，価値関連性が高いことを明らかにしている。

　Morricone et al.[2009]は，イタリアの上場企業を対象に，イタリアGAAPからIFRSへと適用会計基準が変更されたことで，純利益，純資産，無形資産の価値関連性にどのような影響が表れるかの検証を試みた。その結果，IFRSへの移行によって，純利益，純資産，買い入れのれん等の各会計項目の価値関連性が減少したことを明らかにしている。Jarva and Lantto[2012]は，フィンランドでIFRSが強制適用された際の，自国基準下の会計情報とIFRS下の会計情報との有用性比較を行った。まず，株価に織り込まれた情報を，利益情報がどれほど反映しているかという視点での分析を行い，フィンランド基準下の利益数値の方が，IFRS下の利益数値よりも株式リターンとの相関が強く，フィンランド基準の利益数値の方が，利用可能な情報をより織り込んだ業績指標であることを示した。また，IFRS下の純資産項目の株価説明力は，フィンランド基準下の純資産項目の株価説明力を上まわらないことも明らかにした。

　このように，ヨーロッパ諸国を中心とした分析結果では，IFRSが自国基準よりも価値関連性を備えた会計情報を提供できているわけではないという経験的証拠が報告されている[8]。他方で，IFRSが自国基準よりも，豊富な情報内容を提供する会計基準である可能性を示す分析結果も存在している[9]。

　Capkun et al.[2008]は，IFRSを導入した欧州各国において，(a)「自国基準

下の利益＋純資産」の情報が示す価値関連性と，(b)「自国基準下の利益＋純資産」＋「利益（自国基準下と IFRS 下との差額）＋純資産（自国基準下と IFRS 下との差額）」の情報が示す価値関連性とを検証している。(a)(b) について統計的な分析を行った結果，①自国基準下の利益情報と純資産情報は価値関連性を示すこと，②利益の（自国基準下と IFRS 下での）差額情報が増分情報内容を有することを明らかにした（純資産の差額情報は価値関連性を示さなかった）。ただし，Capkun et al.[2008] では，「自国基準下の利益＋純資産の情報」と「IFRS

---

8) 価値関連性研究以外に，IFRS の適用が，投資者間の情報の非対称性の拡大／減少に与えた影響を検証した研究も存在する。Platikanova and Nobes[2006] は，欧州の上場企業を対象に，IFRS 導入前後の Bid-Ask Spread の変化を検証している。その結果，記述統計ベースであるが，IFRS 導入の前後で，フランス，ドイツで大幅な Bid-Ask Spread の低下が確認され，他方で，イギリス，オーストリアで同指標の上昇が確認された。
　マーケットメーカーが存在する市場を前提とした場合，Stoll[1978] が指摘するように，Bid-Ask Spread は，(1) 情報の非対称性，(2) ディーラー営業を営むための費用，(3) 証券を買い取ることによる在庫コスト，の3要素に分解することができる。そこで，Platikanova and Nobes[2006] は，Bid-Ask Spread の中の「情報の非対称性の項目 (AIc; Information Asymmetry Component)」のみを推定し，抽出する作業を行った。その結果，IFRS 導入の前後で，イギリス系，ドイツ系の両グループの企業の AIc が有意に増加し，フランス系グループの企業は AIc の有意でない増加，スカンジナビア系の企業では，AIc の有意でない減少が確認された。つまり，IFRS 導入前後で，Bid-Ask Spread が減少した国はあるものの，Bid-Ask Spread に占める「情報の非対称性」を示す要素だけを抜き出すと，IFRS 導入前後で，投資者間の情報の非対称性が拡大した可能性があることを示している。

9) IFRS 移行年度の瞬間風速的な情報内容を検証したものとして，Horton and Serafein [2010] が知られている。イギリスでは，自国基準から IFRS へと移行する際に，IFRS 下の財務諸表の公表に先立って，イギリス基準下の最後の財務諸表と IFRS に移行したときの差額について調整表を開示することが求められている。Horton and Serafein [2010] は，当該調整表を開示したときの証券市場の反応に焦点をあて，イベント・スタディーと価値関連性研究を実施し，IFRS 調整表のマイナスの金額の公表に対して，(1) 株価はマイナス方向の反応を示すこと，(2) 純資産と利益における，イギリス基準ベースと IFRS ベースの差額情報は，有意にプラスの価値関連性をもつことを明らかにしている。
　他にも同様の結果を報告する研究がある。Chalmers et al.[2011] は，オーストラリア企業のうち，IFRS が強制適用された2005年度に，自国基準と IFRS との差額調整表を開示している企業をサンプルとして分析したところ，オーストラリア GAAP と IFRS の差額調整表に価値関連性が確認されたことを明らかにした。Comier et al.[2009] は，フランス企業を対象に，自国基準と IFRS との差額調整表に，追加的な株価説明力があることを確認している。
　ただ，これらの研究は，自国基準下の会計数値と IFRS 下の会計数値の相対情報内容を検証しているのではなく，IFRS 移行時に，自国基準下の会計数値がもつ情報に追加された増分情報内容を検証している点に注意が必要である。

下の利益＋純資産の情報」の相対情報内容の検証までは行っていない。

Prather-Kinsey et al.[2008] は，欧州に IFRS が強制適用される前後の期間について，欧州各国の企業を対象に，イベント・スタディと価値関連性研究を実施している。彼女らは，イベント・スタディの結果，IFRS ベースの決算公表による情報内容の存在を検出している。また，2004 年時点の「自国基準下の利益＋純資産」情報の価値関連性と，2006 年時点の「IFRS 下の利益＋純資産」情報の価値関連性とを検証したところ，慣習法国家では明確な変化は観察されなかったものの，成文法国家では利益，純資産ともに株価に対する説明力が上昇していることを明らかにした。ただ，この研究は，IFRS 適用前後の異なる時点の会計情報間での比較となっており，同時点における「自国基準下の会計情報」と「IFRS 下の会計情報」の価値関連性の比較を行ったものではない。そのため，「IFRS 下の会計情報は，投資意思決定に役立ちうる情報を含んでいる」ことは言えたとしても，「IFRS 下の会計情報は，自国基準下の会計情報よりも，価値関連性の点において明確に優れている」ことまでは言えない。

Chalmers et al.[2011] は，オーストラリア企業を対象に，1990 年から IFRS 強制適用後の 2008 年までの期間について，利益と純資産の価値関連性の時系列推移を検証している。その結果，利益と純資産の価値関連性は時系列的に上昇していることを確認している。

これらの研究から，自国基準から IFRS へ切り替えたことで，①時系列的な価値関連性の向上と，②自国基準と IFRS との差額情報に含まれる増分情報内容の存在とが明らかになった。ただし，相対情報内容を検証した研究に限れば，IFRS 導入によって価値関連性が悪化したとする研究は存在するものの，改善したとする実証成果は存在せず，自国基準に対する IFRS の明確な優位性までは示されていないことも明らかとなった。

「自国基準下の会計数値」と「IFRS 下の会計数値」の有用性を比較する研究成果は，サンプル企業が IFRS の強制適用企業なのか任意適用企業なのか，分析対象国が成文法国家なのか慣習法国家なのか，あるいは先進国なのか新興国なのか，IFRS の導入状況の程度の差（IFRS を部分適用しているのかフル・アド

プションなのか）などの多様な要因が混在しているため，サーベイ上の解釈にも難しさが存在する。そのため，今後，それらの多様な要因をコントロールした実証成果の蓄積が必要とされる領域である。

(3) 金融商品の階層別公正価値測定値間の価値関連性比較

本項では，金融商品の階層別公正価値測定値の価値関連性を検証した研究を概観する。Kolev[2008]は，銀行業を対象に，2008年第1四半期と第2四半期について，各階層の公正価値測定値と株価との関連性の検証を試みている。その結果，①レベル1，レベル2，レベル3の各階層の公正価値測定値の価値関連性が確認されたものの，②レベル1よりも，レベル2，3と階層が下がるほど回帰係数は小さくなり，さらにレベル1の回帰係数とレベル3の回帰係数の大きさ（株価に対する説明力の大きさ）との間には有意な差があることを明らかにした。つまり，レベル3の公正価値測定値を投資者が相対的に信頼していないことを示している。Goh et al.[2009]は，銀行の保有資産について株価との関連性を検証した結果，Kolev[2008]と同様に，①レベル1，レベル2，レベル3の各階層の公正価値測定値が価値関連性をもつこと，②株価に対する説明力は，レベル1からレベル3へ向かうほど低下することを明らかにしている。また，第1四半期から第2四半期へといったように，四半期ベースの時間が経過するにつれて，レベル2，レベル3区分の資産の公正価値測定値がもつ株価説明力が低下していくという分析結果を得ている。さらに，銀行が優良な監査法人による監査を受けている場合は，レベル3区分の公正価値測定値の株価説明力が上昇することも明らかにしている。

Song et al.[2010]は，レベル1，レベル2の公正価値測定値については価値関連性が確認されたものの，レベル3の公正価値は価値関連性をもたないことを示し，公正価値測定値がなじみやすい金融商品であっても，経営者の裁量が大きく入りうるレベル3の情報は，投資意思決定に役立たないことを明らかにしている。さらに，分析対象企業のコーポレート・ガバナンスの強弱に着目した追加分析を行い，コーポレート・ガバナンスが強い企業のレベル3項目の測定値は，価値関連性をもつことを明らかにしている。

Riedl and Serafein[2011] は，アメリカの金融機関を対象に，資本コストを示すベータ値と階層別公正価値測定値との関係性の検証を試みている。その結果，①レベル1，レベル2，レベル3のいずれの階層の公正価値測定値も，資本コストに対して有意な正の説明力をもつこと，②下位の階層に区分される資産の公正価値測定値ほど，その回帰係数が大きくなることを明らかにした。つまり，下位の階層の公正価値測定値ほど，投資者に信頼されておらず，資本コストを上昇させる要因になることが示唆されている。

これらの研究結果から，レベル1，2項目の測定値よりも，レベル3項目の測定値情報の方が，投資者に信頼されておらず，相対的に有用性の低い情報であることがわかる。また，レベル3の測定値が株価に対して統計的に有意な説明力をもつケースもあるが，それは，①サンプルが商業銀行である，②大規模監査法人による監査や十分なコーポレート・ガバナンス体制が測定値の信頼性を補強したときなど，状況的に限られた場合である可能性も明らかとなった。

本節のサーベイ結果をまとめると，①包括利益と純利益では，包括利益の有用性を認める研究はあるものの，相対的には純利益の有用性の方が高いと支持する研究が多いこと，② IFRSを導入した結果，IFRS導入前の自国基準で開示していた会計数値よりも価値関連性が改善したとする分析結果と，悪化したとする分析結果とが混在していること，およびその中でも，相対情報内容研究では，自国基準に対するIFRSの優位性は確認されなかったこと，③階層別公正価値測定を求める金融商品会計では，レベル1，レベル2などの市場価格ベースの測定値には価値関連性が認められるものの，見積りが求められるレベル3項目の測定値には，相対的に低い価値関連性しか認められない，あるいは価値関連性が認められないことが明らかとなった。さらに，その背景には，測定値の信頼性の欠如が挙げられることがわかった。これらの結果から，公正価値会計は必ずしも投資意思決定有用性を高めるとは言えず，投資意思決定支援機能の改善に役立っていない可能性を指摘することができる。

3-5 契約支援機能と公正価値会計

　会計制度に公正価値会計項目が増加することによって，会計のもう一つの基本機能である契約支援機能にどのような影響を与えているのかについても検討を行う。企業は無数の契約からなる「契約の束」として捉えることができ，その契約者間の利害対立の軽減に会計数値は用いられている。それらの契約には，経営者の選解任，経営者報酬の決定，債務契約，政府規制（課税，事業認可，補助金支給，価格決定），証券取引所への上場審査などが該当する。本節では，公正価値による測定値が，硬度の低い，あるいはボラティリティーの高い値であった場合に，これらの契約関係にどのような影響を与えているかを検証する。

　ただ，残念ながら，公正価値会計が各種契約に与えた影響を分析した実証研究は，（筆者が知る限り）債務契約関連で数本観察されるのみで，契約支援機能への全体的な影響について，明確な結論を出せる状況にはない。そのような制約があることを踏まえたうえで，以下では，債務契約に関する実証結果を概観していく。

　公正価値会計が債務契約に与えた影響を検証したものとして，Demerjian[2011]を挙げることができる。Demerjian[2011]は，資産負債アプローチに基づく会計基準設定が進められたことで，債務契約において，貸借対照表項目の会計情報が使い勝手の悪いものになった可能性を指摘している。具体的には，財務制限条項として採用される会計項目の採択率を，1996年から2007年までの期間について確認を行ったところ，貸借対照表項目（流動比率など）は82.8％から31.5％へ低下したことが確認されたが，損益計算書項目（インタレスト・カバレッジ・レシオなど）は80.7％から73.9％の間の値を推移しており，高い水準を維持していることが確認された。

　さらに，Demerjian[2011]は，会計基準設定上の重心を資産負債アプローチへ移したことで，財務諸表内に表れる影響を測定しうる「VR指標」[10]を算定したうえで，VR指標が年を経るごとに上昇していることを確認している。脚

注10の記述と合わせると，VR指標の増大は，（分子の）純資産の変動が，年の経過とともに大きくなっていることを示している。

そのうえで，「財務制限条項に貸借対照表項目を組み入れるか否か」ということと，「VR指標の増減」との間に，統計的に有意な負の相関が観察されたことを指摘している。他方で，「財務制限条項に損益計算書項目を組み入れるか否か」ということと，「VR指標の増減」との間には，有意な相関関係は観察されなかった旨を述べている。つまり，資産負債アプローチに基づく会計基準設定が進められたことを受けて，借り手企業は，財務制限条項を設定する際に，ボラティリティーが高まった貸借対照表項目を敬遠している可能性が存在する[11]。

Christensen et al. [2009] は，イギリス企業を対象とした分析の結果，IFRS導入は財務制限条項への抵触リスクを増大させ，株価にマイナスの影響を与えることを明らかにした。適用すべき会計基準がUK GAAPからIFRSへと移行した際に，IFRSによる利益を公表した際の株価反応の中には，①利益の計算方法が変更されたことでもたらされる将来キャッシュ・フローに対する期待の変更以外に，②IFRSが債務契約のような契約条項に与える影響（財務制限条項に抵触するリスク）も，混入する可能性を想定することができる。そこで，株価反応への説明力を分析した結果，①は観察されず，②が観察されることが明らかになった。この結果を受けて，Christensenらは，既存の財務制限条項に抵触する可能性が増大すると，株主と債権者との間で富の移転が生じることになり，IFRS移行のニュースは，株主にとって，必ずしも良いニュースにはならない点を指摘している。さらに，追加分析を行った結果，企業規模が小さ

---

10) VR指標は，「純資産の変動の大きさ」を「修正純利益の変動の大きさ」で除した指標である。「修正純利益」は，純利益から，特別損益項目とその他包括利益項目を控除した値として算定される。つまり，VR指標は，ダーティー・サープラス項目を含む「純資産の変動の大きさ」とダーティー・サープラス項目や特別損益項目を含まない「利益の変動の大きさ」の比率を示す。

11) 財務制限条項で規定した指標の比率条件に抵触した場合，債務を負っている企業には，追加的な利払い，追加担保の拠出，借入資金の早期償還・返済といったペナルティが課されることになる。

く，インタレスト・カバレッジレシオが低く，債務満期が長い企業ほど，財務制限条項に抵触する可能性が高くなることが想定され，そのような属性の強い企業ほど，IFRS移行時決算の株価への影響が強くなる傾向を明らかにした。

　以上の実証成果を踏まえると，会計基準に公正価値会計を多く導入したことで，測定値のボラティリティーが高くなってしまい，①債務契約の財務制限条項の対象指標として採用しにくくなり，②財務制限条項への抵触リスクの高まりが株価にも反映されており，債務契約に限れば，公正価値会計は契約支援機能にネガティブな影響を与えている可能性がある。

3-6　お　わ　り　に

　本章の目的は，公正価値会計がもたらす経済的帰結に関する実証成果を概観することで，公正価値会計の現状と課題について明らかにすることにあった。

　まず，公正価値測定値の硬度については，その硬度が低く，公正価値測定値は，裁量的な利益報告に用いられやすい側面があることを確認した。

　そのうえで，投資意思決定上の有用性の有無を検討したところ，①包括利益が純利益に対して明確な優位性を示さないこと，②IFRS導入によって，自国基準の会計数値に対し，増分情報内容の存在を報告する研究が相当数存在するものの，相対情報内容の点では，自国基準を上回る価値関連性が確認されていないこと，③金融商品会計では，経営者による見積りによった公正価値測定値の有用性が低いことが明らかとなった。つまり，公正価値会計によって投資意思決定支援機能が劇的に改善されるという事実は観察されなかったと言える。

　また，契約支援機能への影響を検討したところ，債務契約においては，公正価値測定項目の増加によって，特に資産，負債，純資産などの会計項目が，借手企業によって契約条項から外されるという事実が明らかとなり，公正価値会計が契約支援機能を悪化させている可能性が示唆された。

　つまり，投資意思決定支援機能の改善は観察されず，（限定的ではあるが）契約支援機能の悪化が観察されたことになる。その原因は，公正価値測定値の裁量の余地の大きさ，信頼性の低さ，ボラティリティーの高さなどにある可能性

があることが明らかとなった。

【参考文献】

Biddle, Gary C. and Jong-Hag Choi[2006], "Is comprehensive income useful?", *Journal of Contemporary Accounting and Economics*, Vol. 1, No. 2.

─────, Gim-Seong Seow and Andrew F. Siegel[1995], "Relative versus incremental information content", *Contemporary Accounting Research*, Vol. 12, No. 1.

Capukun, Vedran, Anne Cazavan, Thomas Jeanjean and Lawrence. A. Weiss[2008], "Earnings management and value relevance during the mandatory transition from local GAAPs to IFRS in Europe", SSRN Working Paper（id : 1125716）.

Carlin, Tyrone and Nigel Finch[2009], "Discount rates in disarray : evidence on flawed goodwill impairment testing", *Australian Accounting Review*, Vol. 19, No. 4.

Chalmers, Kerny, Greg Clinch and Jayne M. Godfrey[2011], "Changes in value relevance of accounting information upon IFRS adoption : evidence from Australia", *Australian Journal of Management*, Vol. 36, No. 2.

Chambers, Dennis J., Thomas J. Linsmeier, Catherine Shakespeare and Theodore Sougiannis [2007], "An evaluation of SFAS No. 130 comprehensive income disclosure", *Review of Accounting Studies*, Vol. 12, No. 4.

Choudhary, Preeti[2011], "Evidence on differences between recognition and disclosure : a comparison of inputs to estimate fair values of employee stock options." *Journal of Accounting and Economics*, Vol. 51, No. 1-2.

Christensen, Hans B., Edward Lee and Martin Walker[2009], "Do IFRS reconciliation convey information? ; The effect of debt contracting", SSRN Working Paper（id : 997800）.

Collins, Daniel W., Edward L. Maydew and Ira. S. Weiss[1997], "Changes in the value-relevance of earnings and book value over the past forty years", *Journal of Accounting and Economics*, Vol. 24, No. 1.

Comier, Denis, Samira Demaria, Pascale Lapointe-Antunes and Robert Teller[2009], "First-Time adoption of IFRS managerial incentives, and value relevance : some French evidence", *Journal of International Accounting Research*, Vol. 8, No. 2.

Dechow, Patricia M., Linda A. Myers, and Catherine Shakespeare[2010], "Fair value accounting and gains from asset securitizations : a convenient earnings management tool with compensation side-benefits", *Journal of Accounting and Economics*, Vol. 49, No. 1-2.

Demerjian, Peter[2011], "Accounting standards and debt covenants ; has the 'balance sheet approach' led to a decline in the use of balance sheet covenants?", *Journal of Accounting and Economics*, Vol. 52, No. 1-2.

Dhaliwal, Dan., K. R. Subramanyam and Robert Trezevant[1999], "Is comprehensive income superior to net income as a measure of firm performance?", *Journal of Accounting and Economics*, Vol. 26, No. 1.

Goh, Beng Wee, Jeffery Ng and Kevin Ow Yong[2009], "Market pricing of bank's fair value assets reported under SFAS 157 during the 2008 economic crisis", Working Paper, Singapore Management University.

Goodwin, John, Kamran Ahmed and Richard Heaney[2008], "The effects of international financial reporting standards on the accounts and accounting quality of Australian firms ; a retrospective study", *The Journal of Contemporary Accounting and Economics*, Vol. 4, No. 2.

Horton, Joanne and George Serafein[2010], "Market reaction to and valuation of IFRS reconciliation adjustments : first evidence from the UK", *Review of Accounting Studies*, Vol. 15.

Hung, Mingyi and K. R. Subramanyam[2007], "Financial statement effects of adopting international accounting standards ; the case of Germany", *Review of Accounting Studies*, Vol. 12, No. 4.

Jarva, Henry and Anna-Maija Lantto[2012], "Information content of IFRS versus domestic accounting standards : evidence from Finland", *The Finnish Journal of Business Economics*, 2012, No. 2.

Jones, Denise. A. and Kimberly J. Smith[2011], "Comparing the value relevance, predictive value, and persistence of other comprehensive income and special items", *The Accounting Review*, Vol. 86, No. 6.

Juettner-Nauroth, Beate[2004], "Problems associated with the value-relevance of financial derivatives according to IAS 39", Working Paper Series in Business Administration No. 2003-2, Stockholm School of Economics.

Kanagaretnam, Kiridaran, Robert Mathieu and Mohamed. Shehata[2009], "Usefulness of comprehensive income reporting in Canada", *Journal of Accounting and Public Policy*, Vol. 28, No. 4.

Kolev, Kalin[2008], "Do investors perceive marking-to-model as marking-to-myth? early evidence from FAS 157 disclosure", SSRN Working Paper (id : 1336368).

Morricone, Serena, Raffale Oriani and Maurizio Sobrero[2009], "The value relevance of intangible assets and the mandatory adoption of IFRS", SSRN Working Paper (id : 1600725).

O'Hanlonm, John F. and Peter F. Pope[1999]," The value relevance of UK dirty surplus accounting flows", *British Accounting Review*. Vol. 31, No. 4.

Platikanova, Petya and Christopher Nobes[2006], "Was the introduction of IFRS in Europe value-relevant?", SSRN Working Paper (id : 949160).

Prather-Kinsey, Jenice, Eva. K. Jermakowicz and Thierry Vongphanith[2008], "Capital market consequences of European firm's mandatory adoption of IFRS", Working Paper, University of Missouri.

Schiebel, Alexander[2007], "Empirical value relevance of German GAAP and IFRS", *Journal of Economic and Financial Sciences*, Vol. 1, No. 2.

Shalev, Ron, Ivy Zhang and Yong Zhang[2010], "CEO compensation and fair value accounting ; Evidence from purchase price allocation", *SSRN Working Paper* (id : 600903).

Song, Chang Joon, Wayne B. Thomas and Han Yi[2010], "Value relevance of FAS No. 157 fair value hierarchy information and the impact of corporate governance mechanisms", *The Accounting Review*, Vol. 85, No. 4.

Stoll, Hans R.[1978], "The pricing of security dealer services : an empirical study of NASDAQ stocks", *Journal of Finance*, Vol. 33, No. 4.

Zhang, Ivy and Yong Zhang[2007], "Accounting discretion and purchase price allocation after acquisitions", SSRN Working Paper (id : 930725).

太田浩司・松尾精彦［2004］「Vuong（1989）検定の理論と応用―会計利益とキャッシュフローの情報内容」『武蔵大学論集』第52巻第1号。

大日方隆［2002］「キャッシュフローの配分と評価」斎藤静樹編著『会計基準の基礎概念』中央経済社，185-259頁。

―――［2011］「公正価値の誤用と金融危機」東京大学 CARF Working Paper J-073。

首藤昭信［2008］「債務契約におけるダーティ・サープラス項目の意義」須田 一幸編著『会計制度の設計』白桃書房，249-274頁。

―――［2011］「公正価値情報の実証的評価」日本会計研究学会特別委員会（北村敬子委員長）編『公正価値の意義とその限界（最終報告書）』）305-324頁。

須田一幸［2001］「キャッシュフロー情報と利益情報の有用性（一）」『會計』第162巻第1号。

―――［2008］「当期純利益と包括利益」須田 一幸編著『会計制度の設計』白桃書房。

徳賀芳弘［2011］「会計基準における混合会計モデルの検討」日本銀行金融研究所 Discussion Paper No. 2011-J-19。

若林公美［2009］『包括利益の実証研究』中央経済社，141-152頁。

第4章　公正価値会計をめぐる相剋
―――実現主義の呪縛―――

4-1　は　じ　め　に

　米国財務会計基準審議会（FASB）と国際会計基準審議会（IASB）は，すべての金融商品を公正価値で測定し，実現損益と未実現損益を発生期間に認識することを長期的目標に掲げ，金融商品会計のコンバージェンスに取り組んできた。

　IASB は，2003年12月に国際会計基準（IAS）第39号『金融商品：認識と測定』（IAS39（revised 2003））を公表し，そこにおいて，実体が当初認識時にあらゆる金融資産または金融負債を公正価値で測定し，公正価値の変動額を損益として認識することを指定する（IASB［2003］, par. 9）公正価値オプションを容認したが，これに対して多くの懸念が表明されたため，2005年6月にIAS39（revised 2003）を修正し，そこにおいて，一定の条件を満たした場合に限り，公正価値オプションを容認する（IASB［2005］, pars. 9, 11A, 12）というように公正価値オプションの適用を制限した。一方，FASB は2007年2月に財務会計基準（SFAS）第159号『金融資産および金融負債に対する公正価値オプション』を公表し，そこにおいて金融資産および金融負債に公正価値オプションを適用することを容認した（FASB［2007］）。

　しかし，ここにおいては，公正価値オプションの適用範囲に金融負債が含められていることから，報告会社の信用状態が悪化した時に金融負債を公正価値で測定することによって利益が計上されるという結果（「負債のパラドックス」）

が生じるおそれがある。しかも、かかる懸念は、2008年に米国で生じたリーマン・ショックを受けて経営危機に陥った米国シティー・グループ等の金融機関が多額の金融負債に係る評価益を利益に計上するということで現実のものとなったのである。

そこで、本章においては、かかる「負債のパラドックス」をめぐり引き起こされた批判の有している意味を明らかにするという問題意識のもとに、まず公正価値会計の成立をもたらした収益費用アプローチから資産負債アプローチへの会計観（利益観）の変更について、次に資産負債アプローチにおける測定属性選択をめぐる問題について考察する。そしてそれを受けて、この批判の有する本質とその妥当性について検討することにする。

4-2　収益費用アプローチから資産負債アプローチへの会計観の変更

FASBは1976年12月に討議資料『財務会計および財務報告のための概念フレームワークに係わる問題の検討：財務諸表の構成要素およびそれらの測定』（FASB[1976]）を公表し、そこにおいて会計観として財務諸表の連携を前提とする資産負債アプローチと収益費用アプローチ、かかる連携を前提としない非連携アプローチの3つを取り上げ、それぞれについて詳細に検討していた。

しかし、当該討議資料における会計観をめぐる検討の仕方を見る限り、そこにおける議論の中心は連携に基づく会計観である資産負債アプローチと収益費用アプローチの比較検討にあったのであり、しかもその場合にも、純粋に概念的なものとして資産負債アプローチと収益費用アプローチの比較検討を行っていたのではなく、FASBによって提起された新しい利益計算モデルとしての資産負債アプローチと現行会計実務としての収益費用アプローチの比較考量を行っていたと考えられるのである（高須［1995］30頁）。

(1)　資産負債アプローチと収益費用アプローチの比較分析

FASBは1976年討議資料において、資産負債アプローチと収益費用アプローチをそれぞれ次のように説明している。

資産負債アプローチにおいては，一定期間における営利企業の正味資源の増加測定値を利益とみなしており，一義的には，利益を資産・負債の増減額として定義している。したがって，利益の積極要素─収益─は当該期間における資産の増加および負債の減少として定義され，利益の消極要素─費用─は当該期間における資産の減少および負債の増加として定義される。すなわち，資産および負債─企業の経済的資源および将来他の実体（個人を含む）に資源を引き渡す企業の義務の財務的表現─が当該アプローチの鍵概念となる。そしてそのことから，資産・負債の属性および当該属性の変動を測定することが，財務会計における基本的な測定プロセスとみなされる。その結果，その他の財務諸表構成要素─所有主持分または資本，利益，収益，費用，利得，損失─のすべてが，資産・負債の属性測定値の差額または属性測定値の変動額として測定されることになる（FASB[1976], par. 34）。

一方，収益費用アプローチにおいては，アウトプットを獲得しそれを利益を得て販売することを目的としてインプットを活用する企業の活動成果の測定値を利益とみなしており，一義的には，利益を一定期間の収益・費用差額と定義している。すなわち，収益および費用─企業の利益稼得活動におけるアウトプットおよびインプットの財務的表現─が当該アプローチの鍵概念となる（FASB[1976], par. 38）。そしてそのことから，収益・費用を測定すること，ならびに一定期間における努力（費用）と成果（収益）を関連づけるために収益・費用認識の時点調整を行うことが，財務会計における基本的な測定プロセスとみなされる（FASB[1976], par. 39）。その結果，資産・負債の測定は，一般的には，利益測定プロセスの必要性によって規定されるのであり，当該アプローチに基づく貸借対照表は，企業の経済的資源あるいは他の実体に資源を引き渡す義務を表わさない項目を資産・負債またはその他の要素として記載することがある（FASB[1976], par. 42）。

そしてそれを受けて，当該討議資料においては，資産負債アプローチと収益費用アプローチとの相違は基本的には利益を一定期間の企業の富の変動の測定値とみるのか（FASB[1976], par. 48），それとも一定期間における企業業績の測

定値とみるのか (FASB[1976], par. 49) というこれらのアプローチの有している利益観の相違に帰着するものであるとしている (高須 [1994] 46頁)。しかしここにおいては，具体的には，①貸借対照表項目が企業の経済的資源あるいはその引渡し義務を表わさない計算擬制的項目 (繰延費用・繰延収益・引当金) にまで拡張されること (FASB[1976], pars. 51, 54)，②利益測定における収益および費用の認識基準が明確ではないこと (FASB[1976], par. 61)，という収益費用アプローチの有している特徴にその批判が展開されているのである。

(2) 資産負債アプローチと収益費用アプローチの背後にある利益測定モデル

資産負債アプローチと収益費用アプローチの背後にある利益測定モデルを明示的にするために，これらのアプローチにおける利益測定過程を数式を用いて表わすことにする。その場合，これらのアプローチにおいては，取引が資産・負債の変動 (あるいは収益・費用の発生) に基づいて認識され，しかもそれらの資産・負債の変動 (あるいは収益・費用の発生) が資産・負債の属性測定値の変動額として測定されることから，個々の取引は数量 Q と価格 P の積として表わされることになる。したがって，このことを一般的な形式で表現すると，$Q_i P_{it_i}$ (第 i 取引) となる (なお，ここで P_{it_i} は当該取引が行われた時点におけるその測定属性を表わすものとする)。その結果，資産負債アプローチに基づく利益も収益費用アプローチに基づく利益も共に

$$Q_1 P_{1t_1} + Q_2 P_{2t_2} + \cdots\cdots + Q_n P_{nt_n}$$

として表わされることになるのである。

しかも，ここにおいて上記の利益数値が論理的に意味のある結果をもたらすためには，言い換えると，上記の数式が数量と価格の線形統合という形式を採っていることから，その各項が加法性 (同質性) を有するためには，その方法として次の2つの方法を考えることができる。1つの方法 (第1の利益測定モデル) は，個別取引の有する時点性に着目する方法である。すなわち，各項は取引時点 (t_i) における属性測定値に規定されていることから，それを特定時点 (例えば決算時点) における属性測定値に修正するという方法である。したがって，この場合には，その測定属性として特定時点におけるなんらかの測定値が

採用されることになる。もう1つの方法（第2の利益測定モデル）は，個別取引の有する時点性を無視する方法である。すなわち，各項は取引時点（t_i）における属性測定値に規定されていることから，それを異なる観点から解釈し直すのである。言い換えると，各項を現金収支額として解釈するのである。したがって，この場合には，その測定属性として個別取引の取引時点における取引価額（歴史的原価）が採用されることになる（高須 [1995] 32-33頁）。

　これらのことから，第1の利益測定モデルにおいては基本的思考として財貨動態が，第2の利益測定モデルにおいては基本的思考として貨幣動態が想定されているといえる（高須 [1996a] 71-72頁）。したがって，これらの利益測定モデルにおいては測定プロセスにおいて選択される測定属性に相違がもたらされるというだけではなく，認識・測定の基本的構造に相違が存在することになるのである。すなわち，財貨動態に基づく第1の利益測定モデルにおいては，取引の認識・測定にあたって，まず認識対象として個別財貨の数量的変動（Q）が把握され，そしてその後に利益計算の観点からそれを共通尺度たる貨幣（QP）に変換するという認識・測定構造を有している。言い換えると，ここにおいてはすべての財貨を共通尺度たる貨幣に変換するという過程―評価過程―が必要となり，そのために測定属性の選択問題が生じることになる。一方，貨幣動態に基づく第2の利益測定モデルにおいては，取引の認識・測定にあたって，認識対象として現金収支の数量的変動（QP）が把握されると同時にそれによって測定が行われているという認識・測定構造を有している。言い換えると，ここにおいては認識と測定を切り離すことができず，評価の問題は生じないのである。

　そして，かかる取引の認識・測定構造の相違が，これらの利益測定モデルにおいて把握されることになる取引に相違をもたらすことになる。すなわち，第1の利益測定モデルにおいては，財貨数量の変動のみならず測定属性の変動も取引として認識されることになる。一方，第2の利益測定モデルにおいては，現金収支の変動のみが取引として認識されることになることから，取引が資産・負債（現金数量）の変動に基づいて非連続的に把握されることになる。そ

のために，ここにおいては資金の投下過程から回収過程への変換点（特異点）の認識が必要になる。言い換えると，収益および費用の認識基準—実現原則および対応原則—を設定することが必要になるのである（高須［1996a］71-72頁）。

しかも，その場合に，第1の利益測定モデルは FASB によって提起された新しい利益計算モデルとしての資産負債アプローチを（高須［1997a］47頁），そして，第2の利益測定モデルは現行会計実務としての収益費用アプローチをそれぞれモデル化したものといえるのである（高須［1996c］41頁）。

(3) FASB1976年討議資料において提起された資産負債アプローチ

資産負債アプローチは，具体的には収益費用アプローチの有している①貸借対照表項目が企業の経済的資源あるいはその引渡し義務を表わさない計算擬制的項目にまで拡張されること，②利益測定における収益および費用の認識基準が明確ではないこと，という2点を批判して提起されたものである。しかもその場合に，①の批判点は資産負債アプローチを採用することによって解消することができるが，②の批判点の解消には資産負債アプローチを採用すると共に特定の測定属性を選択することが必要となる。

特定の測定属性の選択にあたっては，資産負債アプローチにおける認識対象の複数性が問題となる。すなわち，財と貨幣が並列的に取り扱われている点である。言い換えると，ここにおいては認識された財を測定属性を用いて共通尺度たる貨幣に変換することによって得られることになる計算貨幣と支払手段たる実物貨幣とが併存することになるのである。したがってこのことから，かかる計算貨幣と実物貨幣との併存を論理整合的にするような測定属性を選択することがここにおいて要請されることになるのであるが，その場合に，すべての財貨を計算貨幣として解釈する方法と実物貨幣として解釈する方法の2つが存在している（高須［1997b］45頁）。しかし，資産負債アプローチが財貨動態に基づいていることから，ここにおいてはすべての財貨を計算貨幣として解釈する方法が選択されることになる[1]。

そしてこの場合には，すべての財貨を計算貨幣として解釈することから，そ

の前提として共通尺度たる貨幣への変換にあたって時点の同一性が要求されることになると共に，実物貨幣（現金）について計算貨幣に変換しても同一の金額となることという制約条件（第1の制約条件）が課されることになる。さらに，計算貨幣で表わされている財も最終的には実物貨幣によって解消されることから，②の批判点を解消するために，ここにおいてはかかる過程を特異点なく連続的に把握できることという制約条件（第2の制約条件）が課されることになる。

　このことから，FASBは1976年討議資料において歴史的原価／実際現金受領額，現在原価／現在現金受領額，通常の清算における現在払出価値（現在市場価値），正常な営業過程における期待払出価値（正味実現可能価値）および期待キャッシュ・フローの現在価値という5つの測定属性を挙げている（FASB[1976], p.189）[2]のであるが，このうち，過去および将来の異なる時点に対応関係を有している歴史的原価／実際現金受領額および正常な営業過程における

1）すべての財貨を実物貨幣として解釈する場合には，それは貨幣動態に基づくことになる。
2）FASBは，1976年討議資料において，これらの測定属性について次のように説明している（FASB[1976], p.193）。
　歴史的原価（実際現金受領額）とは，資産を取得するために支払われた現金（または現金同等物の）額（債務を負った時に受け取られた現金（または現金同等物の）額）である。
　現在原価（現在現金受領額）とは，同一の資産を現在取得するとすれば支払わなければならない現金（または現金同等物の）額（同一の債務を現在負うとすれば獲得される現金受領額）である。
　通常の清算における現在払出価値とは，通常の清算において資産を売却することによって現在獲得することができる現金額（負債を清算するために現在必要とされる現金支出額）である。
　正常な営業過程における期待払出価値とは，正常な営業過程において資産が転換されると期待される現金（または現金同等物の）額から当該転換を行うために必要となる直接費を控除した額（正常な営業過程において負債を清算するために支払われると期待される現金（または現金同等物の）額に当該支払を行うために必要となる直接費を加算した額）である。
　期待キャッシュ・フローの現在価値とは，正常な営業過程において資産が転換されると期待される将来のキャッシュ・インフローの現在価値から当該キャッシュ・インフローを獲得するために必要となるキャッシュ・アウトフローの現在価値を控除した額（正常な営業過程において負債を清算するための将来のキャッシュ・アウトフローの現在価値に当該支払を行うために必要となるキャッシュ・アウトフローを加算した額）である。

期待払出価値（正味実現可能価値）については時点の同一性という前提を満たしていないことから選択することができない。また，現在原価／現在現金受領額についてはその認識・測定プロセスにおいて仮定現金支出額（仮定現金収入額）から実際現金収入額（実際現金支出額）へという非連続的な転換が行われることになるため，第2の制約条件を満たさないことから選択することができない。したがってこのことから，ここにおいて測定属性として通常の清算における現在払出価値（現在市場価値）を要求する方法と期待キャッシュ・フローの現在価値を要求する方法という2つの可能性があることが明らかになる（高須［2001a］6-7頁）。言い換えると，ここには2つの資産負債アプローチが存在するといえる。しかし，1976年討議資料においては，資産負債アプローチに適合する資産および負債の定義として将来キャッシュ・フローに基づく定義（FASB［1976］, pars. 91 A-1, 149 L-1）が採用されており，そのことから，FASBはここにおいて後者の資産負債アプローチを想定していたものと思われるのである。

4-3 資産負債アプローチにおける測定属性選択をめぐる問題

FASBは，1976年討議資料において期待キャッシュ・フローの現在価値を測定属性とする資産負債アプローチを提起していたといえる。しかし，FASBは1978年から1985年にかけて6つの財務会計概念書（SFACs）を公表し，そこにおいて資産負債アプローチの採用とそれに基づく財務諸表構成要素の定義は行われていたのであるが，測定属性については「単一の属性を選択し，あらゆる種類の資産および負債にかかる単一の属性を用いるように実務の変更を強いるよりもむしろ異なる属性が引き続き用いられることを提案する」（FASB［1984］, par. 70）としていた。

ところが，その後，FASBは1997年6月に測定問題を主要な論点とするSFAC公開草案『会計測定におけるキャッシュ・フロー情報の利用』（FASB［1997］）を，1999年3月にはSFAC改訂公開草案『会計測定におけるキャッシュ・フロー情報および現在価値の利用』（FASB［1999］）を，さらに2000年2月に

は SFAC 第 7 号『会計測定におけるキャッシュ・フロー情報および現在価値の利用』(FASB[2000]) を公表した。

(1) SFAC 公開草案における基本的思考

FASB は SFAC 公開草案において,文言上は,①原初測定および新規再測定にあたって公正価値を要求するのか実体特殊的測定値を要求するのかということ[3],ならびに,②ある状況が新規再測定を要求するのか他の何らかの会計的対応を要求するのかということ,についてプロジェクトごとに決定されるべきである (FASB[1997], pars. 12, 42) として,それ以上の明言を避けていた。しかし,FASB は原初測定および新規再測定にあたって公正価値と実体特殊的測定値という 2 つの測定属性を挙げていることから,資産および負債の対象ごとにそれらを使い分けることを予定していたと考えられる。しかもその場合に,FASB は公正価値と実体特殊的測定値に相違をもたらさない項目(貨幣性項目)に公正価値を,一方,両者に相違をもたらす項目(非貨幣性項目)に実体特殊的測定値を適用することを想定していたものと思われる。なぜならば,それ以外の場合には,実体特殊的測定値を測定属性として挙げる必要性はなく,公正価値のみで十分であるからである(高須[2001b] 26 頁)。そして,このことはすべての資産および負債に対して測定属性として実体特殊的測定値を適用することを意味するのである。

また,FASB は新規再測定と他の会計的対応との選択に関して,会計人はしばしば資産の変化を新規再測定によっても既存の償却慣行の修正によっても認識することができるような状況に直面する (FASB[1997], par. 12),キャッシュ・フローの時点または金額の原初見積りに生じた変化は,①利息法の償却シェ

---

3) FASB は,SFAC 公開草案において,これらの測定属性について次のように説明している。

資産(または負債)の公正価値とは,当該資産(または負債)を自主的主体間の現在の取引において購入(または引き受ける)もしくは販売する(または決済する)ことができる金額である (FASB[1997], par. 46)。

資産(または負債)の実体特殊的測定値とは,実体が資産(または負債)をその耐用年数にわたり使用し,そして処分する(または決済する)ことから実現する(または支払う)将来キャッシュ・フローの現在価値である (FASB[1997], par. 43)。

ーマにおいて調整することも，②資産または負債の新規再測定にあたって反映することもできる，そしてそれに続いて，もし見積キャッシュ・フローの金額または時点が変化し，その項目が再測定されない場合には，利息法の償却シェーマがキャッシュ・フローの新規見積りを反映して変更されなければならないと述べている（FASB［1997］, par. 61）。

そして，この断片的記述から，FASBの基本的思考を抽出すれば，それは見積キャッシュ・フローの金額または時点に変化が生じた場合には，新規再測定を行うことを原則とするものの，新規再測定が行われない場合には，例外的に利息法の償却シェーマの修正を行うことによってそれに対応することを容認するというものである。しかも，そのことから同時に，FASBは，見積キャッシュ・フローの金額または時点に変化が生じない場合には，一会計期間ごとの資産および負債の変動を測定するにあたっても当該資産および負債の新規再測定を行うのではなく，利息法を用いて償却することを想定していると結論づけることができるのである（高須［2001b］26頁）。

(2) SFAC改訂公開草案およびSFAC第7号における基本的思考

SFAC改訂公開草案においてもSFAC第7号においても，FASBの基本的思考の枠組みは原初測定および新規再測定にあたって実体特殊的測定値を排除したこと（FASB［1999］, par. 105）を除いてSFAC公開草案と変わってはいないように思われる[4]。

言い換えると，FASBはSFAC改訂公開草案およびSFAC第7号において，次のような測定枠組みを採用していることを意味するのである。すなわち，原初測定および新規再測定にあたってはあらゆる資産および負債に対して公正価値を適用する。また，見積キャッシュ・フローの金額または時点に変化が生じた場合には，新規再測定を行うことを原則とするが，新規再測定が行われない場合には，例外的に利息法の償却シェーマの修正を行うことによってそれに対

---

[4] SFAC公開草案では決済における公正価値に基づく負債の測定にあたり実体の貸倒リスクの修正を行わないものとしていたが，SFAC改訂公開草案においては原初認識および新規再測定にあたり当該実体の信用状態を反映すべきである（FASB［1999］, par. 111）としている。

応することを容認する。一方，見積キャッシュ・フローの金額または時点に変化が生じない場合には，一会計期間における資産および負債の変動を測定するにあたっても当該資産および負債の新規再測定を行うことなく，利息法を用いて償却するというものである。そしてかかる枠組みのうち後段部分については，SFAC 第 7 号において，期待キャッシュ・フロー・アプローチを将来キャッシュ・フローに基づく償却法すなわち利息法に適用することを明確に述べている（FASB[2000], pars. 15, 45）ことから，より一層明らかになるのである（高須[2001b] 28 頁）。

(3) FASB の基本的思考の変化と資産負債アプローチの変容

FASB は SFAC 公開草案において実体特殊的測定値すなわち期待キャッシュ・フローの現在価値を測定属性とする資産負債アプローチの採用を提起したのであるが，SFAC 改訂公開草案および SFAC 第 7 号においては公正価値すなわち通常の清算における現在払出価値（現在市場価値）を測定属性とする資産負債アプローチを採用するに至っている。

しかも SFAC 改訂公開草案において，FASB は，実体が市場において他者に比べて有する強みあるいは弱みを表わす内的に生み出された無形資産（自己創設のれん）によって実体特殊的測定値と公正価値との相違がもたらされることから，実体が資産または負債を実体特殊的測定値を用いて測定する場合には，当該無形資産は原初測定において利益として認識されることになるのに対して，実体が資産または負債を公正価値で測定する場合には，当該無形資産は実体が公正価値と異なる金額で資産を実現するかまたは負債を決済する時に利益に現れることになるとしている（FASB[1999], pars. 106-110, 高須［2001b] 28 頁）。

また，FASB は，そこで原初認識および新規再測定にあたって実体の債務の最も目的適合的な測定を行うには当該実体の信用状態を反映すべきであるとし，その場合に，実体の負債については上位の信用状態を有する実体とよりも相応の信用状態を有する実体と決済が行われると仮定すべきであるとしている（FASB[1999], pars. 111, 117）。

そしてこれらことから，FASB による公正価値を測定属性とする資産負債アプローチの採用は資産において公正価値を超える未実現利益の計上を排除することを目的として行われたといえるのである。しかし，そのことが負債については実体の信用状態が悪化した時にそれとは反対の結果をもたらすことになったといえる。

　しかも，ここにおいては一貫して，①期待キャッシュ・フロー・アプローチの採用（FASB[1997], par. 35）と②利息法の償却シェーマの修正方法として簿価修正アプローチの推奨（FASB[1997], par. 62）という装置が組み込まれており，それが資産および負債の測定を利息法という費用配分方法によって代替するものとなっている。そしてそれは，当初は今日の市場が完備市場ではないため期待キャッシュ・フローの現在価値を見積もらなければならないということから生じる情報作成者による恣意性をめぐる問題を，利息法という費用配分方法の採用により回避しようとするものであった。その意味で，ここにおける利息法の採用は資産負債アプローチにおける測定に対する簡便法と位置づけることができるのである（高須［2003a］136-138 頁）。

　しかしその後，測定属性の変更を受けて採用された原初測定における公正価値が実際の取引価額（FASB[1999], par. 21, FASB[2000], par. 27）すなわち歴史的原価であることから，当初の試みとは異なり，ここでは資産負債アプローチという枠組みの中で収益費用アプローチを形を変えて再現させることになった。そしてこのことから，費用配分方法である利息法の採用も測定における中核部分を構成する基本的装置に変容させられることになったのである（高須［2003a］138 頁）。

4-4　収益費用アプローチの展開と実現原則

　収益費用アプローチにおいては，現金収支の変動のみが取引として認識されると共に，ここでは取引の時点制約性が存在しないことから，利益計算にあたって見越・繰延の操作を行うことにより過去の現金収支および将来の現金収支を無限定に操作することが可能となる。

そのことから，収益費用アプローチにおいては，かかる操作性（恣意性）を排除するべく収益および費用の認識基準として実現原則および対応原則の採用が行われているのである。したがって，ここにおいては収益の認識にあたり実現原則をどのように規定するかがきわめて大きな問題となる。

(1) 実現概念の変遷

実現の要件を定式化し，その概念的確立を決定づけたとされている（藤井［1999］115 頁）Paton and Littleton［1940］においては，実現の要件として「法的な販売またはそれに類似した過程による転換」と「当座資産の受領による確定」の 2 つが挙げられていた（Paton and Littleton［1940］, p. 49）。このように，伝統的実現概念は，財貨の引渡しによる所有権の移転→取引の完結→現金または現金同等物（債権）の獲得といった一連の活動や事象によって操作的に定義されていたのである（原田［2005］398 頁）。

しかし，米国会計学会（AAA）は 1957 年に改訂会計原則『会社財務諸表会計および報告諸基準』を公表し，そこにおいて実現概念について次のように述べている。

実現の本質的意味は，資産または負債の変動が，勘定における認識を正当化するに足るだけの確定性と客観性を備えるに至ったということである。このような実現の認識は，独立した当事者間における交換取引，これまでに確立された取引上の実践的慣行，あるいは，その履行が実質的に確実視されるような契約条件を基礎として行われることになろう。その認識は，銀行制度の安定性，商業上の契約の拘束力，あるいは，資産の他の形態への転換を容易にする高度に組織化された市場の能力いかんによって規定される（AAA［1957］, p. 538）。

すなわち，ここにおいては「取引の実在性」という従来の実現要件に「履行の実質的確実性」という要件を加えることによって伝統的実現概念の有する制約を緩和し，その拡張が図られているといえる。しかも，かかる実現要件の拡張を容認する前提として「制度・契約・市場」の安定性が挙げられているのである。

ところがその後，AAA は 1957 年改訂会計原則を「部分的に修正すること」

(AAA[1965], p. 312) を目的として 1965 年に 1964 年委員会報告『実現概念』を公表し，そこにおいて実現の判定規準として，①受領資産の性質，②市場取引の存在，③用役が達成された程度（AAA[1965], p. 314）という伝統的実現概念の 2 要件にきわめて類似した 3 つの規準を示している（藤井［1999］121 頁）。とはいえ，これは伝統的実現概念への単純な回帰を指向するものではなく，相変わらず伝統的実現概念の有する制約を緩和し，その拡張を図るという系譜のもとにあるといえる。しかもこのことは，費用および損失の認識において顕著であり，その意味でこれは低価法の採用を暗示的に勧告したものといえるのである（藤井［1999］121-122 頁）。

それから時の経過を経て，FASB は 1984 年 12 月に SFAC 第 5 号を公表し，そこにおいて稼得利益の内訳要素である収益および利得の認識規準として「実現した」に加え，「実現可能になった」を挙げている（FASB[1984], par. 83）。しかもここにおいて，収益および利得は，製品（財もしくは用役），商品またはその他の資産が現金または現金請求権と交換される時に実現される，取得もしくは所有している資産が容易に既知の現金額または現金請求権に転換可能になった時に実現可能となる，と規定されており（FASB[1984], par. 83），このことから，これは，伝統的実現概念の有する制約を緩和し，その拡張を図るという過程における 1 つの到達点といえるのである。

(2) 収益費用アプローチの展開可能性

収益費用アプローチにおいては，まず過去，現在および将来の現金収入を実現原則に基づいて収益として認識し，その後に対応原則に基づいてかかる収益を稼得するために行われた過去，現在および将来の現金支出を費用として認識することになる。しかもそのために，ここにおいては過年度の現金収入および現金支出の繰延処理，当年度の現金収入および現金支出の収益・費用処理，将来年度の現金収入および現金支出の見越処理を通じて収益および費用の認識・測定が行われることになる。

このことから，収益費用アプローチにおいては，資産項目のうち，①収益・未収入項目については将来の現金収入額に基づいて，②支出・未収入項目につ

いては過去の現金支出額または将来の現金収入額に基づいて，また，③支出・未費用項目については過去の現金支出額に基づいて計上されることになり，一方，負債項目のうち，④収入・未収益項目については過去の現金収入額に基づいて，⑤収入・未支出項目については過去の現金収入額または将来の現金支出額に基づいて，また，⑥費用・未支出項目については将来の現金支出額に基づいて計上されることになるのである（高須［2005a］5-7頁）。

　すなわち，収益費用アプローチにおいては，資産の評価額が実現時点を転換点として過去の現金支出額から将来の現金収入額に転換されることになる。言い換えると，資産は実現時点以前には過去の現金支出額により，実現時点以降には将来の現金収入額により評価されることになるのである。そのことから，実現概念の制約を緩和し，その拡張を図ることによって将来の現金収入額により評価される資産の範囲が拡張されることになる。しかし，これには当然限界があるといえる。

　そこで，さらに将来の現金収入額により評価される資産の範囲を拡張するためには，収益認識基準として実現原則を放棄し，発生原則を採用することが考えられる。そしてこの場合には，すべての資産を将来の現金収入額すなわち正常な営業過程における期待払出価値（正味実現可能価値）により評価することになる。しかもこの場合には，その認識プロセスにおいて将来現金収入額から実際現金収入額へという連続的な転換が行われることから，FASB1976年討議資料における②の批判点を回避することができるのである（高須［2001a］7頁）。

4-5　企業リスクと会計測定

　資産負債アプローチには2つの可能性があるのであるが，FASB1976年討議資料ではそのうち期待キャッシュ・フローの現在価値（実体特殊的測定値）を測定属性とする資産負債アプローチを想定していた。しかし，SFAC第7号においては，通常の清算における現在払出価値（現在市場価値）（公正価値）を測定属性とする資産負債アプローチを採用するに至っている。一方，収益費用アプローチについても，正常な営業過程における期待払出価値（正味実現可能価

値）を測定属性とする収益費用アプローチを想定することができるのであるが，収益認識にあたり実現原則に固執し，実現概念の制約を緩和することによりその部分的拡張を行うに留まっている。

そのことから，現行会計実務は「制約された資産負債アプローチ」とも「拡張された収益費用アプローチ」ともいえる状況にある。しかも，ここにおいて特徴的であるのは，未実現損失の計上は許容しているが，それに対して未実現利益の計上は制約しようとしているという点にある。

(1) 企業リスクとその移転可能性

現行の株式会社制度においては，株主有限責任制が採用されていることから，株主についてもその出資額を限度に責任を負えばよいことになっている。しかも，上場会社の株主は自らの所有株式を証券市場において売却することによりその株主有限責任をも外部に移転することが可能となる。

このことから，上場会社の株主については，それに不確実性が伴うとはいえ未実現利益計上の取扱いと未実現損失計上の取扱いを非対称的にする必要性はないといえるのである。というのは，当該株主は投資期間中に未実現利益計上による便益と未実現損失計上によるコストを等しく享受した上で，いつでも所有株式を売却することができるからである。そして，このことが最もよく適合するのは上場会社の株主のうちでも短期的に投資する株主（投機家）であるといえる。

逆に言えば，かかる条件を満たさない株主についてはそうは言えないことになる。上記と最も対極にある株主をここで挙げると，それは無限責任を負い，しかもその無限責任を外部に移転できない株主である。というのは，当該株主にとっては，企業リスク（例えば倒産リスク）を回避することができないことから，未実現利益計上による便益と未実現損失計上によるコストは対称的ではないからである[5]。

そして，この両極端な場合の中間には多くのバリエーションが存在すること

---

5) このことは，債権者や従業員にも妥当することになる。

になり，そこにおいてはその状況によって未実現利益計上の取扱いと未実現損失計上の取扱いについて多くのバリエーションが生じることになるといえるのである。

(2) 企業リスクの移転可能性とアカウンティング・マインド

現在の会計制度が形成されてきたのは，株式会社制度成立の遙か以前のことである。言い換えると，現在の会計制度は株式会社制度成立に先立ち確立してきたものといえる。そして，それは，株主責任が無限責任であり，しかもその無限責任を外部に移転できないという状況のもとにあったのである。

それから，時を経て，株主有限責任制に基づく株式会社制度が成立してきた。しかし，この時には証券市場が未だ十分に整備されておらず，株主はその有限責任を外部に移転することはできない状況にあった。

ところが，その後20世紀に入り，証券市場の整備が進み，株主はその有限責任を外部に移転することも可能になったのである。しかもこのことにより，株式会社においては制度的には株主が有限責任とはいえ相変わらず「最後のリスク負担者」としての役割を担っているのであるが，このことは「ある特定時（例えば倒産時）の株主」については妥当するものの，そうではない時の株主には妥当しないことから，それは次第に形骸化していくことになった。

このことから，現代の会計制度の背後にあるアカウンティング・マインドは株式会社制度成立の遙か以前の状況をもとに形成されてきたことが明らかになる。そしてそこにおいては，未実現利益計上による便益と未実現損失計上によるコストが株主にとって対称的ではないことから，未実現利益計上の取扱いと未実現損失計上の取扱いに非対称性がもたらされることになったといえるのである。すなわち，それは未実現損失の計上は認めるが，未実現利益の計上は認めないという取扱いである。

しかし，このようにして形成されたアカウンティング・マインドを背景とする会計制度は，その前提にあった株主無限責任，当該無限責任の外部移転不可能性に変質が生じるにつれて，その変容を迫られてきたといえる。そしてこのことは，まず収益費用アプローチにおいて，その収益認識にあたり実現概念の

緩和・拡張という形を採ってもたらされることになったのである。

　しかも，かかる動向はそれに留まらず，次には実現原則に制約された収益費用アプローチから実現原則を必要としない資産負債アプローチへの転換という形を採ってもたらされることになった。そして，この動向は現在の会計制度の背後にあるアカウンティング・マインドに退場を迫るものであり，それに代わって会計制度の背後にエコノミックス・マインドを導入しようとするものといえるのである。

　ところが，かかる動向はその前提条件が変質したにもかかわらず，進行していないのが現状である。その限りから見れば，現在の状況はかかる動向を阻む力が働いている結果といえるのである。そして，かかる阻止力が働いている要因としては，株主有限責任と当該有限責任の外部移転可能性を共に満たしている株主が限定されていることを挙げることができる。というのは，上場会社の株主は制度的にはかかる条件を満たしているとしても，そのうち実際にこの有限責任の外部移転可能性を行使できるのは短期的投資家（投機家）に限られており，またこれらの条件を満たしていない上場会社ではない株式会社，株式会社以外の法的形態を採る会社の株主（出資者）も数多く存在しているからである。

4-6　お わ り に

　本章においては，報告会社の信用状態が悪化した時に金融負債を公正価値で測定することによって利益が計上されるという「負債のパラドックス」をめぐり引き起こされた批判の有している意味を明らかにするという問題意識のもとに，まず公正価値会計の成立をもたらした収益費用アプローチから資産負債アプローチへの会計観（利益観）の変更および資産負債アプローチにおける測定属性選択をめぐる問題について考察してきた。そしてそれを受けて，この批判の有する本質とその妥当性について検討してきた。

　その結果，資産負債アプローチには2つの可能性があり，FASB1976年討議資料ではそのうち期待キャッシュ・フローの現在価値（実体特殊的測定値）を

測定属性とする資産負債アプローチを想定していたのであるが，SFAC 第7号においては，通常の清算における現在払出価値（現在市場価値）（公正価値）を測定属性とする資産負債アプローチを採用するに至ったこと，一方，収益費用アプローチについても，正常な営業過程における期待払出価値（正味実現可能価値）を測定属性とする収益費用アプローチを想定することができるのであるが，収益認識にあたり実現原則に固執し，実現概念の制約を緩和することによりその部分的拡張を行うに留まっていたこと，が明らかになった。

そしてこのことから，現行会計実務は「制約された資産負債アプローチ」とも「拡張された収益費用アプローチ」ともいえるものであり，そこでは，未実現損失の計上は認めるが，未実現利益の計上は認めないという思考（アカウンティング・マインド）がその基礎にあるといえる。しかも，そこにおいて未実現利益計上と未実現損失計上に非対称的な取扱いが求められているのは，株主責任の外部移転可能性を満たさない株主が数多く存在していることに起因しているのである。このことは，上場会社においても妥当し，この株主責任の外部移転可能性を自由に行使できるのは短期的投資家（投機家）に限られているといえる。

ただし，株主責任の外部移転可能性を行使できない株主に生じる未実現利益計上によるリスクの排除は，未実現利益の配当（外部流出）を禁止することによっても行うことができる。しかし，未実現利益を計上する場合には，その会計情報が当該会社にかかる投機家を引き寄せることになるのである。そしてこのことが，生産的側面から長期的視野に立つ会社と投資的側面から短期的視野に立つ投機家との間に軋轢を生じさせることになるといえる。

【参考文献】

AAA［1957］, Committee on Accounting Concepts and Standards, "Accounting and Reporting Standards for Corporate Financial Statements‐1957 Revision", *The Accounting Review*, Vol. 32, No. 4, pp. 536‐546. 中島省吾訳編『増訂 A.A.A. 会計原則―原文・解説・訳文および訳注―』中央経済社, 1984 年, 190‐210 頁。

―――［1965］, 1964 Concepts and Standards Research Study Committee‐The Realization

Concept, "The Realization Concept", *The Accounting Review*, Vol. 40, No. 2, pp. 312-322.

FASB[1976], *An Analysis of Issues Related to Conceptual Framework for Financial Accounting and Reporting : Elements of Financial Statements and Their Measurement*, FASB Discussion Memorandum, FASB. 津守常弘監訳『FASB 財務会計の概念フレームワーク』中央経済社, 1997年.

────[1984], *Recognition and Measurement in Financial Statements of Business Enterprises*, Statement of Financial Accounting Concepts No. 5, FASB. 平松一夫・広瀬義州共訳『FASB 財務会計の諸概念〔増補版〕』中央経済社, 2002年, 195-266頁.

────[1997], *Using Cash Flow Information in Accounting Measurements*, Proposed Statement of Financial Accounting Concepts, Exposure Draft, FASB.

────[1999], *Using Cash Flow Information and Present Value in Accounting Measurements*, Proposed Statement of Financial Accounting Concepts, Exposure Draft (Revised), FASB.

────[2000], *Using Cash Flow Information and Present Value in Accounting Measurements*, Statement of Financial Accounting Concepts No. 7, FASB. 平松一夫・広瀬義州共訳『FASB 財務会計の諸概念〔増補版〕』中央経済社, 2002年, 409-488頁.

────[2007], *The Fair Value Option for Financial Assets and Financial Liabilities, Including an amendment of FASB Statement No. 115*, Statement of Financial Accounting Standards No. 159, FASB.

IASB[2003], *Financial Instruments, Recognition and Measurement*, IAS39 (revised 2003), IASB.

────[2005], *Financial Instruments, Recognition and Measurement*, IAS 39, IASB.

Ijiri, Y.[1967], *The Foundations of Accounting Measurement : A Mathematical, Economic, and Behavioral Inquiry*, Englewood Cliffs, New Jersey.

Paton, W. A. and A. C. Littleton[1940], *An Introduction to Corporate Accounting Standards*, AAA Monograph No. 3, AAA. 中島省吾訳『ペイトン＝リトルトン 会社会計基準序説〔改訳版〕』森山書店, 1958年.

井尻雄士［1968］『会計測定の基礎―数学的・経済学的・行動学的探求―』東洋経済新報社.

岩崎 勇［2011］「IFRS における自己の信用リスクの変動に基づく金融負債の時価評価について」『財務会計研究』第5号, 35-64頁.

草野真樹［2006］「負債の公正価値測定と信用状態の変化―金融商品の公正価値オプション―」『會計』第170巻第5号, 56-66頁.

────［2010］「金融負債の公正価値測定の動向と報告企業の信用状態の変化」『會計』

第 178 巻第 4 号，58-70 頁。

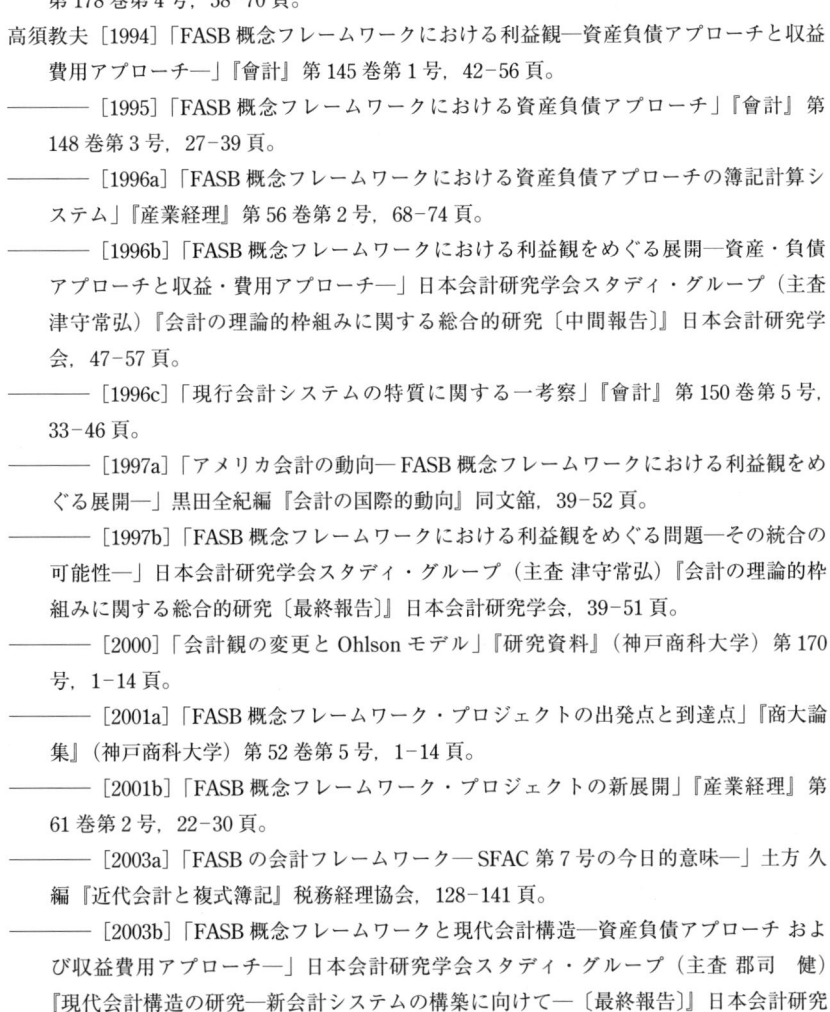

高須教夫 [1994]「FASB 概念フレームワークにおける利益観─資産負債アプローチと収益費用アプローチ─」『會計』第 145 巻第 1 号，42-56 頁。

─── [1995]「FASB 概念フレームワークにおける資産負債アプローチ」『會計』第 148 巻第 3 号，27-39 頁。

─── [1996a]「FASB 概念フレームワークにおける資産負債アプローチの簿記計算システム」『産業経理』第 56 巻第 2 号，68-74 頁。

─── [1996b]「FASB 概念フレームワークにおける利益観をめぐる展開─資産・負債アプローチと収益・費用アプローチ─」日本会計研究学会スタディ・グループ（主査 津守常弘）『会計の理論的枠組みに関する総合的研究〔中間報告〕』日本会計研究学会，47-57 頁。

─── [1996c]「現行会計システムの特質に関する一考察」『會計』第 150 巻第 5 号，33-46 頁。

─── [1997a]「アメリカ会計の動向─FASB 概念フレームワークにおける利益観をめぐる展開─」黒田全紀編『会計の国際的動向』同文舘，39-52 頁。

─── [1997b]「FASB 概念フレームワークにおける利益観をめぐる問題─その統合の可能性─」日本会計研究学会スタディ・グループ（主査 津守常弘）『会計の理論的枠組みに関する総合的研究〔最終報告〕』日本会計研究学会，39-51 頁。

─── [2000]「会計観の変更と Ohlson モデル」『研究資料』（神戸商科大学）第 170 号，1-14 頁。

─── [2001a]「FASB 概念フレームワーク・プロジェクトの出発点と到達点」『商大論集』（神戸商科大学）第 52 巻第 5 号，1-14 頁。

─── [2001b]「FASB 概念フレームワーク・プロジェクトの新展開」『産業経理』第 61 巻第 2 号，22-30 頁。

─── [2003a]「FASB の会計フレームワーク─SFAC 第 7 号の今日的意味─」土方 久編『近代会計と複式簿記』税務経理協会，128-141 頁。

─── [2003b]「FASB 概念フレームワークと現代会計構造─資産負債アプローチ および収益費用アプローチ─」日本会計研究学会スタディ・グループ（主査 郡司 健）『現代会計構造の研究─新会計システムの構築に向けて─〔最終報告〕』日本会計研究学会，9-15 頁。

─── [2005a]「会計観の変更と財産管理機能の変質」『研究資料』（兵庫県立大学）第 193 号，1-11 頁。

─── [2005b]「資産負債アプローチの二類型─理論モデルと実務モデル─」『産業経理』第 65 巻第 3 号，19-28 頁。

─── [2011]「公正価値会計をめぐる相剋─実現主義の呪縛─」日本会計研究学会課

題研究委員会（委員長 渡邉 泉）『歴史から見る公正価値会計——会計の根源的な役割を問う——〔中間報告〕』日本会計研究学会，105-120頁。

──────〔2012a〕「意思決定有用性アプローチの確立と概念フレームワークの形成——アメリカにおける会計規制の観点から——」千葉準一・中野常男編『会計と会計学の歴史』体系現代会計学第8巻，中央経済社，373-409頁。

──────〔2012b〕「公正価値会計をめぐる相剋——アカウンティング・マインドとエコノミックス・マインド——」日本会計研究学会課題研究委員会（委員長 渡邉 泉）『歴史から見る公正価値会計——会計の根源的な役割を問う——〔最終報告〕』日本会計研究学会，63-79頁。

原田満範〔2005〕「意思決定有用性アプローチの軌跡と展開」戸田博之・興津裕康・中野常男編『20世紀におけるわが国会計学研究の軌跡』白桃書房，391-416頁。

福島孝夫〔1978〕『会計収益認識論』大阪府立大学経済研究叢書第47冊，大阪府立大学経済学部。

藤井秀樹〔1993〕「会計測定のモデル分析」会計フロンティア研究会編『財務会計のフロンティア』中央経済社，80-103頁。

──────〔1999〕「アメリカ財務会計の黎明——1960年代までの実現概念の変遷を手がかりとして——」興津裕康編『財務会計システムの研究』税務経理協会，114-125頁。

藤井秀樹・金森絵里・境　宏恵・山田康裕〔1998〕「会計測定におけるキャッシュ・フロー情報の利用—— FASB1997年概念書公開草案の内容と論点——」『調査と研究』（京都大学）第15号，1-17頁。

第Ⅱ部　公正価値会計への歴史からの検証

第5章　17世紀における時価評価の実態
―― イギリス東インド会社の時価評価実務（1664-1694）――

5-1　は　じ　め　に

　時価評価の歴史に着目すれば，資産評価に対する測定として，時価評価が用いられ始めたのは，いつからのことであり，そこにはいかなる意味合いがあったのかが問われるだろう。棚卸資産の評価問題を扱った史的研究を取り上げると，主に16世紀から20世紀にかけて，海外および我が国で出版された複式簿記の技術を示した解説書などの会計文献を研究対象として，帳簿締切時における売残商品の評価方法に関する考察が行われ，その中で時価評価の登場が明らかにされてきた[1]。

　一方，会計実務，特に初期の株式会社等における売残商品の評価方法に関する研究はあまり見当たらないが，今からおよそ400年以上も前，1600年に設立されたイギリス最古の株式会社であるロンドン東インド会社（Governor and Company of Merchants of London trading into the East Indies：1600-1709年，以下，東インド会社）[2]において，棚卸資産に対する時価評価が見受けられる。

　そこで，本章では，金融商品の時価評価を中心に議論される現在とは，必ずしも経済的，社会的背景だけでなく，同じ資産でもその財の属性も異なってい

---

1) Vanes[1967] や渡邉 [2000] などを参照されたい。
2) 一般的にイギリス東インド会社とは，ロンドン東インド会社，同社に対抗して設立された新東インド会社（English Company trading into the East Indies：1698-1709年）と，それらが統合し，成立した合同東インド会社（United Company of Merchants of England trading into the East Indies：1709-1874年）をまとめた総称である。

るが，棚卸資産に対する時価評価実務の一例を取り上げることにより，初期の株式会社における資産評価の基準としての時価の意味を検討していく[3]。具体的には，評価方法について同社における測定の方法と評価差額の処理からアプローチし，株式会社会計において時価評価実務が採用された背景を示していく。これにより，東インド会社における時価評価実務の実態を明らかにする。

5-2　ロンドン東インド会社の概要と輸入商品の販売方法

　1600年に，東方への航海により胡椒や香料を獲得することを目的として設立された東インド会社は，設立からおよそ60年経過後に株式会社へと転換を図り，イギリス最初の株式会社としても論じられる存在になった。設立当初，同社は古きギルド制に端を発する制規組合（regulated company）の形態が採られ，その中に一航海ごとに航海を実施するための個別企業が設立された[4]。1613年には個別企業に代わって，複数の航海を運営するために一企業を設立する合本企業（joint-stock company）制が採用される[5]。それから約半世紀後の1662年に交付された「破産宣告者に関する布告の条例」（An Act declaratory concerning Bankrupts）によって，同社は全社員の有限責任制を備えて株式会社への転換を図った[6]。その後，ロンドン東インド会社は，同社に対抗して設立された新東インド会社（1698-1709年）と統合し，その結果，合同東インド会社（1709-1874年）が成立する。これら3社を含めると，イギリス東インド会社は200年以上にわたり存続したことになる。

　同社は，ElizabethⅠ世より，喜望峰からマゼラン海峡に至る東インドの地域内で排他的・独占的な貿易を営む特権を認められた特許会社でもあった[7]。

3）東インド会社の会計を取り上げた Yamey[1959/1962/1963], Winjum[1970], Baladouni, [1983/1986a/1986b], 茂木［1994］, Bryer[2000]の一連の先行研究でも棚卸評価については詳細な考察が行われていない。
4）大塚［1969］184-186, 449頁。
5）大塚［1969］470-471頁。
6）大塚［1969］184, 500-501頁。
7）西村［1960］26-27頁。

第 5 章　17 世紀における時価評価の実態　99

それゆえ，当時の東インド貿易を牽引した存在としても，その名を知られている。

同社の主たる経営活動は，東インドへの航海に赴き，そこで胡椒・香料などの商品を調達し，それらを本国へと持ち帰り，販売することにあった[8]。航海先となったインドの各地に商館を建設し，そこを活動の拠点としており，主に代理人を雇うことで，商品の調達を実施していたのである。この当時，胡椒・香料などは調味料としてだけでなく，薬としての効能も期待されたことから，ヨーロッパでも高価な商品として取り扱われた[9]。

同社における輸入商品の販売方法であるが，基本的には競売が採用されていた。1621 年に作成された総会（General Court）の規定や各担当者の職務規定をまとめた内規（The Lawes or Standing Orders of East India Company）では，商品販売に関してはキャンドル形式に基づく競売（by the light of a Candle）が行われていたことが記されている[10]。

1657 年の新合本設立に関する規定の中でも，ロンドンにおいて四半期ごとに開催される「販売総会（Court of Sale）」の競売以外において，商品を販売してはならないことが盛り込まれていた[11]。さらに，現存する最古の会計帳簿（1664-1669 年）からは商品の販売に際してしばしば at the Candle という文言が記入され，理事会の議事録からは，特定の商品に関して，競売を差し控えるような見解が理事会で出されていることからも[12]，競売が商品の販売方法として基本的なものであったと考えられる。

設立当初から，18 世紀中葉頃までは，貿易による商品売買が同社の経営活動の根幹であった。それが 18 世紀中葉頃から，変化の兆しを表し出す。1757

8）Chaudhuri[1978], p. 135.
9）Chaudhuri[1978], pp. 148, 208-211.
10）Governor and Company of Merchants of London trading into the East Indies[1621], p. 59.
11）Sainsbury[1916], pp. 197-198.
　　18 世紀の仕訳帳などにも商品売買に伴い「at the Candle」という語句が記入されていることからも読み取れる。
12）Sainsbury[1925], pp. 31, 37.

年に,東インド貿易の覇権をかけたフランスとの対立により起きた,プラッシーの戦いに東インド会社が勝利したことで,同社はインドの実質的支配とインド徴税権も獲得する。徴税権の獲得は東インド会社を,商業活動から軍事的領主的勢力へと大きく転換させるものであった[13]。1874年の清算を迎えるまで,東インド会社は,貿易に従事する他に,イギリスによるインド統治に対して寄与することとなる。

5-3　元帳締切時の売残商品の評価方法

(1) 商品の概要

現在,イギリス東インド会社の本社の記録文書や会計帳簿などの膨大な史料は,ロンドンの大英図書館 (British Library) に所蔵されている[14]。当時の本社理事会[15] (Court of Committee) の議事録,海外にある商館地の記録文書など多くの史料が現存しており,そのうち会計に関する史料としても1664年から1874年までの元帳 (General Ledger),現金仕訳帳 (General Cash Journals),普通仕訳帳 (General Commerce Journal) などが残されている。本章では,これらの史料のうち,主に,現存する同社の最も古い元帳B (1664年8月-1669年3月) から元帳K (1703年7月-1713年6月)[16],さらにはこれらに対応した仕訳帳等を対象とする。

商品勘定は,元帳において商品の種類別に設けられていた[17]。主に輸出商品と輸入商品が棚卸資産として認識されるが,このうち輸入商品の販売が東イ

---

13) 西村 [1960] 170, 177-178 頁。
14) 関連史料の総数は30万以上の巻数を数えるため,アルファベットの書架番号 (A-Z) による分類も50以上に上る。そのうち,同社の元帳や仕訳帳を含む同社の会計に関する記録は,書架番号 L/AG (Accountant General's Records：1601-1974年) に属しており,そこには同社の会計担当役が管理した約8,200巻以上もの史料が所蔵されている (Moir[1988], pp. 127-130, 156-163)。
15) 理事会は,総裁,副総裁,および24名の理事から構成される機関であり,執行機関として位置づけられる (大塚 [1969] 184-186頁)。
16) 元帳のナンバリングについては,東インド会社によるものである。
17) 元帳H (1682年7月-1694年6月) からは輸入商品に関して,Silke and Callicoe Books 勘定などのように一部の商品に関して総括的な勘定が設けられている。

ンド会社にとって主だった収入源となっていた。そのためか，東インド会社の元帳においても，当初は輸出商品と異なり，輸入商品については管理責任者を商品勘定ごとに明記して記載していたこともある[18]。

インドから輸入される商品には，香料，胡椒の他に，キャラコなどのインド産織物などがあったことは先に述べたとおりである。具体的には，黒胡椒，白胡椒，ジンジャー，ターメリックなどに加え，上流階級向けの華美なチンツ，大衆向け着替え用のキャラコ，下級品としてのサレンポーリス，平織り綿布のギンガムなどのインド産織物などが輸入商品の勘定として見受けられる。

これらは海外から船舶により運ばれ，ロンドンの港に到着後，倉庫で保管されることとなる。なお，1621年の内規，あるいはその後の理事会議事録から，輸入商品については，各倉庫担当者がその商品の管理に対する責任を持っていたことがわかる[19]。

一方，輸出商品としては，仕向地先で販売されるもの，航海などにおいて自家消費あるいは，そのまま現地で通貨として用いるものが含まれた。具体的には，同社が東インドで商品を買い付けるために，その対価として用いられた金，銀，銀の一種であるレアル・オブ・エイト[20]の他に，毛織物，鉛，珊瑚，銅の皿，火薬，葡萄酒などである。輸出商品の管理であるが，航海のために船積される前は，基本的にロンドンにある輸出商品の倉庫担当者（Clarke of the Stores in London）が管理をすることになる[21]。

---

18) 1664年8月に複式簿記の導入に際して，輸出商品，輸入商品ともに，管理者の名前を明記することが会計委員会より要請されているが，実際には元帳Bでは，輸入商品のみに管理者が明記された（IOR/H/15, p. 3）。
19) Governor and Company of Merchants of London trading into the East Indies[1621], p. 14.
20) レアル・オブ・エイトは，メキシコシティー，リマ，ポトシで鋳造され，それを同社が買い付け，輸出した（Chaudhuri[1978]p. 153）。
　インドでは金貨（Muhrs），パゴダ（pagoda），あるいは銀貨ルピーが通貨として用いられたが，地域によって使用通貨に若干の相違がある。当時は主にグジャラート（スラト），ベンガル，インド北部ではルピーなどの銀貨が本位貨幣であり，インド南部，マドラスではパゴダなどの金貨が本位貨幣であったとされる（Chaudhuri[1978], pp. 175-176, 471）。
21) Governor and Company of Merchants of London trading into the East Indies[1621], pp. 14, 57.

本章でも東インド会社が輸入商品と輸出商品を区別し，特に輸入商品を重要視していたことを考慮すると，ここでは輸入商品のみを取り上げて，売残り（＝残高）の評価を検討することとした。そこで，輸入商品のうち，まずは帳簿締切時に残高がある輸入商品の勘定を抽出して分析を行う。

(2) 商品勘定への記入

輸入商品の勘定への記入であるが，図表5-1として，元帳Gの白胡椒勘定を示して説明する。輸入商品の勘定では，借方に旧帳簿からの残高が資本（Stock）勘定を相手科目として借方に仕訳され，続けて仕入が記入された。金額欄には仕入総額が記入されるとともに，摘要欄に，仕入時の仕入口ごとに，商品の調達先である商館名，数量と船舶名が記載されたが，仕入単価については基本的に未記入である[22]。一方，商品勘定の貸方の金額欄には売上の記録がそのつど売価（総額）で記入され，摘要欄には商品仕入時の船舶名，商品購入者名と売価（単価），販売数量がおおむね明記されていた。記帳方法としては総記法に相当するような方法が採用されていたことになる。なお，当該勘定では，おおよそ1年に1度の締切が実施され，合計で4回ほど締切が行われている。元帳F以降では，記帳期間における締切が複数回行われるような勘定が多数登場している。

それでは，なぜ，商品の販売時に売価（単価）が記入される一方，商品仕入時の仕入単価は未記入であったのか。これは，商品の調達地から送られてくる記録には，現地の代理人によって買い付けられた商品の数量と買入総額のみしか記載されていなかったことが，その要因として考えられる。

このことは，同社理事会の議事録及び内規からも読み取ることができる。同社における体系的な内規が1621年に設けられ，これには，会社の各担当者の

---

22) 輸出商品の場合，基本的に相手科目として掛けで購入した場合には取引相手の名前，人名勘定名が記載され，摘要欄には，購入商品の数量，すべてではないけれども，商品によっては仕入単価も明記されている。

なお，当時のロンドン東インド会社が用いた質量の単位として，1hundredweight（＝cwt.＝50.848kg，以下cwt）＝4qtr＝112poundが用いられていることが図表1から見て取れる。暦は，グレゴリオ暦ではなく，ユリウス暦が用いられ，年初めは3月25日となる。加えて，通貨単位は£1＝20s＝240dであった。

第 5 章　17 世紀における時価評価の実態　103

図表 5-1　元帳 G の白胡椒勘定（154 丁）への記入例

借方　　　　　　　　　　　　　　白胡椒

日付	仕丁	摘要	袋数	重量 (Cwt. q. 1b)	摘要	相手勘定 （丁数）	金額 (£. s. d)
1678.6.1	2	資本勘定		190.-.-	元帳 F より繰越	1	1330.-.-
7.31	7	船舶所有主			Loyal Subject 号運送料	34	283.1.2
		船舶所有主			運送料		3.5.1
	7	バンタン商館	55	83.2.21	Ann 号	9	177.10.-
8.31	14	船舶所有主			East India Merchant 号　運送料	30	82.10.2
		船舶所有主			East India Merchant 号　運送料	34	0.10.3
1679.3.31	68	バンタン商館	78	124.3.23	Expectation 号	9	251.15.11
				中略			
1682.6.30	423	損益			売買により獲得	496	4346.8.4
		合計		1566.-.4			8321.16.7

貸方　　　　　　　　　　　　　　白胡椒

日付	仕丁	摘要	袋数	重量 (Cwt. q. 1b)	単価 (£. s.)	摘要	相手勘定 （丁数）	金額 (£. s. d)
1678.7.31	7	船舶所有主		3.2.25		不足	34	27.3.1
8.31	14	船舶所有主		-.2.10		不足	30	4.5.11
10.31	47	John Langham	14	42.-.4	@ 7.16	Loyal Subject 号	357	327.17.6
12.31	50	John Langham	11	33.-.7	@ 7.16	Loyal Subject 号	357	257.17.10
12.31	51	Anthony Deprement	31	94.-.16	@ 8.12	EastIndia Merchant 号	391	808.17.2
1.31	56	John Legandre	31	80.1.-	@ 8.10	Ann 号	415	682.2.6
		John Langham	9	27.-.18	@ 7.16	Loyal Subject 号	357	211.17.-
				中略				
1682.6.30	429	残高		974.2.8		元帳 H へ繰越		5000
		合計		1566.-.4				8321.16.7

出所：IOR/L/AG/1/1/8, fol. 154 に基づき筆者加筆。

業務などが詳細に記された。輸入商品を保管する倉庫について説明された規定では，「倉庫に持ち込まれた〔輸入〕商品の記録については，船舶ごとに受け取ったありのままの全ての商品が，数，重量，尺度により書き入れられる。……23)」とされている。

さらに，そこの管理を任される倉庫担当者（Clarkes of the Ware-house）に関する規定でも，「〔輸入〕商品を数，重量，尺度に基づき，注意深く間違いなく

受け取らなければならない[24]」とあるように，商品の受け取りに際して，特に価格に関する記録が求められていない。これは，この倉庫の責任者となる倉庫担当理事（Committees of Ware-houses）の説明でも同じであり，輸入商品がロンドンに到着し，それを受け取る際の注意として以下のように求められている。

「彼らは，〔輸入された〕すべてのものをインドから〔一緒に送られてきた〕勘定により，突合せるべきである。そして，会社が重量，数，尺度，および梱包の間違い，その他の問題等に関して，間違っていないことを確認しなければならない[25]」とあり，輸入商品を受け取り，倉庫に運ばれた際にも，数量に関する記録が求められたが，価格，とりわけ単価に関する文言は見られないのである。このように基本的に商品の価格に言及した規定が見当たらないが，一切，商品の価格について触れられていないかといえばそうでもない。商品の売却に関する規定の中でそれは見受けられた。

「公正な帳簿に，引き渡されたもののすべての詳細なこと，時間，パーティ名，引受人，重量，見積りの減損，価格，すべての状況を書き込む」[26]とされる。ただし，これは，輸入商品を販売するときの価格のことを指している。販売価格に関しては，既述のように，通常はロンドンで開催される競売に基づくものとなるので，インドからの仕入時の価格とは別個のものとなる。

これからも，輸入商品の受け取り時における価格の記録は，商品の数，重量，尺度の記録よりも優先されていない状況が読み取れる。それと共に，一連

---

23) Governor and Company of Merchants of London trading into the East Indies[1621], p. 81.
　　引用文中の〔　〕は筆者が追加した。以下も同様である。
24) Governor and Company of Merchants of London trading into the East Indies[1621], p. 57.
　　規定の中には，Clarke of the Stores in London の説明もあるが，これは主に，輸出商品を担当する係であることが読み取れる。
25) Governor and Company of Merchants of London trading into the East Indies[1621], p. 58.
26) Governor and Company of Merchants of London trading into the East Indies[1621], p. 58.

の内規では，輸入商品を仕向地から発送する場合，いわゆる商品の種類別に仕入原価を必ずしも示す必要がなかったことも示唆している。実は，このことを物語るように，およそ半世紀経ほど経た本社の記録でも，商品輸入時における仕入原価の未記入に関連する発言が見受けられた。

　1678年11月27日付の本社理事会において，「会計委員会（Committee for Accounts）は，インドにある会社の勘定記録の規則的な維持に関して，会計担当役により引き渡される書類をよく検討し，報告しなければならない。……毎年，ベイに滞在するチーフとカウンシル，すべての代理人により，会社のために購入された商品について原価も記入して，さらに架空の価格をつけるのではなく会社の商品がいくらで売却されたのかについても記録したものを，失敗なく正確な時期に自国へと送られるべきこと……」[27] という発言が理事により行われている。

　この報告は，仕向地先から送られてくる商品に関して，仕入原価に相当する記録がこれまで送られてきていなかったこと，そして，それを改善するように求めたことも意味しているといえる。

　以上のようなことから，商館地から送られてきた記録そのものには，輸入商品の種類別の数量や，現地通貨での買入価額（総額）しか記載されておらず，価格を記録することへの要請が積極的に行われていなかったことがわかる。ただし，価格の記録が要請されていない理由については今のところ不明である。もしかすると，実務上，価格の把握が容易ではなかったのかもしれないが，この点については，今後の検討課題とする。

　かたや，商品勘定の貸方の摘要欄には，商品の売価（単価）が明記されたが，商品の販売は，基本的に東インド会社がロンドンで開催する競売によって行われたため，売価（単価）もすべて把握することができたといえる。

(3)　売残商品の評価方法の算定

　上述したように，商品勘定は商品の種類ごとに設けられているわけだが，必

---

27) Sainsbury[1938], p. 229.

ずしも商品の払出が完了されなくとも勘定の締切が行われている。各商品勘定ごとに売買損益が算出され，仮に売残部分が生じれば，放置されずに何らかの評価が行われて新しい元帳へと繰り越されていた[28]。商品の払出が完了するのを待ってから，勘定が締切られるというようなことはない。図表にあるように，商品勘定では，元帳締切時にそれぞれの売残商品に対して評価が行われ，新しい元帳へと繰り越されていたわけである。この残高部分の評価方法を検討していく。

評価方法を分析する上で，注意すべきは，基本的に同社の元帳における各商品勘定では，商品の流れと会計上の価値の流れとの関係が不明瞭であったのである[29]。このような商品勘定の特徴を踏まえて，いかなる原価配分が可能かということを考えたときには，総平均法に基づき，帳簿締切時の売残商品の棚卸高や評価額単価を試算することが妥当といえる。それゆえ，総平均法に基づき仮想上の売残商品の棚卸高と評価額単価を算定し，それから商品勘定に記入された売残商品の評価額，評価額単価との比較を行うことで，売残商品の評価方法を検討していく。その際に売残商品の評価が，仮想上ではあるが，原価に基づく評価と認識されない場合には，その他の価格，たとえば売価などとの比較を行う。

---

28) ただし，元帳B，元帳C，元帳Dにおいて必ずしも残高勘定へと振り替えられたわけではなかった。勘定締切時において，残高勘定への振替仕訳が仕訳帳に行われるとともに，各商品勘定には「残高勘定へ」という文言が記入されるとともに，勘定が締め切られたが，実際に残高勘定には記入が行われていない。これは，元帳E以降でも見受けられる。

29) 杉田[2010]35-36頁。
元帳や仕訳帳からは，商品の払出の記帳が何らかの規則性，つまり平均的に払い出されていくか，先に受け入れた商品から払い出されていくか，あるいは後で受け入れた商品から払い出されていくか，というような原価の流れの仮定が採用されているようには見受けられないからである。つまり，払出に際しては必ずしも物理的なものの流れとは別に一定の流れを仮定しているという様相は見られないのである。
とはいえ，逆に商品の流れと会計上の価値の流れが一致をしているかというと，必ずしもそうではない。勘定によっては，売上に関する貸方記入が，仕入に関する借方記入よりも，その前に行われている。つまり商品を仕入れてもいないにもかかわらず売上が行われたことになっているのである。各元帳の複数の勘定において，このような記入が見られ，実際の商品の流れと会計上の価値の流れもまた必ずしも一致していないことがわかる。

両者の相違が明確になるようにするために，原価配分に基づく売残商品の評価額単価と実際に記入された売残商品の評価額単価の比較を行い，その結果を図表5-2として以下に掲載する。

　本章における分析対象であるが，ロンドン東インド会社の元帳BからKの輸入商品の勘定のうち，各元帳の締切時に手許残高がある勘定を対象として，売残商品の評価方法について検討を行う[30]。対象となる商品勘定について，まずは総平均法に基づいて勘定の借方に記入された商品の買入総額と付随費用の合計金額を受入数量で除した価額を原価（加重平均単価）として計算した[31]。加重平均単価を計算する際に，元帳F以降で見られるような複数の締切が同一の勘定であった場合には，売買損益として生じる損益勘定への振替額を控除するとともに，新たに繰り越した残高，繰り越された残高についても控除して

図表5-2　ロンドン東インド会社における売残商品の評価額単価の分析結果

元帳　　　　　　単価	原価より低く評価	原価	原価より高く評価	売価	売価より高く評価	不明	払出なし	勘定合計
元帳B（1664.8-1669.3）	1	0	2	5	0	0	0	8
元帳C（1669.4-1671.4）	2	2	2	19	0	0	2	27
元帳D（1671.5-1673.7）	2	3	4	40	2	0	3	54
元帳E（1673.8-1675.12）	6	0	8	29	2	2	3	50
元帳F（1676.1-1678.5）	7	0	6	21	1	0	5	40
元帳G（1678.6-1682.6）	4	1	7	11	0	0	1	24
元帳H（1682.7-1694.6）	1	0	1	1	1	0	0	4
元帳J（1694.7-1703.8）	0	0	0	0	0	32	0	32
元帳K（1703.8-1713.6）	0	0	0	0	0	0	0	0
合計	23	6	30	126	6	34	14	239

出所：British Library, IOR/L/AG/1/1/2-11に基づき筆者作成。

---

30) 本研究では元帳Kまでを対象として分析を行ったが，元帳J，Kについては，基本的に評価方法を特定できなかったので，本章のタイトルには，J及びKの記帳期間については考慮していない。

31) このとき，単位として用いる数量のうち，個数を用いるか重量を用いるかは，各勘定に記載された仕入および払出記入に際して，どちらの単位を乗じて，評価額を算定しているのかを確認して判断した。重量を単位とした場合には，1cwtあたりの単価を，個数を単位とした場合には，1袋（bag），1個（piece），あるいは1キルト（quilt）あたりの単価を計算している。これらの単位は実際に各勘定に記載されていたものであり，商品の種類によって使い分けられていた。

いる。これは，仕入総額と仕入数量，あるいは販売総額と販売数量を正確に対応させるためである。

　平均売価（単価）の算定に際しても，貸方側に記載された残高については控除して計算した。これは，商品の数量と価額の合計額のみを抽出し，仮想上の原価配分を正確に行うためである。それから，仮想上の原価配分に基づく売残商品の評価額単価と実際に記入された売残商品の評価額単価の比較を行うわけだが，ここでは両者の相違を明確にするために両者の単価を比較している。仮に両者の価額が同じであれば，「原価」に基づく評価として認識することにした。

　他方で，原価に基づく評価として認識されない場合，とりわけ「売価」については次のとおりとする。売価については，既述のように，商品が販売された時には，基本的に商品勘定の貸方の摘要欄に売価（単価）が明記されるとともに，数量，そして金額欄には販売総額が記入されている。ただし，商品の販売額は，記帳期間内において必ずしも一定していない[32]。そこで，売残商品の評価額単価が，記帳期間内における最も低い売価（単価）と最も高い売価（単価）の間に該当するものを「売価」に基づく評価として認識することとした。

　なお，「売価」に基づく評価の中には，売価（単価）そのものが原価よりも低く，売残商品の評価額もまた，原価よりも低い価額で評価された場合もある。なぜかといえば，商品によっては，恒常的に売価そのものが原価よりも低くなっている場合があるからである。こうした場合には，原価よりも低い価格というのは，一種の売価として認識されると考えられる。そのため，原価よりも低く評価された売残商品は，原価よりも低い売価に基づき売残商品も評価されたと考えることができるので，「売価」に含めた。

　評価方法が「原価」や「売価」として認識されない場合には，「原価より低

32）各商品ごとに記帳期間内における最も低い売価（単価）と最も高い売価（単価），及び平均売価について杉田［2011］の一覧表へと記載した。平均売価については，販売総額を数量で除して計算した。ただし，一覧表のうち，元帳Dに関する部分の一部に修正箇所があるが，元帳Dの集計結果を左右するものではない。具体的には，売価の数を42から40へと修正している。なお，改めて詳細な集計結果については別稿において示す予定である。

く評価」，「原価より高く評価」，あるいは「売価より高く評価」として識別した。

(4) 売残商品の評価方法

　上述したように，売残商品の評価額を確認したところ，元帳BからHのいずれでも元帳締切時の売残商品の評価額単価の多くは，図表5-2[33]に示されるとおり，「売価」，あるいは「原価より低く評価」，「原価より高く評価」，「売価より高く評価」などの単価に基づき評価されていることが示された。

　とりわけ，元帳BからKまでにおける元帳締切時に売残りのある商品勘定は207種類あり，そのうち126種類において「売価」に基づき評価された。一方で，総平均法に基づき算出した原価として認識される数としては，6種類と極めて少ないのであった。また，売価に基づき評価された商品が新しい元帳に繰り越されたのち，今日的な会計処理に見られる洗替法のように再度評価替えが行われ，取得原価で評価されるのかということも問題となるであろう。

　しかし，新しい元帳では，旧元帳から繰り越された評価額のままで記帳されることになる。つまり，新しい元帳においては再度評価替えされることはなかったのである。

　なお，元帳J（1694年7月-1703年8月）では商品勘定などが締め切られておらず，残高が把握されていないが，元帳K（1703年9月-1713年6月）に対応する仕訳帳における開始記帳から，元帳Jの各商品勘定の繰越残高が明らかなっているものの，評価方法を特定することは困難であった[34]。というのも，評価額のみ識別できたものもあるが，繰越の数量および売却に関する記入が必ずしも記載されていないため，総平均法に基づく原価配分による計算も困難であるからである。さらに，元帳Kについては締め切られていない勘定が多く，商品勘定の残高を認識することはできなかった。

---

33) 本図表は杉田［2010］の図表のうち元帳Dに関する部分を一部修正した。ただし，脚注32で述べたように，元帳Dと全体の集計結果を左右するものでもない。なお，上述のように図表に関する詳細な集計結果については別稿において示す予定である。
34) この当時，東インド会社の関係資料においても，IとJが識別して使用されていなかったことがうかがえる。

5-4 売却価格を基礎とした見積もり

(1) 売却価格の選択

では,売残商品の多くが原価というよりも,それ以外の価格,つまり売価やそれに近いものなどで評価されたのは如何なる理由によるものであろうか。この点を検討する上で,実際にはどのような価格が採用されたのか確認していく。

各商品勘定の貸方には商品売却の記入が行われ,その際には摘要欄や仕訳帳に数量,売価(単価),そして金額欄には売価(総額)が記入されたことは先に述べたとおりである。売残商品を繰り越す際にも,貸方の最後の一口として繰越記入が行われ,基本的に摘要欄には繰越の数量とその金額(評価額)が明記された。さらに,すべてではないにしろ,仕訳帳では,繰越の記入として売残商品の評価額単価と数量も記載されていた。

したがって,これらのことを鑑みると,売残商品の評価額を算出する場合には,まずは売残数量に,単価を乗じて売残商品の評価額を算出したことが読み取れる。各勘定に明記された売残商品の数量に乗じられることになる,その単価であるが,前節において主に売価あるいはそれに近い金額であったことを指摘した。その売価の中でも,最安値,最高値の売価(単価),あるいは直近の売価(単価)が採用されている商品は極めて少ない。その数は,126種類中10種類しかなく,しかもそのうち2種類は筆者が算出した平均売価とも同じであった。つまり,純粋に元帳締切時の売却価格として解釈できるのはわずか8種類にとどまっていると考えられる。

実際に,元帳Bから元帳F(1664-1678年)における売残商品の評価額,売残数量,そして売残商品の評価額単価の具体例をいくつか示す。元帳Bにおける457丁のターメリックでは£320(=80cwt×@£4.00),476丁の硝石では£5,096(=1,568cwt×@65s.),516丁の白色狭幅バフタスでは£38(=19cwt×@£2.00),元帳Cでは,55丁の茶では£29(=29cwt×@£1.00),305丁の青色長布では£775(=500pecees×@£1.55),354丁の狭幅バフタスでは£15(=

第 5 章　17 世紀における時価評価の実態　*111*

10pecees×@ £1.50），370 丁の白色幅広バフタスでは£108（＝240pecees×@ £0.45），元帳 D における 37 丁の Hane Clouts では£540（＝5,400pieces×@2s.），62 丁の白色ギンガムでは£2,993（＝2,993pieces×@20s.），元帳 E の 134 丁の幅広バフタスでは£300（＝600pieces×@10s.），元帳 F の 150 丁の硝石では£33,920（＝13,568cwt×@ £2.50），152 丁のグリーン・ジンジャーでは£3,450（＝1150cwt×@3.00），157 丁の白胡椒では£1,330（＝190cwt×@ £7.00）となっている[35]。

　このように，売残商品評価額の単価としては，ポンド，シリングの違いはあり，全てではないにしろ，@ £1.00，@ £1.50，@2.00，@20s.，@30s. などのように比較的きりのいい数字が並んでいることがうかがえる。しかも，その多くが，既述のように，記帳期間内における最安値から最高値の間にある売価の一つ，あるいは売価に近いものが採用されている。実際に，売価（単価）は記帳期間にわたり一定しておらず，複数の売価が見受けられるにもかかわらず，とりわけその中でも最安値，最高値の売価（単価）や，勘定締切時の直近の売価を敢えて選択するというよりか，比較的，きりのいい単価を選ぶ傾向にあったことが読み取れた。

(2)　原価配分を行わない理由と売残商品の評価額の概算

　それでは，売残商品を評価する上で何らかの原価配分を行うのではなく，単一の売価（単価）を選択するといった理由は一体いかなるものなのか。その理由は主に 2 つあると考えられる。まずは勘定への記入が一つの要因として考えられる。記帳期間中の商品の売買は，膨大な数に上った。商品の種類によっては，数年にわたる記帳期間内に，100 以上にも及ぶ取引が行われている。そのような場合，商品勘定への記入は，仕入，売上に関してそれぞれ 100 口以上の記入が行われることもある。しかも，輸出商品勘定に関しては仕入単価がときおり明記されているが，本章で対象としている輸入商品勘定に関しては，商品仕入時の記入において，必ずしも原価が明記されていたわけではなく，仕入に

---

35) 元帳 D においては，すべてがシリング未満を含まない単価となっている。

伴う運送料などの付随費用の配分もまた商品によっては必ずしも明確ではなかった。

一方で，売上に際しては基本的に，その都度，勘定の金額欄に売価（総額）だけでなく，摘要欄に売価（単価）も明記された。このことから，元帳勘定の摘要欄に明記された売価（単価）の一つを用いて，売残商品評価額を算出することの方が，各仕入商品の仕入単価が不明であるにもかかわらず，先入先出法，後入先出法などのような規則的な払出に則って原価配分を行い売残商品の評価額を計算しようと試みたりすることよりも簡便であると考えられる。

しかも，売残商品の評価額単価の多くが，ペンス未満の端数を含まないような単価，ポンド換算の場合にはシリング未満の端数を含まないような，あるいはシリング換算の場合にはペンスを含まない，きりのいい単価であった。このことも考慮すれば，何らかの原価配分に基づいて売残商品評価額を計算するよりも，すでに明記された単価であり，とりわけ比較的に評価額の計算上，きりのいい単価を用いて売残商品評価額を計算するという簡便な方法を選択したとしても不思議ではない。

さらに，もう一つの要因として考えられるのが，売価を用いることで，売残商品が一体いくらくらいの値段がつくのか，つまり商品の市場価値をある程度見積ることができたということである。というのも，特に元帳Gでは，元帳Fまでと異なり，上述した理由を特徴づける傾向が見られるようになっていると思われるからである。元帳Gにおける売残商品の評価額を確認すると，元帳Fまでの売残商品評価額と異なり，£10，£100単位の評価額などが多く，そのため£10，£100単位で割り切れるようなポンド未満の端数のない金額で評価しているものが目立つのである。

具体的に売残商品の評価額の一部を示すと，元帳Gの152丁のCowriesでは£300（21袋，74cwt），154丁の白胡椒では£5,000（974cwt.2qr.8lb），161丁のグリーン・ジンジャーでは，£700（400袋，260cwt），185丁のSilk Rawでは£2,000（39袋，3666cwt），189丁の硝石では£29,410（16,731袋，19,618cwt.2qr.4lb），190丁の黒胡椒では£20,000（1,052,318lb），204丁のBlack Silkでは£1,400

(992peeces)という具合に，24種類中18種類の売残商品の評価額が£10, £100単位で割り切れるものとなっている。

　これらの売残商品の評価方法であるが，既述のように，基本的には売価あるいはそれに近しいものに基づいて評価されたことがうかがえる。ただし，ここで注意しなければならないのが，元帳BからFまでの場合には，売残数量に，単価を乗じて売残商品の評価額を算出している一方，元帳Gでは£10, £100単位の評価額が多く見受けられ，これら評価額は£10, £100単位で割り切れるのだが，数量では割り切れないものがほとんどであるということであった。

　元帳Gにおいて，元帳Fまでのように必ずしも，売残数量に単価を乗じて，売残商品評価額を算出したわけではないと思われる。むしろ，元帳Gでは売残商品の評価額をある程度，見積もることが優先されているように思われる。その見積もりに際しては，売価あるいはそれに近しいものなどに基づいた概算であるとともに，評価額としてはポンド未満の端数がなく，かつ£10, £100単位の金額として計上されるよう，売残商品の評価額そのものを見積もっていたことが考えられる[36]。

　ここからも評価額の算定に際して簡便さということが優先されているようにうかがわれる。だが，元帳Fまでに見られた簡便さ，つまり計算上簡便な単価を用いたこととは異なり，元帳Gでは，評価額そのものを見積もっていることがうかがわれ，簡便の意味合いが変わっていることを指適しておく。

　このように売残商品を評価する上で，売価の一つあるいはそれに近い単価を用いることで，売残商品の市場価値をある程度見積もっていたということも考えられるのである。元帳Bから元帳Fにおいても，売価あるいはそれに近いもの，さらには最安値あるいは最高値でもない，きりのいい売価等を売残数量に乗じて，売残商品の評価額を算出するという方法が採られたが，元帳Gでは，より簡便な方法として，売価あるいはそれに近い単価を参考にし，概算として

---

36) このことは，仕訳帳においても，元帳Fまでと異なり，売残商品の数量は記載されるが，評価額単価が明記されることがなく，売残商品の評価額から売残数量を除しても，割り切れることがなかったことからも推察される。

売残商品の評価額を見積もる方法が採用されたと考えられる。ある程度，売残商品がいくらくらいの値段が付いているのかを見積もる上では，こうした概算による計上でも問題がなかったのであろう。

なお，第3節で指摘したように，これまで，仕向地先であるインドから，本社へと商品の仕入原価に相当する記録が送られてきておらず，それを改善するような報告が1678年の理事会で行われている。しかし，時期的に一致する元帳G（1678年6月-1682年6月）への記録を見る限り，報告の中で要請されているような，仕入原価，特に単価について記入が行われることはなかった。理事会における要請が実際の帳簿記録に反映されておらず，このことは，後続の元帳H以降の各勘定でも同様であった。

5-5 評価差額の処理

売残商品を売価等に基づいて評価する背景として，売残商品に対する評価替えに基づく損益が生じることから，期待利益などの可能性もまた想定されるのかもしれないので，この点について以下で検討しておく。つまり，売残商品の多くが売価に基づき評価されるため，利益と配当との関係から，評価替えにより生じる利益の処理が問われることもある。

しかし，この当時（1670年頃），ここで算出された利益には配当との結びつきが一切見られなかったことを指摘しておく。当時のように東インド会社が香料貿易を独占している状況においては，東方からの船隊がロンドンへと無事に帰着することが，収益性の高い経営活動を支えていた。つまり，無事に船舶が到着することが，会社にとって，利益の獲得を認識できる時点であり，配当宣言の1つの要因となっていたと考えられる[37]。

このことは，1671年の元帳Cの締切日（1671年4月30日）と同じ日付で作成された会社資本評価（Valuation of the General Joint Stock：以下，資本評価）[38]に記載された利益（profit）や配当額にも表れている。資本評価に記載された当該利益は損益勘定から誘導されてきたものではなくて，今後の商品の売却を通じて獲得を期待して個別に見積ったものにすぎなかった[39]。このことが，出

第5章　17世紀における時価評価の実態　115

資者総会が開催される前の1671年8月18日の同社理事会でも指摘されている。理事会において，会計委員会は，第2回目の資本評価を実施するに当たり，販売された商品の利益総額の見積もりを命じられた。その後，同年8月23日の理事会で，海外への輸出商品に対して10%，一方で本国に到着した商品に関しては，およそ40あるいは50%の利益を見積もることが決められた[40]。ここでの見積もりには，ある一部の勘定記録に基づいて見積もられた金額を利益として計上することが求められてはいるものの，それが，商品の仕入額に対してのものであり，販売に基づく損益，あるいは損益勘定の記録に基づくものに関連していたわけではなかった。

加えて，資本評価にも記載された配当支払額そのものは，出資額に基づき算定されたものにすぎず[41]，商品勘定から損益が振替えられることになる集合損益勘定は，同社における配当可能利益の計算となんら関係がなかった[42]。

これらのことを踏まえるとロンドン東インド会社の元帳に設置された損益勘定では，総括的な損益の算定ということはそれほど重要ではなかったといえる

---

37) Winjum[1970], pp. 348-350。
　　例えば，オランダとの戦争の危険性にもかかわらず，8隻の船舶の無事な帰還よりも喜ばしいことはなく，その結果，1664年8月3日，理事達が40%の配当を現金で支払うことを決定している（Sainsbury[1925], p. vii）。
38) 資本評価とは，会社資本の評価額を表したものである。1664年12月に，初めて会社資本の評価（The Valuation of The Company's Estate）が出資者総会（＝株主総会）に提出された。この資本評価は，1657年の新合本の設立趣意書において，あらゆる出資者が自分の持分を算定し，自由な出資に基づく参加および退社を行うことを可能にする目的で規定されたものである（Sainsbury[1925], pp. 115-116, Winjum[1970], pp. 352-353）。
　　第1回目の資本評価では，資産と負債およびその差額などが報告されたが，利益に関する記述は見受けられない（Sainsbury[1925], pp. 113-114）。
　　第1回目の実施から7年後の1671年に第2回目の資本評価が実施され，そこには利益，配当に関しても記載されていた（IOR/H/4, pp. 1-12, IOR/B/31, pp. 310-311, Sainsbury[1932], pp. 69-70.）。
　　全てではないにしろ元帳Cの勘定記録を参考にし，商品有高のように元帳勘定の金額を誘導している項目も見受けられた。
39) 資本評価には「By the profit on £98,569 5s. 9d. cost of the cargoes of four ships sent to Surat in 1669, and arrived there and part of them sold, which we hope will produce 10 percent」と記載された（IOR/B/31, pp. 310-311, Sainsbury[1932], pp. 69-70）。
40) Sainsbury[1932], p. 66.
41) Sainsbury[1916], p. 174.
42) それを象徴するかのように，元帳B，Cの損益勘定の締切は行われたが，元帳D，E，Jの損益勘定は締め切られておらず，集計計算さえ行われていない。

のではかろうか。当時は，口別の商品勘定を設けることで，各商品勘定ごとに売買損益が算出されていた。もちろん，ここには，上述したような売残商品の評価方法により，売買損益以外の評価替えに基づく損益が混同されている。しかし，期待された利益は，商品の売買とは別個のところで見積もりが行われており，ここで期待利益などを想定して，売残商品を売価で評価したという可能性は低いといえるのではなかろうか[43]。

5-6 おわりに

　本章の目的は，イギリス最古の株式会社であるイギリス東インド会社における棚卸資産の評価方法を取り上げて，初期の株式会社会計における時価評価の意味を検討することにあった。具体的には，同社の現存する1664-1694年の元帳を対象として，棚卸資産である売残商品の評価方法について考察を行い，いかなる測定方法が実施されているのかを検討した。同社の元帳などの記録に基づいて売残商品の評価方法を分析した結果，原価に基づく評価ではなく，売残商品評価額を計算する上で，端数のない簡便な売却価格に近いものなどを基礎として売残商品評価額を算出していたこと，及び売残商品評価額そのものを見積評価していたことが指摘される。

　さらに，このような評価が実施された背景として，売残商品の評価を行う上では，何らかの原価配分に基づいて売残商品を評価するよりも，すでに商品勘定に明記された売価（単価）などを用いて売残商品を評価することの方が簡便であったと考えられる。商品仕入時には仕入商品の数量は記入されるものの，仕入単価は明記されず，付随費用の配分も不明確であっただけでなく，商品の流れと会計上の価値の流れとの関係もまた不明瞭であった。その一方，売上に

---

43) また，利益計算に関連して，商品勘定において売上原価の計算などを前提としていなければ，必ずしも売残商品を取得原価で評価する必要がなかったのかもしれない。本文中で先に述べたとおり，利益と配当との間に関係がないことからも，積極的に損益を算出するために，各商品勘定にて売上原価を算出する必要もないといえるのではなかろうか。仮にそうであるならば，売残商品を取得原価で評価する必要もまたないと考えられる。

際しては，売価（単価）がその都度，勘定に明記されていたのである。したがって，売残商品を評価するために，わざわざ何らかの原価配分を用いて売残商品を評価するのではなく，元帳勘定に明記された売価（単価）などの一つを手持ち数量に乗じて，売残商品を評価する方が簡便であったと考えられる。

　すなわち，各仕入商品の仕入単価が不明であることから，先入先出法，後入先出法などのような規則的な払出に則って原価配分を行い売残商品の評価額を計算することよりも，売残商品を構成する商品の仕入口が異なっていたとしても，それを考慮することなく，既に明記された，売却価格のうちの一つの単価を売残数量にただ単に乗じることの方が，実務上簡便なのである。

　この実務上の簡便さは，売残商品の評価額単価として用いられた売価（単価）の多くに，平均売価，最安値，最高値あるいは，元帳締切時の直近の売価というわけではなく，最安値と最高値の間にあって，ポンド単位の場合にはシリング未満，あるいはシリング単位の場合にはペンスを含まない，つまり端数を含まない単一の売価が適用されていたことにも表れていると考えられる。このことから，売残商品の評価額を算出する上で，単一の単価を用いるだけでなく，その単価として，できるだけ計算が簡便になる単価を用いたかったことが指摘できる。

　加えて，元帳G（1678-1682年）の検討からは，売残数量に単価を乗じるということさえ行われておらず，売価あるいはそれに近い単価を参考にしながら，売残商品の評価額を，総じて£10，£100単位で割り切れるような評価額として見積もる方法が採用されたことがうかがえた。それゆえ，元帳Gでは，元帳Fまでとは違い，簡便な単価を用いて計算するのではなく，概算に基づく評価額の計上が行われており，ここからは簡便さという観点だけでなく，商品の市場価値をある程度見積っていた可能性もあったことが考えられる。

　なお，利益と配当との関係から，売残商品を売価に基づき評価することは，期待利益などを想定していた可能性も指摘されるかもしれない。しかしながら，元帳の集合損益勘定と配当の間には関係がなかったこと，ならびに，期待利益に相当する項目は，個別に海外への輸出商品の金額に対して見積もり計算

していたことなどから，この可能性は低いといえる。

　以上のように，17世紀イギリス東インド会社の場合には，棚卸資産の評価方法として，売価（単価）等のうち端数のない簡便な売価やそれに近い価格に数量を乗じた売残商品評価額の算出，あるいは，売価等を基礎とした売残商品評価額そのものの見積評価が行われており，その背景としては，実務上の簡便さに加え，商品の市場価値の見積りということが考えられるのである。

【参考文献】

Baladouni, V.[1981],"The Accounting Records of The East India Company," *The Accounting Historians Journal*, Vol. 8, No. 1.

―――[1986a], "Financial Reporting in the Early Years of the East India company," *The Accounting Historians Journal*, Vol. 13, No. 1.

―――[1986b], "Esat India Company's 1783 Balance of Accounts," *Abacus*, Vol. 22, No. 2.

Bryer, R. A.[1997], "Accounting for the 'Bourgeois Revolution' in the English East India Company 1600-1657" The Fifth Interdisciplinary Perspectives on Accounting Conference, UMIST/University of Manchester, 7-9 July 1997, Conference Proceedings.

―――[2000], "The history of Accounting and the transition to capitalism in England. Part two : evidence," *Accounting, Organizations & Society*, Vol. 25, No. 4/5.

Chaudhuri, K.N. [1978],*The Trading World of Asia and The English East India Company 1660-1760*,Cambridge.

Gardner, B.[1971], *The East India Company*, London.

Governor and Company of Merchants of London trading into the East Indies[1621], *The Lawes or Standing Orders of the East India Company*, England, (reprinted ed., Germany, 1968).

Learmount, B.[1985], *A History of the Auction*.

Moir, M.[1988], *A General Guide to The India Office Records*, London.

Sainsbury, E. B.[1916], *A Calendar of the Court Minutes etc. of the East India Company 1655-1659*, Oxford.

―――[1922], *A Calendar of the Court Minutes etc. of the East India Company 1660-1663*, Oxford.

―――[1925], *A Calendar of the Court Minute etc. of the East India Company 1664-1667*, Oxford.

―――[1929], *A Calendar of the Court Minute etc. of the East India Company 1668-1670*,

Oxford.

―――[1932], *A Calendar of the Court Minute etc. of the East India Company 1671-1673*, Oxford.

―――[1935], *A Calendar of the Court Minute etc. of the East India Company 1674-1676*, Oxford.

―――[1938], *A Calendar of the Court Minutes etc. of the East India Company 1677-1679*, Oxford.

Vanes, B. A.[1967], "Sixteenth-century Accounting ; The Ledger of John Smythe, Merchant of Bristol" *The Accountant*, Vol. CLV Ⅱ, No. 4829.

Winjum, J. O.[1970], *The Role of Accounting in the Economic Development of England : 1500 to1750*, Urbana, Illinois.

Yamey, B. S.[1940], "The Functional Development of Double-Entry Bookkeeping" *The Accountant*, Vol. C Ⅲ, No. 3439.

―――[1959]"Some Seventeenth and Eighteenth Century Pouble-Entry Ledgers," *The Accounting Review*, Vol. 34, No. 4.

―――[1962] "Some Topics in the History of Financial Accounting in England, 1500-1900," In *Studies in Accounting Theory*, London.

―――, Edey, H. C. and Thomson, H. W.[1963], *Accounting in England and Scotland : 1543 - 1800*, London.

稲富信博［2000］『イギリス資本市場の形成と機構』九州大学出版会。
岩田　巌［1955］「二つの簿記学―決算中心の簿記と会計管理のための簿記―」産業経理，第 15 巻第 6 号。
大塚久雄［1969］『株式会社発生史論』岩波書店。
木畑洋一・秋田茂編著［2011］『近代イギリスの歴史― 16 世紀から現代まで』ミネルヴァ書房。
小島男佐夫［1965］『複式簿記発生史の研究（改訂版）』森山書店。
杉田武志［2010］「17 世紀イギリス東インド会社の会計帳簿の分析―売残商品の売価評価とその背景―」『會計』第 178 巻第 1 号。
―――［2011］「資料：ロンドン東インド会社におる棚卸資産評価の実態― 1664-1713 年の会計帳簿を対象として―」広島経済大学経済研究論集，第 34 巻第 3 号。
中野常男［1978］「資産評価の系譜―評価学説研究序説―」『国民経済雑誌』第 137 巻第 3 号。
―――［1992］『会計理論生成史』中央経済社。
―――［2002］「イギリス東インド会社と企業統治―最初期の株式会社にみる会社機関

の態様と機能―」『国民経済雑誌』第186巻第4号。
中村勝監訳［1993］『オークションの社会史―人身売買から絵画取引まで―』高科書店。
西村孝夫［1960］『イギリス東インド会社史論（改訂版）』啓文社。
浜本正夫［1989］『イギリス東インド会社』リブロポート
茂木虎雄［1994］『イギリス東インド会社会計史論』大東文化大学経営研究所。
渡邉　泉［1999］「期末棚卸商品の評価方法変遷の歴史」『會計』第156巻第6号。
──────［2000］「16-18世紀イギリス簿記書にみる売残商品の評価方法」『大阪経大論集』第50巻第6号。
──────［2005］『損益計算の進化』森山書店。
──────［2011］「歴史から見る時価評価の位置づけ」『會計』第180巻第5号。
──────［2012］「行き過ぎた有用性アプローチへの歴史からの警鐘」Working Paper（大阪経済大学），No. 2012-1。

史料

British Library, IOR/B/31, Court Minutes, London.

British Library, IOR/H/4, Home Miscellaneous Series, London.

British Library, IOR/L/AG/1/1/2-11, General Ledgers, 1664-1713, London.

British Library, IOR/L/AG/1/5/1-9, General Cash Journals, General Commerce Journal, 1664-1713, London.

British Library, IOR/L/AG/1/6/1, 4-5, General Commerce Journal, 1671-1673, 1694-1713, London.

第6章　18世紀を中心にイギリス簿記書に見る
　　　　時価評価の登場
── モンテージ，マルコム，ヘイズ，ハミルトンの記帳例示 ──

6-1　は　じ　め　に

　複式簿記は，13世紀初頭，イタリア北方諸都市で債権債務の備忘録として歴史の舞台に登場してくる。誕生当初の複式簿記は，損益勘定がまだ形成されていないか，形成されていたとしてもそこで企業全体の包括的な損益を計算するには至っていなかった。そのため，企業全体の総括的な損益を求めるためには，継続的な帳簿記録ではなく別の方法，すなわち実地棚卸によって作成されたビランチオ（利益処分結合財産目録）にもとづいて算出する以外に方法は，なかった[1]。

　しかしながら，ビランチオで算出した利益の信憑性に疑義がはさまれてくると，何らかの方法で，そこで求めた利益の正当性を証明する必要性に迫られた。このような要求に応えるために，それまでの単なる備忘録から企業全体の総括損益を計算する手段として，複式簿記が完成するのである。それまで記録していた日常の取引事実から収益と費用を集合損益勘定に集め，両者を対応させて企業全体の総括損益を求めて，この継続記録で求めた利益によってビランチオ上の利益の正確性を証明しようとしたのである。すなわち，複式簿記は，実地棚卸で算出した分配可能利益を継続記録によって証明するために完成したと言うことができる。いわば，「もの」の世界（現金や土地や建物といった取引

1）この間の事情に関しては，渡邉［2008a］40-42頁。

の結果としての具体的事象) を「こと」の世界 (現金や土地や建物を生み出した原因としての抽象的事象) で立証しようとしたところに, 複式簿記の本質があると言えよう[2]。時まさに14世紀前半のことである。

このように, 継続記録にもとづく複式簿記は, 有高計算で求めた利益の証明の道具として完成したため, その必然の結果として, 何よりも信頼性が重視された。会計の利益計算構造を支える複式簿記は, その生成の当初より, 信頼性をその根幹に据えていたのである。そのため, 証拠性の高い証明手段としての事実にもとづく取引記録が第一と考えられ, その立脚基盤を現実に取引が行われた時点の取引価格である原初記録としての取得原価においていたのは, 当然の帰結である。商人たちは, 悠久の歴史の中で, 自らが培ってきた商取引における慣習や約束事を昇華させ, キリスト教社会の規律の中で, 損益計算のための記録システムを創りあげていった[3]。これが複式簿記である。すなわち, 会計は, 生まれながらにして取得原価 (取引が行われた時点の取引価格＝その時点での市場価値) をその立脚基盤として発展してきた。

本章では, その生成当初から取引価格, したがって取得原価をその基準に据

---

2) 木村［1982］第1部「こととしての時間」を参照。
3) キリスト教社会における利子禁止令 (旧約聖書『申命記』にある戒律「汝の兄弟より利息を取るべからず, 即ち金の利息食物の利息など凡て利息を生ずべき物の利息を取るべからず」岩井［1992］24頁) が支配していた当時において, 金銭貸借の返済遅延に伴う利子をどのように解釈するかについては, スコラ学者やトマス・アクィナス (1225年頃-1274年) 等によって論じられていた。アクィナスは, 返済遅延によって「期待利益の喪失」が生じるため, 遅滞期間に限ってその喪失分を請求できると考えた。13世紀後半には, このような考えが少しずつ広まっていく。すなわち, 当初は, ルカの福音書の「汝らそこからなにものも望まずして貸し与えよ」というように, 徴利を厳密に禁止していたが, 13世紀頃になると, 聖書が禁じているのは, 単に消費貸借 (金銭貸借) のみで投資貸借, すなわち通常の商取引で利益を上げる行為についてはその例外とみなし, やがてはこの考えを消費貸借 (金銭貸借) にまで拡大し, 徴利の正当化を論証する合理的根拠を導き出そうとした。その出発点になったのは, 教皇グレゴリウスが発令した教令 Naviganti (航海条例：1230年頃) である。それ以降, 投資貸借, すなわち商取引における利益は, 消費貸借, すなわち金銭貸借における徴利とは分けて考えられ, やがて徴利も認める理論が徐々に整備されてくる (大黒［2006］40-50頁)。いうまでもなく, 商取引における利益は, ある価値体系と他の価値体系との間にある差異 (岩井［1992］58頁), より具体的には空間差異 (地域格差による為替差異) と時間差異 (取得時点と現在価値との価格差異) から生じるもので, 必ずしもキリスト教の教えに反する不当な行為とは見なされなかったのであろう。

えて発展してきた複式簿記の中で，時価による資産評価の方法がいつ頃登場したのか，その後18世紀イギリスで出版された簿記書において，時価評価がどのように説明されていたかを通して，取得原価会計の枠組みの中における市場価値会計の位置づけを，新たに取引価格会計という概念を用いることによって，検討していくことにする。

6-2　時価評価の登場

　現存する最古の勘定記録は，1211年フィレンツェの一銀行家がボローニアの定期市で記録した2葉4頁の上下連続式の勘定記録である。そこでは，僅か4頁の勘定記録のため，貸倒損失勘定が設定されていたか否かを確認することはできない。しかしながら，貸付先が倒産等によって貸倒れになるであろうリスクを十分に認識していたであろうことは，以下の記帳文言から容易に推測できる。すなわち，「サンタ・トゥリニタ出身のオルランディーノ・ガリガイオは，われわれがサン・ブロッコリーの定期市で彼に貸し付けたボローニア［貨幣］に対して，5月半ばに26フィオリーノ（リブラ）を返済しなければならない。もし支払いが遅れた時は，1フィオリーノ（リブラ）につき月4ディナリの利息を支払う。もし彼が支払えなくなったときは，ボローニアの製靴商アンジオリーノが支払いを約束した。証人：アヴァネージェ・ベジャカルツア商会。項目：彼は，ガレッティーの息子ミケーレのために43ソルディを受け取るべし。われわれは，それらをスキリンクァ・マイネッティの勘定から転記する[4]」と書かれている。すなわち，返済不能になったときの用心のため，貸付先より保証人を取っているのである。いわば，貸付債権を時価で評価替えしようとしていたことを窺わせる記帳である。もし約定を違え期限までに支払えなかった時は，年40%の金利に加えて20%の遅延金利が課せられた。この利率に対応する利息は，期待利益の喪失分と見なされ，40%という貸付金利は，当時の金融業における平均的な金利であったようである[5]。

---

4) Alvaro[1974], part 1, p. 329. 泉谷［1980］62, 67頁。
5) Alvaro[1974], part 1, p. 322.

実際に貸倒損失勘定を設定している記帳例として，われわれは，14世紀末のダティーニ商会バルセロナ支店の帳簿を挙げることができる[6]。この記帳例では，売掛金を時価で評価替えして，貸倒損失を「取り戻せない損失」(irrecoverable account) として計上している。また，1404年のダティーニ商会フィレンツェ支店では，掛売り代金のうち回収不能部分を不良債権 (cattivo debitore) として計上している[7]。

　パチョーリの『スンマ』でも第3章「財産目録の模範形式」項目14において，「私は，［支払いが］確実な債務者に対して，何ダカットの回収可能な貸金があるかを記載する。これに対して，［回収が］確実でない債務者に対する債権を不良な貸金と呼ぶ[8]」と述べている。『スンマ』の損益勘定には，元帳の締切時点で，新帳への繰り越しを必要とされた資産・負債・資本以外の全ての勘定が集められ，貸借差額が資本金勘定に振替られている。

　当時の損益勘定は，A号元帳，したがって資産・負債・資本勘定に転記される以外の私に属するすべての勘定が転記されたため，単に他の元帳諸勘定を締め切るための「寄せ集め（ホッチ・ポッチ）」の集合勘定として設けられることがむしろ一般的であった[9]。そのため，損益勘定によって企業全体の総括損益を計算するという考えは，遅くとも14世紀前半頃までのベネツィアの商人の間では希薄であったものと思われる。決算残高勘定についても同様のことが言え，ニコロ・バルバリゴとアルヴィーゼ・バルバリゴの1483年2月末日の残高勘定には，資産負債に関する項目だけではなく，費用収益に関する項目もすべてが転記されている[10]。この勘定は，締め切られて貸借が平均しているわけではないが，試算表と同じ性質を持った勘定であったといえよう。

　1569年に出版されたピールの第2の簿記書『勘定熟達への小径』(*The Pathe*

---

6) de Roover[1974], p. 149.
7) Penndorf[1933], SS. 37-38.
8) Geijsbeek[1914], p. 37, 片岡［1967］55頁。
9) 損益勘定が「寄せ集め」勘定として用いられていたのは，ヤーメイ教授によると，パチョーリの『スンマ』においても見られることになる (Yamey[1978], "Scientific Bookkeeping and The Rise of Capitalism", p. 109.)。
10) 渡邉［1993］31頁。

第 6 章　18 世紀を中心にイギリス簿記書に見る時価評価の登場　*125*

waye to perfectness, in th' accomptes of Debitour, and Creditour, London）の開始財産目録の最後には，「不良債権等」（doubtfull deters. & c.）という項目が挙げられている[11]。ヤーメイ教授によれば，ピールの第 2 の簿記書が「勘定内で不良債権をどのように処理するかに関して，読者にアドバイスを与えている最初の簿記書[12]」ということになる。

　固定資産に対する時価評価も，すでに 14 世紀初めのデル・ベーネ商会の決算実務における家具・備品勘定のなかに見出される。そこでは，1318 年 3 月 5 日に 48 フィオリーノ 5 ソルディ 8 デナリで購入した 163 枚のモミの板材が使用によって古くなったため，1321 年 9 月 1 日に 35 フィオリーノ 3 ソルディ 1 デナリに評価替えし，13 フィオリーノ 2 ソルディ 7 デナリの評価損を計上している[13]。また，15 世紀初めのダティーニ商会フィレンツェ支店の棚卸表でも山林等の時価評価による評価替えが行われている[14]。

　棚卸商品の時価による評価替の実務もすでに 15 世紀初めに登場している。ダティーニ商会フィレンツェ支店では，1404 年 12 月 31 日に 84 フィオリーノ 15 ソルディで取得した商品のうち決算に際し売れ残った棚卸商品を 80 フィオリーノで評価し，4 フィオリーノ 15 ソルディの評価損を計上している[15]。棚卸商品の時価評価の実務は，1664 年 8 月から 1673 年 7 月までのロンドン東インド会社の元帳 B-D にも見出せるところである。そこでは，実務上の簡便性から，売残商品を時価で評価する実務が採られていた。なぜなら，商品購入時点では，仕入単価が明記されず，仕入に伴う付帯費用も必ずしも明記されていたわけではなかったからである[16]。また，1675 年に出版されたサヴァリー『完全な商人』（*Le Parfait Negociant*, Paris）でも，織物が 5％下落した時，その価格にまで下げる処理法の説明が見出せる[17]。

---

11) Peele[1569], The Inuennnntorie, the fifth page.
12) Yamey[1982], pp. 96-97.
13) Alvaro[1974], part2, pp. 535-536.
14) Penndorf[1933], S. 36.
15) Penndorf[1933], S. 37.
16) 杉田［2010］40 頁。
17) 岸［1975］263-264 頁。

126 歴史から見る公正価値会計

　このように，時価による取得原価の修正実務は，複式簿記の発生と同時に行われていた。いわば，取引価格（取得原価）による測定と時価（市場価値）による評価替えは，13世紀における複式簿記の発生と同時に併存していたと考えることができる。このような実情を踏まえ，次章では，中世イタリアで複式簿記の発生と同時に併存していた時価会計が18世紀のイギリスで出版された多くの簿記書にどのように接ぎ木されていったかを，時価による取得原価を修正する処理法を説いた事例を挙げ，当時の時価測定処理法の実態を分析し，会計ないしはその計算構造を支える複式簿記の測定の本質に接近していくことにする。

6-3　18世紀までの固定資産の時価評価

　一般的に言えば，18世紀中頃までのイギリスで出版された簿記書では，固定資産の評価は，取得原価を基準にして行われていた。しかしながら，17世紀の後半に至ると，実際の商人の帳簿の中だけではなく，簿記書においても，時価による評価替えの手続きを説く記帳例が登場してくる。

(1) モンテージの固定資産評価

　1675年に『簡単な借方と貸方』（*Debitor and Creditor Made Easie,* London）を著したスティーヴン・モンテージ（Stephen Montage）は，資産の勘定として借地権付き農地，馬，牛，羊，船等の勘定記帳例を示している（図表6-1）。

　この借地権付き農地勘定は，1675年4月10日の期首の財産目録に300ポンドの借地権として開始記帳され，借方には農地の維持開耕に伴う肥料や種子，税金や地代を記帳している。貸方には農地の利用によって生じる乳製品，干草の売却収益やこの牧草で誕生した子牛16頭を子牛勘定に14ポンドで振り替える取引等が記帳されている。締切に際し，農地は，期末における現在価値(プレゼントバリュー)の280ポンドで評価替えされて，決算残高勘定に振り替えられている。モンテージは，［（借方）残高，（貸方）ジョージ農場，その時価で────ℓ. 280：―：―］という仕訳を示し，そのすぐ下の注書きで，「このリースは，資本金勘定において300ポンドで評価されていたが，1年経過した現在では，［取得原価

第 6 章　18 世紀を中心にイギリス簿記書に見る時価評価の登場　*127*

図表 6-1　借地権付き農地

1675			*l.*	*s.*	*d.*	1675			*l.*	*s.*	*d.*
4.10	資本金－借地権の価値	1	300	－	－	4.23	現金－チーズとバターの代金	2	22	－	－
20	現金－肥料 6 荷分	2	1	10	－	25	100 荷の干草－@35s.	15	175	－	－
21	現金－小麦の種子	2	24	3	－	5.3	16 頭の子牛－@17s.6d.	11	14	－	－
24	現金－ベス・ホッブスの賃金	2	2	10	－	1676		40			
28	現金－税金	2	1	10	－	4.9	残高－借地権の価値		280	－	－
5.1	ジョン・ボートン卿－6ヶ月分の地代	16	25	－	－						
1676	損益－利益	12	136	7	－						
4.9			491	－	－				491	－	－

（Monteage［1682］,2nd ed., London, fol. 4）

から］評価を減じた方が適切である[18]」と述べ，決算にあたり，時価によって評価替えするのが好ましいとし，そこで生じた評価減を集合損益勘定に振り替えている。

同様に，ボナード航海向け船勘定でも，取得原価 250 ポンドを決算時点で 225 ポンドに評価替えしている。ただし，この評価損は，混合勘定として他の諸損益と一緒にして決算時点で集合損益勘定に振り替えている（図表 6-2）。

17 世紀半ば頃までのイギリスで出版された簿記書では，資産評価の基準は，取得原価によって処理する方法で説明されるのが一般的であった。なぜなら，概して，当時の簿記書は，アカデミーやグラマー・スクールの教科書として出版されたもので，その主目的は，初学者にイタリア式複式簿記の基本原理を教示することにあった。そのため，期末における時価の修正記帳は複雑になり，

---

18) Monteage［1682］, 2nd ed., 'Here followeth the Balance of the whole Leidger', L2. モンティージの簿記書には，通しページが付されていないため，各項目毎のタイトルと分類記号を記した。

図表6-2　ボナード航海向け船

1675			l.	s.	d.	1675			l.	s.	d.
4.10	資本金-総額の8分1	1	250	-	-	11.25	ピーター・ビッグ-航海による利益の私の取分8分の1	21	75	-	-
11.2	現金-プレミアムと保険	19	7	11	6	1676					
1676						4.9	残高-私の持分の価値	40	225	-	-
4.9	損益-利益	39	42	8	6						
			300	-	-				300	-	-

(Monteage[1675], fol. 9)

　取得原価による繰り越し手続きだけを簡潔に説明したものと思われる。しかしながら，17世紀後半になると，時価での評価を説く簿記書も散見されてくる。とりわけ，18世紀後半から末葉にかけて，一方では，小規模の小売商にも適用できる単式簿記(シングル・エントリー)に関する論述が登場し，他方では，従来の伝統的な教科書用簿記書に飽き足らず，実務に直接適用できる実用簿記書(プラクティカル・ブックキーピング)が相次いで出版される[19]。17世紀の後半は，18世紀に登場する教科書用簿記への反発として時価による評価替えを含んだ実用簿記書が登場してくるいわば助走期間であったといえよう。

6-4　18世紀における固定資産の評価方法

(1)　マルコムの固定資産評価

　マルコム（Alexander Malcolm）は，彼の簿記書『簿記あるいは商人の勘定に関する論述』（*A Treatise of Book-keeping, or Merchants Accounts,* London, 1731）において，当時，時価評価による方法も実務では既に見られていたことを窺わせる

---

19) 渡邉［1993］111-115頁。渡邉［2012］125-131頁。

図表6-3 カースル通りの建物

1729 8.26	ジョン・キャンベル		*l.* 300	*s.* 15	*d.* 00	1729 8.26	ウィリアム・デビッドソン…半年分の賃借料 残高		*l.* 10	*s.* 00	*d.* 00
	損益	17	10	00	00			17	300	15	00
			310	15	00				310	15	00

(Malcolm[1731], fol. 14)

説明を行っている。

　固定資産に関しては，「カースル通りの建物」勘定（図表6-3）[20]と「ブロード通りの建物」勘定の二つが例示されている。もちろん，彼もまた，固定資産という概念を用いているわけではない。

　図表6-3から明らかなように，マルコムは，固定資産としての建物勘定を商品勘定と同様に混合勘定として処理している。すでに述べたように，減価償却が登場する19世紀前半までは，主として，固定資産に関する勘定は，混合勘定として記帳されている。一般的に言って，時価による評価替えも減価償却の登場以降は，行われなくなる。減価償却費を計上することによって，当該固定資産の減価部分が認識されることになったためではないかと推測される。

　カースル通りの建物勘定は，8月26日にジョン・キャンベル氏から300ポンドで購入し，聖マルティヌス祭の日に負っている年金の4分の1にあたる15シリングを支払い，建物勘定の借方に合計額300ポンド15シリングを記帳し，決算日にその総額をそのまま決算残高勘定に繰り越している。なお，この建物は，現在は，ウィリアム・デヴィッドソンの所有で，年間20ポンドを聖マルティヌス祭（11月11日）と精霊降臨祭（復活祭後の第7日曜日-5月の末頃）の2回に分けて，均等額の10ポンドづつを受け取っている。締切にあたって評価減は，計上されず，取得原価をそのまま次期に繰り越している。建物勘定

---

20) Malcolm[1731], Leger Book No. 1, fol. 14.

の借方の「損益10ポンド」の記帳は、この賃借料を指し、決算時に集合損益勘定に振り替えている。

　記帳例示では、取得原価で次期に繰り越す方法を取っているが、建物勘定と船勘定の本文中の説明においては、「それらを取得原価(ファーストコスト)で評価しなさい。その額が貸方に記帳されると、修繕費等と受取家賃や受取運送料の差額から生じる貸借差額が損益になる。……次に、新しい棚卸目録にあなたが適当と思う価額（現在の市場価値―渡邉注）で再びそれを記帳しなさい。そして、時にはまた、あなたは、［次期に繰越される額が当初価格よりも下っているために］損失を被っているように見える［ことがある］。そしてその額は、損益勘定に転記されなければならない。しかし、初めの方法が私には最善と思われる。たとえこれらの基本的な考え方によったとしても、諸資産の真の価値を維持することは出来ないし、しかもそれらが［最終的に］処分されるまでは、私は、それらの諸資産を取得原価(ファースト・コスト)で［評価］し続ける。あるいはまた、［その］時々のもう一つの価値で評価する［方法を］選択してもかまわない。あなた方は、それらを本当の価値と思っているように」[21]」と述べ、決算時点での資産の評価にあたっては、時価によって評価してもそれが真の価値を表しているとは限らないため、原則として取得原価で行うのが好ましく、時として、時価での評価もまた選択肢の一つに入れている。しかし、期末棚卸商品の評価は、取得原価で行っている。

(2) メイヤーの固定資産評価

　18世紀を代表するジョン・メイヤー（Jhon Mair : 1702/3-1769）の簿記書『組織的簿記』（*Book-keeping Methodiz'd*, Edinburgh, 1736）では、棚卸商品、船、建物、その他の財産についての期末における資産評価の説明と記帳例示が示されている。

　第1取引例示における船勘定は、借方に取得原価、修繕費等船の維持にかかった全ての費用が記入され、貸方に売却や交換した時の価額、輸送費や賃貸料

---

21) Malcolm[1731], p. 90.

第6章 18世紀を中心にイギリス簿記書に見る時価評価の登場　131

等のすべての収益が記帳される。

　決算に際しての船，建物，あるいはその他の資産に関する勘定の締め切り方については，第3章「元帳の締切」で述べられている。貸方記帳に関して，①記帳が無い場合，②売却や整理した額だけの場合，③輸送費や賃貸料だけの場合，の三つを想定して説明しているが[22]，締切にあたって次期に繰越すときの評価額を原価で行うのか時価でするのかに関しての説明は，見られない。しかし，ブリタニア号の取引例示から判断すれば，決算残高勘定への期末の振替価格は，取得原価で行っていることが分かる[23]。

　固定資産の評価に関する説明は，『組織的簿記』とその増補改訂版といえる『現代簿記』(*Book-keeping Moderniz'd,* Edinburgh, 1773) では，少し異なっている。すなわち，『組織的簿記』では，船，建物あるいはその他の資産の記帳と締切の説明で，「……第3，もし貸方側に運送費や賃貸料のみが記帳されている場合は，先ず最初に，船，建物等［の勘定］の借方に，その運送費や賃貸料に対して，『損益』として記帳する。そして，その後で『残高』として勘定を締め切る[24]」と述べている。

　それに対して，『現代簿記』では，「……第3，もし貸方側に運送費や賃貸料のみが記帳されている場合は，先ず最初に，勘定の貸方側に船や建物の価額(バリュー)を記帳し，そしてその後で，『損益』として勘定を締め切る[25]」となっている。ここでいう「建物の価額(バリュー)」というのが，彼の文中での説明のみからでは，取得原価を指しているのか時価であるのかは明瞭でない。しかし，取引例示（図表6-4）に見られるように，スループ船勘定[26]から判断すれば，12月31日の決算日に取得原価235ポンドがそのまま次期に繰り越されている。フリート通りの建物も，同様に，取得原価で次期に繰り越されている。

---

22) Mair[1736], p. 79.
23) Mair[1736], pp. 126-127.
24) Mair[1736], p. 79.
25) Mair[1773], pp. 71-72.
26) スループ船というのは，当時一般に用いられていた比較的軽装備の1本マストの縦帆装船のこという。

132 歴史から見る公正価値会計

図表6-4　スループ船ユニティー号

1793			*l.*	*s.*	*d.*	1793			*l.*	*s.*	*d.*
1.1	資本金, バージニアへの輸送, 私の持分2分の1	1	470	—	—	4.5	現金, 輸送代, 2分の1	2	110	—	—
4.17	現金, 修繕費	2	10	12	6	7	諸口, 4分の1売却	—	260	—	—
	損益, 利益	36	124	7	6		残高, 原始価格4分の1	35	235	—	—
			605	—	—				605	—	—

(Mair[1773], pp. 180-1)

(3)　ハミルトンの固定資産評価

18世紀のイギリスを代表するもう一人の著者ロバート・ハミルトン (Robert Hamilton：1743-1829) が著した『商業入門』(*An Introduction to Merchandise*, Edinburgh, 1777) では，その第1取引例示で，エディンバラのローンマーケット通りにある建物と船ハザード号の4分の1の持分の二つ固定資産が説明されている。

ハミルトンは，帳簿の締切に当たり「もし商品や他の資産が全て［期末に］手元に残れば，残高表[27]の借方に時　価で記帳する。そして，もしこの時価が取得原価と異なるときは，その差額は，損益勘定の適当な側に記帳される[28]」と述べている。すなわち，棚卸商品や固定資産を問わず，資産に関しては，時価による評価法を説明している[29]。

ローンマーケット通りの建物勘定の例示では，期首の価額が取得原価でその

---

27) ハミルトンは，元帳の締切に先立ち，締切を正確に行い利益の概算を算出するために，資産・負債・資本の残高を残高表に費用・収益の残高を損益表に振り替えている。すなわち，この二つの計算表は，様式は異なるが，今日の精算表の役割を果たしていた。この点については，渡邉［1993］第3章を参照。
28) Hamilton[1788], p. 285.
29) ハミルトンの『商業入門』(1777) における売残商品の評価については，渡邉［2005］89-93頁を参照。

第6章　18世紀を中心にイギリス簿記書に見る時価評価の登場　133

図表6-5　船ハザード号の持分

1774			l.	s.	d.	1774			l.	s.	d.
3.25	ウィリアム・エインズリー，4分の1の持分	7	150	−	−	4.25	現金，ロッテルダムへの航海での利益の取分	1	33	−	−
4.30	損益，	1	23	−	−	30	残高勘定	7	140	−	−
			173	−	−				173	−	−

(Hamilton[1788], pp. 314-5)

まま次期に繰り越されているが[30]，上記の本文説明から判断すると，これは，取得原価で評価したのではなく，開始記帳時点の価額と4ヵ月後の時価に変動が無かったと解釈すべきであろう。

　ハザード号の4分の1の持分は，取得時の3月25日では150ポンドであったが，4月30日では140ポンドになっていたので，決算時点の時価で評価している。すなわち，150ポンドの取得原価を時価の140ポンドに評価替えしているのである。10ポンドの評価損は，航海による利益の取分と相殺され，決算時に集合損益勘定に振り替えられている（図表6-5）。

　第2取引例示では，固定資産として，デリジェンス号船とフリート通りの建物の二つの勘定が例示されている[31]。両者とも期中で売却して損失が出たため，期末に当たって決算残高勘定に振り替える会計処理がなされず，したがってそれらの期末における評価額が取得原価であったのか時価であったのかを判断することは，出来ない。フリート通りの建物勘定[32]は，6月8日に火災に遭い，7月6日に保険会社から保険金500ポンドを受け取り，7月8日に建物が建っていた場所(エリア)を200ポンドで売却した[33]。最終的には120ポンドの損失が生じ，その額を集合損益勘定に振り替えている。

---

30) Hamilton[1788], pp. 306-307.
31) Hamilton[1788], pp. 416-417.
32) Hamilton[1788], pp. 418.
33) Hamilton[1788], p. 356.

6-5　棚卸資産に対する時価評価の登場

(1)　16-17世紀の期末棚卸商品の評価

　期末棚卸商品を時価で評価替えする決算実務は，すでに複式簿記の発生と同時に，とりわけフィレンツェの商人たちの間では，むしろ一般的に行われていたと推測される。すでに述べたように，1404年12月31日のダティーニ商会フィレンツェ支店の棚卸表では，決算に際し，商品の下落に対応して評価損を計上している[34]。また，1664年8月から1673年7月に至るロンドン東インド会社元帳B-Dでは，実務上の簡便さから，売残商品を売却時価で評価している。ダティーニ商会の期末棚卸商品の時価評価が決算時点での価値が取得時点での価値と乖離したために行ったのとは，同じ時価による評価替えでも，その目的を異にしていたといえる。

　1675年に出版されたサヴァリーの『完全な商人』では，期末棚卸商品の織物が5％下落したため，取得価格を時価まで下げる方法が説明されている[35]。

　なお，売残商品を認識し，売上収益と仕入原価ではなく売上原価を対応させて期間損益を算出する方法を明確に説いた最初の簿記書は，1543年アントワープで，彼の死後未亡人の手によって出版されたインピン（Jan Ympyn Christofells）の簿記書『新しい手引き』（Nieuwe Instructie）[36]である。フランス語版の取引例示は，1542年12月28日から1543年8月31日までの約8ヶ月間の取引が掲げられ，各勘定の締切は，8月31日付けで行われている。

　当期の売残商品，すなわち宝石，イギリス産オスタード，フランダース産ラシャ，灰色のフレーズ，うね織のタフタ，オランダ産リネンの各勘定の期末残高の合計額349リーヴル・1スー・8ドニエが［決算］残高勘定に振替えられ

---

34) Penndorf [1933], S. 37.
35) 岸 [1975] 263-264頁。
36) 本書は先ず1543年にオランダ語版（Nieuwe Instructie）として出版され，同年直ちにフランス語版（Nouuelle Instruction）も上梓された。全体の5分の4を超える記帳例示が省略された英語版（A notable and very excellente woorke）がロンドンで出版されたのは，1547年になってからのことである。

ている。例えば，灰色のフレーズ勘定を見ると[37]，1543年2月3日付けでトーマス・グレンフェルト商会から単価18スー6ドニエの灰色のフレーズを48梱，合計44リーヴル8スーで掛買いしている[38]。売残商品勘定における期末棚卸残高は，7梱で総額6リーヴル9スー6ドニエとなっている。すなわち，1梱当たり単価は，18スー6ドニエになる。この単価は，まさしく1543年2月3日時点の取得原価と一致している。期末に設けられた［集合］損益勘定[39]には，売残商品に関する評価損益勘定が計上されていないのは，いうまでもない。評価損益は，自動的に売上原価に算入されている。

イギリス人の手による最初の簿記書ジェームス・ピール（James Peele）の『勘定記帳の方法とその様式』（*The maner and fourme how to kepe a perfecte reconyng,* 1553）では，インピン同様，期末に売残商品を明確に認識し[40]，取得原価で評価している。取引例示によると，フランス産ワイン勘定[41]では，1553年5月25日に1トン当たり8ポンドで合計14トンを総額112ポンドで購入している。翌年の1554年3月24日の勘定締切時点で，売残商品2トンを総額16ポンドで貸方に記帳し売上原価を算定している。すなわち，その売残商品の評価額は，1トン当たり8ポンドであり，この価格はまさしく取得原価である。

ピールに遅れること14年，ジョン・ウェディントン（John Weddington）の『簡単なる手引き』（*A Breffe Instruction, and Manner, howe to kepe, merchantes bokes of accomptes*）におけるフェスティアン織勘定では，9月25日にトーマス・レイン商会から購入したフェスティアン織260ポンドが，決算日までに売却されず，すべての商品が取得価格260ポンドで次期に繰り越されている[42]。

1605年から1608年にかけてブルージュで出版されたシーマン・ステフィン

---

37) Ympyn[1543], grant liure, fol. 10.
38) Ympyn[1543], grant liure fol. 10 & Iournal.
39) Ympyn[1543], grant liure, fol. 22.
40) Peele[1553], The Quaterne or greate booke of accomptes, fol. 15. ピールの第1の簿記書については，小島［1971］第5章に詳しい。
41) Peele[1553], The Quaterne or greate booke of accomptes, fol. 6.
42) Weddington[1567], Lidger, fol. 29.

(Simon Stevin) の『数学的回想録』(*Vierde Stvck Der Wisconstighe Ghedachtnissen*) あるいは，1635年にロンドンで出版されたリチャード・ダフォーン (Richard Dafforne) の『商人の鏡』(*The Merchant Mirror*) でも，売残商品の評価は，取得原価で行われている。このような傾向は，一般的には，18世紀まで継承される。

(2) 18世紀の期末棚卸商品の評価

18世紀のイギリスを代表するジョン・メイヤー (Jhon MAIR) は，1736年にエディンバラで出版された彼の第1の簿記書『組織的簿記』(*Book-keeping Methodiz'd*) の中で，取扱商品の各荷口別に設けられたいわゆる口別商品勘定の記帳に当たり，「借方に［仕入れた商品の］取得原価(プライムコスト)と［それにかかった］諸費用を記帳しなさい。そして，貸方にはその商品の売上すなわち売却［額］を記帳しなさい」と述べ，「もし，商品の不足や超過，すなわちその重量や数量に過不足があれば，……この場合，［数量の］不足している摘要欄に，なぜその数量が付け加えられるかという理由とともに，その［数量の］前に不足あるいは超過という言葉を書き，もう一方と等しくさせるために同数を追加させることによって……均衡(バランス)とか一致(イクオリティ)が，修復されなければならない[43]」と棚卸差損の計上も認識している。メイヤーが期末棚卸商品の評価基準として取得原価に準拠していたのは，明白である。

1765年にダブリンで出版されたダウリング (Daniel Dowling) の簿記書『イタリア式簿記の完全体系』(*A Compleat System of Italian Book-keeping*) でも，期末棚卸商品の評価は，取得原価によって説明されている[44]。

(3) ヘイズの時価評価

18世紀のイギリスで出版された簿記書の中で，売残商品の評価基準に取得原価ではなく時価を基準にした評価方法を提唱した簿記書として，1731年にロンドンで出版されたリチャード・ヘイズ (Richard Hayes) の『現代簿記』

---

43) Mair[1736], pp. 76-77.
44) Dowling[1765], 1765, p. 33. 取扱商品の荷口別に設けられたホップ勘定では明らかに取得原価で期末に繰り越している (Ledger of Domestic Proper Accounts, No. 1, fol. 7)。

(*Modern Book-keeping : or, The Italian Method Improved*) および 1741 年に同じくロンドンで出版された同書の増補版といえる『ジェントルマンの完全な簿記係』(*The Gentleman's Complete Book-keeper*) を挙げることができる。

　ヘイズは，元帳諸勘定の締切に関して，第 7 章から第 12 章の合計五つの章にわたって詳細に説明している[45]。

　とりわけ，第 8 章「元帳を閉じることなく勘定を締切る方法」では，「……勘定の締切にあたっては，さまざまな種類や方法が行われている。そして，先ず始めに，それがもし商品勘定であり，そして全てが売れ残ったときには，その売れ残った全ての商品に対し，勘定上の借方残高は，現在の市場価格かあるいは取得原価（the Price they cost you）で評価する。第 2 に，商品の一部だけが売却されたときは，その勘定上の借方残高は，売れないままで残った商品の価値を取得原価か現在の市場価格のどちらかで［評価する］。注．商人たちは，通常，彼らの帳簿を締切るに際し，手持ち商品をその時点で売却可能な市場価格で評価するのが一般的である。しかし，幾人かの商人は，そのようにしていない[46]」と述べている。すなわち，ヘイズによると，当時の商人たちは，通常，売残商品を時価で評価していたことがわかる。彼のいう現在の市場価格は，締切時点における売却可能な市場価格（the Market Price they go on at, at the Time of their balancing）すなわち売価であることが分かる。ヘイズが期末の売残商品を売却時価で評価する方法を説いた背景には，それによって生ずる取得原価と売却時価との差額の本質が，評価益ではなく，「期待利益」ないしは「みなし売却」[47]，すなわちある意味では「利益の先取り」を当期の利益計算に計上したと解することができる。

(4) ハミルトンの時価評価

　メイヤーの簿記書と共に 18 世紀イギリスを代表する簿記書ロバート・ハミルトン（Robert Hamilton）の『商業入門』(*An Introduction to Merchandise,*

---

45) Hayes[1731], pp. 75-92. and Hayes[1741], pp. 75-92.
46) Hayes[1731], pp. 78-79. この点については，Yamey, Edey and Thomsonm[1963], p. 116, および高寺［1999］95-97 頁を参照。
47) 高寺［1999］95-97 頁。

138 歴史から見る公正価値会計

Edinburgh, 1777）では，その第Ⅳ部「イタリア式簿記」[48]と第Ⅴ部「実用簿記」[49]で簿記に関する論述が見られる。第Ⅳ部のイタリア式簿記による取引例示では，売残商品の評価は，取得原価で行われている。例えば，クローバーの種勘定[50]では，3月12日に1,200重量ポンドを29ポンド17シリングで仕入れ，期末の4月30日付けで売残商品300重量ポンドを単価6ペンス，総額7ポンド10シリングで評価している。1重量ポンド当たりの仕入単価は，6.08ペンスになる。計算上の端数処理を考慮したとしても，取得原価ではなく時価で評価していたことがわかる。なお，貸方の数量差異として摘要欄に書かれている10重量ポンドの棚卸差損は，金額欄に記帳されていない点から判断すれば，最終的には，棚卸差損として別立て控除するのではなく，自動的に売上原価に参入して処理されていたことがわかる。当時の簿記書では，このような方法で説明するのが一般的であった。

　第Ⅳ部の本文中の説明でも，「［元帳の］締切前に……，出来るだけ速やかに商品の正確な手持ち有高を出し，その時点の時価（カレントプライス），すなわちその所有主が現在購入したいと思ってる価格（ヴァリュー）にしたがって各商品に適正な価格を付けるのが好ましい[51]」と述べ，時価で評価するのが適当である旨の解説をしている。しかも，ハミルトンの時価（カレントプライス）は，先に述べたヘイズが売却時価であるのに対し，再調達原価で評価するとしている。売却時価が「期待利益」，ある意味では「利益の先取り」を意味しているのに対して，再調達原価による評価は，翌期の「仕入コストの早期認識」を意味しているといえよう。

　第Ⅴ部「実用簿記」の取引例示のポートワイン勘定では，図表6-6で明らかなように，仕入単価は，1大樽32ポンド，1ダース12シリングであるのに対して，期末棚卸商品の評価額は，1大樽34ポンド，1ダース15シリングで評価している。1大樽当たり2ポンド，1ダース当たり3シリングの評価益を計上している。この評価益は，実現損益として損益勘定に転記されている。所

---

48) Hamilton[1788], pp. 265-466.
49) Hamilton[1788], pp. 467-495.
50) Hamilton[1788], pp. 314-315.
51) Hamilton[1788], p. 285.

第6章 18世紀を中心にイギリス簿記書に見る時価評価の登場 139

図表6-6 ハミルトンのポートワイン勘定

1772		ポートワイン，借方	P.	D.	B.		1772		ポートワイン，貸方	P.	D.	B.	
4	6	J.ハートレイ，単価 L32：12s 4カ月の掛け	20	−	−	652 − −	4	10	J.アルモンド，単価 L34：12s	5	−	−	173 5 −
								22	2大樽	2	−	−	− − −
	22	現金，諸費用とコルク栓，112ダース3瓶入り2大樽	112	3		12 3 9	5	22	諸口 J	−	87	−	67 14 6
								25	現金，単価 L.35	2	−	−	70 − −
							7	16	現金，単価 L.34	5	−	−	170 − −
12	31	損益，利益に対して	−	−	−	38 14 9	8	7	現金，単価 L.34：10s. 単価 15s.4d.	2	12	−	76 4 −
								25	現金，単価 L.34	2	−	−	68 − −
							12	31	残高勘定，単価 L.34：単価 15s. 破損	2	13	3	77 15 −
			20	112	3	702 18 6				20	112	3	702 18 6

(Hamilton [1788], pp. 430-1.)

得税法が制定される (1799年) 以前では，未実現利益としての評価益を損益計算勘定に転記しても，税金の支払いに伴うキャッシュ・アウトフローが生じる恐れは，なかったものと思われる。

ただし，期末の売残商品に対する評価損益勘定は，設けられていない。したがって，期末棚卸商品の評価損益は，その原価性の有無に関わらず，自動的に，売上原価に算入されることになる。18世紀の後半から末葉にかけて，期末棚卸商品の時価評価に関する会計処理法が登場してくる。

6-6 お わ り に

13世紀冒頭にイタリアで発生し，遅くとも14世紀前半までに，ビランチオ (利益処分結合財産目録) で求めた利益の証明手段として完成した複式簿記は，

記録の信頼性を重視し，証拠性の高い証明手段としての原始記録を第一に考え，その立脚基盤を原初記録としての取得原価においていたのは，必然の帰結であった。商人たちは，悠久の歴史の中で，自らが培ってきた商取引における約束事を昇華させ，損益計算のための記録システムを創りあげた。これが複式簿記である。すなわち，会計は，生まれながらにして取得原価をその立脚基盤として発展してきた。

しかしながら，売掛金の時価評価，すなわち貸倒損失の計上は，すでに1211年の現存する最古の勘定記録のなかにも見出せる。時価による評価実務は，複式簿記の誕生と同時に行われていたのである。固定資産の時価による評価替え実務も，14世紀のイタリアの商人の会計帳簿に散見される。イギリスの簿記書で登場するのは，17世紀の後半になってからのことであり，棚卸資産の時価評価が明確に説かれるは，18世紀前半まで待たなければならない。このように，13世紀初頭にイタリア北方諸都市で発生した複式簿記は，その発生当初から時価によって取得原価の修正を行ってきた。いわば，時価による測定は，複式簿記の発生と同時に登場し，17世紀，18世紀のイギリスで出版された多くの簿記書の中で，時価による評価替えの会計処理法が詳細に述べられている。

いうまでもなく，取得原価というのは，取引時点の時価，すなわち取引価格（市場価値）なのである。この取引価格が決算時点では過去の価値を示す取得原価に変容する。それ故，取引価格としての時価と取得原価は，単に時間軸の相違によって生じる表象上の相違に過ぎず，市場価値は，本質的には取得原価と同質なものとして位置づけることができる。

【参考文献】

Alvaro, Martinelli[1974], *The Origination and Evolution of Double Entry Bookkeeping to 1440, Part1 and Part 2,* Denton.

Dowling, Daniel[1765], *A Compleat System of Italian Book-keeping,* Dublin.

de Roover, Reymond[1956], "The Development of Accounting Prior to Luca Pacioli According to The Account-books of Medieval Merchants", Littleton, A. C. and B. S. Yamey, eds.,

Studies in the History of Accounting, New York.
―――[1974], *Business, Banking, and Economic Thought,* Chicago & London.
Geijsbeek, John B.[1914], *Ancient Double-Entry Bookkeeping,* Denber.
Hamilton, Robert[1788]2nd ed.（1st ed. 1977）, *A Introduction to Merchandise,* Edinburgh.
Hayes, Richard[1731], *Modern Book-keeping : or, The Italian Method improved,* London.
―――[1741], *The Gentleman's Complete Book-keeper,* London.
Littleton, A. C.[1933], *Accounting Evolution to 1900,* New York. 片野一郎訳 [1973]『リトルトン会計発達史（増補版）』同文舘（第16刷，初版昭和27年）。
Malcolm, Alexander[1731], *A Treatise of Book-keeping, or Merchant Accounts,* London.
Mair, John[1736], *Book-keeping Methodiz'd,* Edinburgh.
――― [1773], *Book-keeping Moderniz'd,* Edinburgh.
Mellis, Jhon[1588], *A Briefe Instruction and Manner hovv to keepe bookes of Accompts,* London.
Mepham, Michael[1988], *Acccounting in Eghteenth Century Scotland,* New York & London.
Monteage, Stephen[1675], *Debtor and Creditor made Easie : or A Short Balance of the whole Leidger,* London.
Peele, James[1553], *The Manner and Fourme how to kepe a perfecte reconyng,* London.
―――[1569], *The Pathe Waye to Perfectness, in th' Accomptes of Debitour, and Creditour,* London.
Penndorf, Balduin[1933], *Luca Pacioli Abhandlung über die Buchhaltung 1494,* Stuttgart.
Stevin, Simon[1605-8], *Vierde Stvck Der Wisconstighe Ghedachtnissen Vande Weeghconst,* Leyden.
Weddington, John[1567], *A Breffe Instruction, and Manner, howe to kepe, merchantes bokes of accomptes,* London.
Yamey, B. S., H. C. Edey and H. W. Thomson [1963], *Accounting in England and Scotland : 1543-1800,* London.
―――[1978], *Essays on the History of Accounting,* New York.
―――[1982], *A Further Essays on the History of Accounting,* New York & London.
Ympyn, Jan Christofells[1543], *Nouuelle Instruction,* Antwerpen.

泉谷勝美［1980］『複式簿記生成史論』森山書店。
――― ［1997］『スンマへの経』森山書店。
入不二基義［2008］『時間は実在するか』講談社現代新書。
岩井克人［1992］『ヴェニスの商人の資本論』講談社文庫。
大黒俊二［2006］『嘘と貪欲―西欧中世の商業・商人観―』名古屋大学出版会。
片岡義雄［1967］『増訂パチョーリ「簿記論」の研究［第二版］』森山書店。

木村　敏［1982］『時間と自己』中公新書。
岸　悦三［1975］『会計生成史―フランス商事王令会計規定研究―』同文舘。
小島男佐夫［1971］『英国簿記発達史』森山書店。
齋藤寛海［2002］『中世後期イタリアの商業と都市』知泉書館。
杉田武志［2010］「17世紀イギリス東インド会社の会計帳簿の分析―売残商品の売価評価とその背景―」『會計』第178巻第1号。
高寺貞男［1999］『利益会計システムの進化』昭和堂。
―――――［2006］「利益保守主義の長所を再考する」『大阪経大論集』第57巻第5号。
―――――［2008］「市場の不完全さと市場価値会計の適用限界」『大阪経大論集』第59巻第2号。
玉木俊明［2008］『北方ヨーロッパの商業と経済 1550-1815年』知泉書房。
中島道義［2007］『「時間を」哲学する 過去はどこへ行ったのか』講談社現代新書。
山下勝治［1963］『新版会計学一般理論』千倉書房。
渡邉　泉［1993］『決算会計史論』森山書店。
―――――［2005］『損益計算の進化』森山書店。
―――――「16-18世紀イギリス簿記書にみる売残商品の評価方法」『大阪経大論集』第50巻第6号。
―――――［2008a］『歴史から学ぶ会計』同文舘出版。
―――――［2008b］「現代会計の落とし穴―歴史からみる会計の本質―」『会計史学会年報』第27号。
―――――［2009］「会計目的のパラドクス―信頼性と有用性の狭間―」『會計』第175巻第5号。
―――――［2010］「取得原価主義会計と公正価値―市場原価による測定の位置づけ―」『會計』第178巻第3号。
―――――〔2012〕「単式簿記と腹式簿記の関係―複式簿記は単式簿記から進化したのか―」『會計』第182巻第5号。

第7章 19世紀イギリスの企業会計実務における時価情報の意義
―― 公益事業会社と一般事業会社の場合 ――

7-1 は じ め に

　包括利益の算定を前提とした現代財務会計制度において，時価（公正価値）は，その会計情報作成の基本である資産・負債アプローチの基本的測定属性として据えられるばかりでなく，収益・費用アプローチ（原価・実現主義に基づく発生主義会計の枠組み）の限界[1]を唱える際の手段とさえなっている。しかし，一定の時間（時代）と場所（国や地域）において，法や会計基準を媒介とする支配的な会計思潮（すなわち公正価値重視）が存在している場合であっても，その支配力ないし定着力は，会計にかかわるステーク・ホルダーによる受容によって実質的に維持されるものであり，それらが将来にわたって永続することを単純に保証することまでは意味していない。
　この点について会計基準がいまだ存在していなかった19世紀イギリスの企業会計に注目すると，会計情報の利用者による理解と支持を得ようとする企業

---

1) 公正価値の取得原価に対する会計数値としての優位性を金融商品・金融負債会計に焦点を当てて，以下のように指摘する場合がある。
　① デリバティブには当初コストが存在しないため，期末に公正価値の変更があったとしてもそれが認識されず簿外となってしまう。
　② 急激な価格変化による過度の損失を被ることがないように金融リスクを管理する必要性を経営者が認識しているが，金融資産や金融負債の取得原価はその金融リスク管理に関する意思決定にとってほとんど目的適合性がない。
　③ 金融商品の種類によって取得原価または公正価値による次期への引き継ぎを認める混合属性による測定は，利得と損失の認識のミスマッチを起こす。1997年 IASC 討議資料「金融資産および金融負債の会計」浦崎［2002］17-18頁。

経営者が財務政策的判断によって会計実務上，特に有形固定資産の測定に際して原価か時価（公正価値）かの選択を適宜行っていた事実を指摘できる。本章は，その実例として，公益事業会社である鉄道会社（Grand Junction Railway Co.）の固定資産（車両）会計実務にみられる時価情報の利用実態について『取締役報告書』の分析を通じて紹介し，一般事業会社である鉱山会社（Neuchatel Asphalte Co.）の固定資産（採掘権）会計実務および不動産開発販売会社（Natal Land and Colonization Co.）の固定資産（土地）会計実務にみられる時価情報の利用実態について両社が関わった会計訴訟を通じて明らかにすることを目的としている。

7-2　グランド・ジャンクション鉄道会社の会計実務における時価情報

　1833年5月6日に設立されたGrand Junction Railway Co.（グランド・ジャンクション鉄道会社：以下GJ鉄道）は，1838年下期に至るまで，固定資産（車両）の減価相当部分について認識していないが，固定資産への支出総額が年々増加するに伴って，同社の取締役は将来における固定資産（車両）の新規購入のための資金をどのように準備したらよいか，また，その取替資金をどの程度準備したらよいかという問題に直面することとなった。この問題に対処するため，固定資産の減価相当分の測定方法に関して，GJ鉄道の取締役が案出した方法は，基本的に2つであった。最初の考え方は，時価上昇に伴って生ずる固定資産（車両）の取替価格の増加分を車両価値の減価相当分としてとらえ，それを会計の仕組みの中で用意する（積み立てる／引き当てる）という方法──「£5,000定額方式」と称する──である。もう1つの考え方は，期末時点における固定資産（車両）の時価評価額と前期末（期首）における時価評価額とを比較し，その差額（評価損）をもって車両価値の減価相当分としてとらえる方法──「資産再評価方式」と称する──である。

　これらの会計方法は，当時，どのように選択されたのであろうか。会計方法の選択には首尾一貫した会計思考が反映していたのであろうか。結論的に言え

第7章　19世紀イギリスの企業会計実務における時価情報の意義　145

ば，かかる会計方法の選択はまったくの任意であり，それは配当財源をいかに確保するかという枠組みのなかで，都合の良い会計方法が選択され，適用されていたに過ぎなかった。図表7-1は，GJ鉄道が車両資産の減価相当分の認識方法の選択・適用に関して大きく揺れていた軌跡を示している。このことを，次に，会社が作成した収支計算書と『取締役報告書』を基礎にしつつ分析することにする。

図表7-1　GJ鉄道の固定資産減価相当額と配当政策との関係 （£.s.d.）

実務区分	会計期間	企業業績と配当金 P 処分前利益	D 配当金決定額	P-D 超過利益	固定資産減価相当額の測定方法 £5,000定額方式 車両減価相当額	資産再評価方式 車両再評価損	車両再評価益
第1期	1837年下期	56,035.10.10.	54,590.0.0.	1,445.10.10.	−	−	−
	1838年上期	55,444.4.10.	54,590.0.0.	854.4.10.	−	−	−
	1838年下期	78,714.16.9.	72,058.1.0.	6,656.15.9.	−	−	−
第2期	1839年上期	87,269.6.5.	78,609.12.0.	8,659.14.5.	5,000.0.0.	−	−
	1839年下期	115,216.17.4.	99,353.16.0.	15,863.1.4.	10,000.0.0.	−	730.14.8.
	1840年上期	111,296.6.5.	109,998.17.0.	1,298.9.0.	−	1,855.17.7.	−
	1840年下期	137,481.11.9.	136,117.16.0.	1,363.15.9.	−	674.1.5.	−
	1841年上期	119,414.10.11.	132,198.0.0.	△12,783.9.1.	−	−	2,306.17.7.
	1841年下期	145,829.16.0.	132,198.0.0.	13,631.16.0.	5,000.0.0.	−	−
	1842年上期	122,487.13.0.	110,165.0.0.	12,322.13.0.	5,000.0.0.	−	−
	1842年下期	125,082.6.3.	110,165.0.0.	14,917.6.3.	5,000.0.0.	−	−
	1843年上期	110,781.7.5.	110,165.0.0.	616.7.5.	−	−	−
	1843年下期	127,793.1.1.	110,165.0.0.	17,628.1.1.	5,000.0.0.	−	−
	1844年上期	121,141.5.10.	110,165.0.0.	10,976.5.10.	−	−	−
	1844年下期	140,442.4.9.	110,165.0.0.	30,277.4.9.	−	−	−

出典：Grand Junction Railway Company, *Minutes of Annual and Special General Meeting of the Proprietors*, 1837–1844.

注：1. 1839年下期末に車両が時価評価された際の評価益£730.14.8.は，当該期間の剰余金に加算されずに翌1840年上期に繰り越された。その評価益は，1840年上期末に車両が時価評価された際の評価損£1,855.17.7.と相殺された差額として評価損£1,125.2.11.が剰余金から控除された。
　　2. 処分前利益とは，営業損益に前期繰越利益（Balance from Half Year with Interest）と「車両減価償却および更新基金」以外の積立金（Reserved Fund with Interest）の取崩益を加算し，「車両減価償却および更新基金」以外の積立金（Church Fund: 1843年上期のみ）への振替金額とCrewe工場などに係わる借入金利息（1844年上期と1844年下期）を控除した金額である。超過利益は，配当金決定額を所与とする減価相当額上限である。

（1）　固定資産の減価相当分の認識方法
　　　——£5,000定額方式——
　GJ鉄道の取締役が，固定資産（車両）の使用に伴う減価相当分に対する認

識について，比較的明確な考え方を明らかにしたのが1840年上期である。当時の『取締役報告書』は，以下のように述べている。

　「利益の一部（a surplus fund）をあらゆる偶発危険に対応するために蓄積することの有利性は，日々明らかになっている。我々は価値の変動しやすい性質を有する資産を大量に保有している。たとえば機関車は，それが2年前の〔取得〕価値と〔現在の取得価値と〕はすでに同じではない。その差は10%である。その理由は，製造原価〔労務費〕の増加と絶えず行われる性能の改善のためである。我々のような企業では絶えず機関車を追加することが求められているので，購入資金調達の負担軽減や〔車両取替による〕改善が有利である。特に積立金（the surplus fund）が固定資産の明らかな減価（depreciation in value）に対応して設定されていることが有利に作用する。」[2]
（括弧内は佐々木追加）

　上記の『取締役報告書』は，鉄道車両の減価相当分の目安として「2年間で10%の価値減少」（「半年間の車両購入価格上昇見積り」）を示している。この目安を単期間（半年）レベルに引きなおすと2.5%となる。取締役は，各会計期間末における固定資産支出総額に2.5%を乗じた金額が価格上昇により実質的に減価したと見なし，同額の資金を，将来における固定資産（車両）の新規購入のために準備しなければならないと考えた。

　『取締役報告書』での言及があった1840年上期に至る2年間（1838年下期から1840年上期まで）の平均固定資産減価相当額はおよそ£5,216である。この金額は「半年間の車両購入価格上昇見積り」を当該固定資産の減価相当分と見なした上で，各会計期間における固定資産支出額に2.5%を乗じたものの平均額である。GJ鉄道の開業以降の8会計期間に計算範囲を拡大すると，固定資産支出額を基礎にして計算した車両の平均減価相当額は，£4,904となる（図表7-2）。これらの平均金額は，GJ鉄道が実際に計上した半年当たりの車両減価相当分£5,000とほぼ符合する。本章では，GJ鉄道の取締役が固定資産の減価相

2）*Minutes of the Annual General Meeting of the Proprietors of the Grand Junction Railway Company etc.*, August 10th 1840, p. 58.

図表7-2　GJ鉄道における車両購入支出総額と半年間の車両購入価格上昇見積額

（£：£未満切り捨て）

金額 決算期	a　車両購入支出総額	半年間の車両購入価格上昇見積 a × 2.5%
1837年下期	123,178	3,079
1838年上期	132,469	3,311
1838年下期	174,762	4,369
1839年上期	216,498	5,412
1839年下期	217,227	5,430
1840年上期	226,221	5,655
1840年下期	228,094	5,702
1841年上期	250,852	6,271
上記期間平均	196,162	4,904

出典：Grand Junction Railway Company, *Minutes of Annual and Special General Meeting of the Proprietors*, 1837-1841.

当分として£5,000を計上した時期が複数期あること，また，£5,000以外の金額は，その倍数が計上された1期を除き，計上されていないことを踏まえ，この固定資産減価相当分の計算方式を「£5,000定額方式」と称することにする。1839年下期にかかる『取締役報告書』における以下の記述が示唆しているように，1839年下期決算に関して1840年1月31日に開催された臨時株主総会にて，取締役が£5,000を控除した目的を「将来の車両購入資金の一部を積立てること」として説明している。

「株主の皆様にはすでにお伝えしているところでありますが，1839年6月30日に終了する上期の利益から控除した同期間にかかる車両の減価相当額£5,000は，当社が将来車両を購入する際の資本的支出から差し引かれることになります」[3]。

---

3) *Minutes of the Special General Meeting of the Proprietors of the Grand Junction Railway Company etc.*, January 31st 1840, p. 46.

(2) 固定資産の減価相当分の認識方法
　　　——資産再評価方式——

　取替資産の市場価格の上昇を懸念していたGJ鉄道の取締役にとっての課題は，将来の車両資産購入のため，取替資産の市場価格上昇分に相当する資金をどのような方法で算定し積み立てておいたらよいか，という問題であった。GJ鉄道の取締役は，1839年下期において，固定資産の減価相当分を認識する新たな方法を案出した。その方法は，毎期末に市場価額に基づいて車両資産を再評価することによって生ずる評価差額（評価損）を損益計算書で計上する，という方法であった。期末時点での資産の再評価を基礎にして「固定資産の価値減少分」を計算しているところから，この方法を本章では「資産再評価方式」と呼ぶ。

　GJ鉄道は，いかなる考え方の下に，従来の「£5,000定額方式」に加えて「資産再評価方式」を考えたのであろうか。超過利益が見込まれる状況の下で，車両資産の減価相当分の会計認識を通じて自己金融機能をさらに高めようとしたのであろうか。それとも，環境の変化に対応するため，経営者にとって使い勝手のよい会計方法を複数用意し，超過利益の水準に応じて減価相当分を認識できる余地を持ちたいと考えていたのであろうか。

(3) 資産再評価方式の意義と問題

　資産再評価方式による「固定資産の減価相当分」の資金を自己金融する方法——これは，今日に言うところの減価償却の代替手段として理解することもできるが——では，ストック・アカウント（Stock Account）が利用されるところが特徴である。この会計手続の目的は，資産再評価によってあらかじめ想定される資産再評価差損を損益計算に算入することにより，将来実際に必要となる車両取替購入資金を準備・蓄積することにあった[4]。この方式は，資産再評価によって計算された固定資産の再評価損を期間利益に負担させることによって，取替資金を自己金融することにあるが，大きな問題点も内包していた。それは，資産再評価の結果，評価益が算定される場合のあること，また評価損が出た場合でも，その金額が£5,000を下回る場合には，「£5,000定額方式」の場

第7章 19世紀イギリスの企業会計実務における時価情報の意義 *149*

合に比べて，「資産再評価方式」における自己金融機能は大幅に弱まるという点である。事実，「資産再評価方式」を初めて採用した1839年下期に，車両資産の再評価の結果を株主に報告するため作成された「車両資産再評価要約表」[5]（Summary of Stock account）によると，評価損ではなく£730.14. 8の評価益[6]（図表7-3）が計算されている。

図表7-3 GJ鉄道の1839年下期時点での車両時価評価 （£ s. d.）

決算期	資　産	a 当期末再評価額	b 前期末再評価額	c 当期中購入額	d (= b + c)	e (= a − d)	f Stock Accoun 残高
1839 下期	機関車	96,969 16. 0.	85,672 13. 2.	11,201 10. 11.	96,874 4. 3.	95 11. 9.	
	貨　車	51,324 4. 4.	47,535 9. 9.	3,363 5. 6.	50,898 14. 6.	425 9. 10.	
	客　車	49,050 16. 5.	44,355 0. 1.	4,486 3. 3.	48,841 3. 4.	209 13. 1.	
	計	197,344 16. 9.	177,563 2. 5.	19,050 19. 8.	196,614 2. 1.	730 14. 8.	730 14. 8.

出典：Grand Junction Railway Company, *Minutes of Special General Meeting of the Proprietors*, January 31st 1840, p. 49.

　この会計方法の致命的な欠陥は，すでに述べたように，計算上であれ，評価益が出た場合には，新規固定資産の取替資金はいっこうに自己金融されないという点にある。もしGJ鉄道の取締役が「会計を通じての自己金融機能」を重視するのであれば，資産の再評価に基づく計算結果によって完全に支配される「資産再評価方式」は採用すべき方法ではないかもしれない。しかし，当時の

4）期首における車両資産の時価が£1,000そして期末時点での時価による当該車両資産の評価額を£900とすると，車両の減価相当分の認識仕訳は，以下のようになる。
　　Stock Account 100 ／ 車　　　　両 100
　　剰　余　金 100 ／ Stock Account 100
　（固定資産評価損）
　1839年上期に登場したStock Accountの性格は積立金勘定の性格を有するものと推定したが，1839年下期においては，資産再評価差額を計上した後，直ちにその差額を損益勘定に振り替える役目を有する通過勘定としての性格をもっていたように考えられる。
5）「車両資産再評価要約表」は，収支計算書の系譜に直接関係することではないが，会計報告書の一部として1839年下期から1841年上期まで作成され，『取締役報告書』に記載された。
6）1839年12月31日現在で資産再評価法を適用すると，以下のような評価益に関する仕訳が行われる。
　　　　　　　　　　　　　　　　　　　　（£. s. d.）
　　機 関 車　95. 11. 9. ／　Stock Account　730. 14. 8.
　　貨　　車　425. 9. 10.
　　客　　車　209. 13. 1.

取締役の関心は，固定資産の取替資金の規則的な準備ではなく，配当財源をいかに確保するかという問題にあった。それゆえ，配当金決定額（D）を十分に賄う処分前利益（P）が稼得された場合に限って，その超過利益（P-D）の中で取替資金を十分に積みたて——換言すれば，「剰余金」のうちで次期に繰り越す金額を可能な限り圧縮して少なくし——，反対に，超過利益が十分でない場合には，その範囲で積み立て可能な金額に押さえ，超過利益が極端に少ない場合あるいはマイナスの場合には，積み立てを取り止めるという，極めて任意な固定資産会計実務に終始したのである。紆余曲折した固定資産会計実務は，1839年下期以降で特に顕著となる。図表7-1を参照されたい。

既述したように，GJ鉄道は1839年下期に車両資産に対してその減価相当額の認識手段として「資産再評価方式」を開始したが，その結果は，車両再評価益£730. 14. 8. となり，車両の減価相当分を自己金融するという当初の意図と反することとなった。そこで，GJ鉄道は，この車両再評価益を当期収益に算入することを避けて次期の1840年上期に繰り越す一方，前期同様に「£5,000定額方式」を適用し，実際には£5,000の倍数である£10,000を計上した。そのような金額決定は，資産再評価方式で再評価益という自己金融機能に結びつかない結果が生じた一方で，超過利益が1839年前期の£9,659から1839年下期の£15,863へと大幅に増加した状況下でなされた。£730の「車両再評価益」が認識された1839年下期において，固定資産の価値減少を認識し，£10,000の車両減価相当額を計上することは相矛盾することである。このことは，「£5,000定額方式」が「固定資産取替目的の自己金融額」を計上することを強く意識している証左となろう。

「£5,000定額方式」の枠組みで，£10,000の流動資金を企業内部に留保するために新たに用いられた勘定は「偶発損失準備金」(Reserve Fund for Contingencies)[7]であったが，この会計処理の結果[8]が1839年下期のGJ鉄道

---

7) 偶発危険準備金（Reserve Fund for Contingencies）を通じて内部留保された£10,000に相当する流動資金は各種の有価証券（Mortgages or other undeniable security）に投資された。*Minutes of the Special General Meeting of the Proprietors of the Grand Junction Railway Company etc.*, January 31st 1840, p. 46.

の会計報告書上に明示されることはなかった[9]。その理由は，GJ 鉄道が，「一般貸借対照表」[10] を作成していなかったためと考えられる。

(4) 利益調整弁としての「資産再評価方式」

1839 年下期決算でみられた車両にかかわる「£5,000 定額方式」と「資産再評価方式」の併用は超過利益の多かった 1839 年下期のみで，翌期の 1840 年上期から 1841 年上期に至るまで，「固定資産の減価相当額」の認識は「資産再評価方式」により実施された。「£5,000 定額方式」を適用するには超過利益が不足し，したがって「資産再評価方式」は取締役にとって都合のよい固定資産減価相当額を算出する手段となった。£5,000 には遠く及ばないが，£1,855. 17. 7.（1840 年上期）[11] と £674. 1. 5.（1840 年下期）[12] は，取締役が車両資産の取替

---

8) 次のような仕訳がなされていたはずと推定される。
　　　1839 年 12 月 31 日　　　　　　　　　　　　　　　（£. s. d.）
　　　剰　余　金　　　　　10,000. 0. 0. ／ 偶発損失準備金　10,000. 0. 0.
9) 1839 年下期の「損益収支計算書」のボトムライン（Balance：£115,216. 17. 4.）のうち，配当支払いに充当された金額 £99,353. 16. 0.（同収支計算書の欄外・末尾）を差し引いた残額が「剰余金」（£15,863. 1. 4.）であるが，実際に次期の「損益収支計算書」に引き継がれたのは，そのうちの £5,977. 18. 10. である。残額は £9,885. 2. 06. であり，それは，上記の「偶発損失準備金」として処分された £10,000. 00. 00. と £114. 17. 06（1839 年上期の未決済項目の決済による加算）との差額である。かくして，GJ 鉄道の勘定上は「偶発損失準備金」が設けられ，£10,000 はそこに記録されていたと考えるが，会計報告書上は，この勘定を表示する「一般貸借対照表」が作成されていなかったため，「損益計算収支計算書」（1840 年上期）の収入欄（Receipts）に表示されるに留まっている。*Minutes of the Special General Meeting of the Proprietors of the Grand Junction Railway Company etc.*, January 31st 1840, p. 45.
10) 一般貸借対照表は，複会計制度に基づく会計報告書体系を構成する基本報告書の 1 つである。複会計制度に基づく会計報告書体系は，実務としては，ロンドン・バーミンガム鉄道において 1844 年上期に確立された姿がみられる。複会計制度のもとでは，固定資産が株式や固定負債という長期的資金源泉から調達されたことは資本勘定計算書において表示される。一般貸借対照表は稼得された利益からの配当金の支払いと流動負債の弁済に充当できる流動資産を表示する。収益勘定計算書は，配当可能利益を表示し，その残高は一般貸借対照表の「収益勘定計算書残高」に，そして先に述べた資本勘定計算書の残高は一般貸借対照表の「資本勘定計算書残高」に振り替えられる。すなわち，複会計制度に基づく会計報告書の体系では，最終的に収益勘定計算書と資本勘定計算書が一般貸借対照表に有機的に結びつき統合されることとなる。佐々木［2010］52 頁，64-65 頁。
11) 1840 年上期で計上された車両再評価損は £1,855. 17. 7. は前期 1839 年下期から繰り越された車両再評価益 £730. 14. 8. と相殺され，その結果，純額 £1,125. 2. 11. が超過利益（剰余金）から直接控除され，自己金融資金が確保された。数値の確認については，図表 7-1 を参照されたい。

資金を内部留保していることを意味しており，その意味でも株主に対する説明はそれほど困難ではなかったものと思われる。取締役は，前年度と比べて大幅に減少した固定資産減価相当額の計上でも，十分に効率価値や使用価値を維持することができるとして，以下のような説明（理由付け）を行っている。

「他面で機関車では，£2,184. 2. 1.〔再評価損〕が生じているが，この原因の一部は機関車の市場価額の全般的下落によって生じたものである。……少なくとも機関車の効率価値（the effective value of the stock）は以前の期間と同じくらいの高さにあると信じる理由はある」[13]。（括弧内は，佐々木追加）

すでに指摘したように，GJ鉄道が将来における車両資産の更新のための内部資金を規則的に準備するという考え方で，固定資産の減価相当分の認識を行っていたのか，という点になると極めて疑わしい。むしろ，配当財源を確保した上で十分な超過利益がある場合には，車両資産の取替資金を任意に自己金融し，反対に不足する場合には，いろいろな理由をつけてそれを任意に取りやめてきた，と理解した方が正しいように思われる。

配当財源の不足は，1841年上期に生じた。GJ鉄道は，「資産再評価方式」に基づき資産再評価益を計上し，配当可能利益を確保した（図表7-5参照）。当然のことながら，固定資産の減価相当分を認識し取替資金の準備に備えるという自己金融は見送られた。同社の1841年上期に係る『取締役報告書』は，これに関連して「我々（取締役）は市場価値の増加が生じたような場合には，車両資産の比較評価（＝再評価）に基づいて処理することの有利性を確実視しておりません[14]」と記載し，「資産再評価方式」の見直しをすることを暗に示唆した。

---

12) 1840年下期の車両資産再評価を機関車単体図表7-4でみると，再評価損£2,184. 2. 1. が生じているが，車両資産全体での再評価損は£674. 1. 5. となった。これは，機関車以外の車両資産である貨車では，機関車とは逆に再評価益£785. 2. 8. 客車でも同じく£724. 18. 0. の再評価益が計上された結果であった。

13) *Minutes of the Special General Meeting of the Proprietors of the Grand Junction Railway Company etc.*, January 29th 1841, p. 60.

14) *Minutes of the Ninth Annual General Meeting of the Proprietors of the Grand Junction Railway Company etc.*, August 6th 1841, p. 66.

第7章　19世紀イギリスの企業会計実務における時価情報の意義　153

図表7-4　GJ鉄道の車両資産の時価評価内訳表　　　　（£ s. d.）

決算期	資　産	a 当期末時価評価額	b 前期末時価評価額	c 当期中購入額	d (= b + c)	e (= a - d)	f Stock Account 残高
1840 上期	機関車	104,445 9. 11.	96,969 16. 0.	6,692 19. 10.	103,662 15. 10.	782 14. 1.	
	貨　車	50,492 4. 9.	51,324 4. 4.	577 1. 8.	51,901 6. 0.	△ 1,409 1. 3.	
	客　車	50,237 16. 3.	49,050 16. 5.	2,416 10. 3.	51,467 6. 8.	△ 1,229 10. 5.	
	計	205,175 10. 11.	197,344 16. 9.	9,686 11. 9.	207,031 8. 6.	△ 1,855 17. 7.	0. 0. 0.
1840 下期	機関車	109,215 6. 8.	104,445 9. 11.	6,953 18. 10.	111,399 8. 9.	△ 2,184 2. 1.	
	貨　車	53,457 7. 5.	50,492 4. 9.	2,174 0. 0.	52,666 4. 9.	785 2. 8.	
	客　車	51,842 14. 3.	50,237 16. 3.	880 0. 0.	51,117 16. 3.	724 18. 0.	
	計	214,515 8. 4.	205,175 10. 11.	10,007 18.10.	215,183 9. 9.	△ 674 1. 5.	0. 0. 0.
1841 上期	機関車	124,202 12. 10.	109,215 6. 8.	11,009 6. 2.	120,224 12. 10.	3,978 0. 0.	
	貨　車	53,807 1. 8.	53,451 7. 5.	576 17. 8.	53,968 5. 1.	△ 161 3. 5.	
	客　車	54,730 19. 0.	51,842 14. 3.	4,398 3. 9.	56,240 18. 0.	△ 1,509 19. 0.	
	計	232,740 13. 6.	214,509 8. 4.	15,984 7. 7.	230,433 15. 11.	2,306 17. 7.	0. 0. 0.

出典：Grand Junction Railway Company, *Minutes of Annual and Special General Meeting of the Proprietors*, 1840-1841.

図表7-5　GJ鉄道のStock Account残高（車両再評価差損益）の剰余金への振替算入状況　　　　（£ s. d.）

決算期	車両総支出	処分前利益	配当金決定額	Stock Accountからの振替	ReserveFund取崩益	次期繰越利益
1840上期	226,221. 2. 5	111,296. 6. 5.	99,353.16. 0. 10,645. 1. 0.	損 1,125. 2. 11.	－	172. 6. 6.
1840下期	228,094. 16. 0.	137,481. 11. 9.	136,117.16. 0.	損 674. 1. 5.	－	689. 14. 4.
1841上期	250,852. 16. 7.	119,414. 10. 11.	132,198. 0. 0.	益 2,306. 17. 7.	10,570.16. 5.	94. 4. 11.

出典：Grand Junction Railway Company, *Minutes of Annual General Meeting of the Proprietors*, 10th August 1840, *Minutes of Special General Meeting of the Proprietors*, 29th January 1841 and *Minutes of Annual General Meeting of the Proprietors*, 6th August 1841.

注）(1) 1840年上期1840年下の場合：処分前利益－配当金決定額－Stock Accountからの振替損＝次期繰越利益
　　(2) 1841年上期の場合：処分前利益＋Stock Accountからの振替益＋Reserve Fund取崩益－配当金決定額＝次期繰越利益
　　(3) 1840年上期のStock Accountからの振替損£1,125 2. 11＝1839年下で計上されたStock Account貸方残高（資産再評価益）繰越高£730 14. 8－1840年上で計上されたStock Account借方計上高（資産再評価損）£1,855 17. 7

(5) 固定資産の減価相当分の認識方法
——£5,000 定額方式の新たな展開——

　1841 年下期，GJ 鉄道の企業業績は好転し，配当を支払った後の超過利益は潤沢となり，経営者は車両取替えのための自己金融（車両資産の減価相当分の認識）を再開した。GJ 取締役は，そのための方法として，かつて採用していた「£5,000 定額方式」を再開した。GJ 鉄道は，同鉄道の主任技術者 Locke 氏の次の意見[15]，すなわち，「(1) 推定に基づく機関車価値の改善額，数千ポンドをストック・アカウント（Stock Account）勘定の貸方に記入することは不健全であり賛成できない」及び「(2) 再評価方式は，車両資産の名目価値（nominal value of stock）を大きく，しかも恣意的に変動させる原因となりがちであるので，そのような誤った方法から正確な結果を導き出すことは不可能である」を根拠にして，「資産再評価方式」を取りやめ，「£5,000 定額方式」を再開した。このあたりの事情について，『取締役報告書』は以下のように説明している。

　「〔我々〕取締役は，車両を改良するための資金および，どのような注意や費用を負担しても避けることができず，気が付かないほどわずかではあるが，確実にしかも絶えず進行している車両の傷み（decay）に対処するための資金として，資産再評価方式の代わりに，一定の金額を定期的に取り置くべきことを推奨する。……当期に以上の目的に充当するために提案する金額は£5,000 である」[16]。（括弧内は佐々木追加）

　以上の意見は，取締役が車両資産購入資金を自己金融する方法として，「資産再評価方式」以上に「£5,000 定額方式」にその有効性を認識したことを示している。好業績に支えられて超過利益が十分にあるときは，£5,000 を車両資産の減価相当分として認識し自己金融を行うとともに，逆に，超過利益のない会計期間には一切の認識を見送るという考え方が 1841 年下期以降においても取締役を支配していたように思われる。

---

15) *Minutes of the Special General Meeting of the Proprietors of the Grand Junction Railway Company etc.*, February 1st 1842, p. 74.
16) *Minutes of the Special General Meeting of the Proprietors of the Grand Junction Railway Company etc.*, February 1st 1842, p. 74.

史料 7-1　GJ 鉄道の車両減価償却および更新基金（1842 年上期）

車両減価償却および更新基金	
1841 年 12 月 31 日に取り置きされた金額（期首残高）	£5,000. -
〃　　　　　　までの利息	40. 7. 6.
1842 年 6 月 30 日に取り置きされた金額（上記のとおり）	5,000. -
	£10,040. 7. 6.

出典：Grand Junction Railway Company, *Minutes of the Tenth Annual General Meeting of the Proprietors*, 1st August 1842, p. 82.

　さらに注目すべきは，1841 年下期以降に適用された「£5,000 定額方式」は，1839 年上期と下期に適用された「£5,000 定額方式」とは会計的な意味において大きく異なっている，ということである。1839 年上期と下期においては，自己金融としての機能を果たしていた「剰余金」（内部留保金額）は，会計報告書上に明示的に記載されるわけではなく，その意味では「秘密積立金」であったが，1842 年上期以降では，内部留保された「剰余金」は「車両減価償却および更新基金 (Depreciation and Renewal of Stock Fund)」として明示されて，その金額自体が顕在化されることとなったからである（史料 7-1)[17]。

　すなわち，1841 年下期から再開された「£5,000 定額方式」では，損益収支計算書のボトムラインである「営業利益」から車両資産の減価相当額として £5,000 が控除されるとともに，その相手勘定として「車両減価償却および更新基金 (Depreciation and Renewal of Stock Fund)」勘定が新設され，その内容が「車両減価償却および更新基金」として『取締役報告書』に記載された。自己金融され企業内部に蓄積された流動資金は利子を稼得するため金融資産として運用処理され，当該金融資産にかかる受取利息は収益とするのではなく，そのまま「車両減価償却および更新基金」勘定に貸記された[18]。

---

[17]「車両減価償却および更新基金」は，収支計算書の系譜に直接関係することではないが，会計報告書の一部として 1842 年上期から 1844 年下期まで作成された。

(6) 「車両減価償却および更新基金」勘定繰入と配当金支払との関係
――£5,000定額方式の中断――

前項で考察したように，GJ鉄道は，「資産再評価方式」を導入したものの，その問題点に気づきはじめた。そして，1841年下期にこれを取りやめ，規則的に自己金融機能を確保できる「£5,000定額方式」に戻った。ここでは，その後の経過を取り上げることにする。図表7-6は，1841年下期から1844年下期までの期間における「車両減価償却および更新基金」勘定の推移を，各期の超過利益（a-bの値で配当金決定額を所与とする同勘定積立額上限を示す）との関連でまとめたものである。1841年下期から1842年下期までは，十分な超過利益に支えられて，毎期£5,000の車両資産の減価相当分の計上を行った。しかし，1843年上期に至って，車両資産の減価相当額を将来の車両取替に備える資金として自己金融する方途としての「£5,000定額方式」がGJ鉄道の配当政策との関係で歪められるという事態に至った。すなわち，1843年上期中に£601.6.8.が「車両減価償却および更新基金」勘定から取り崩され，車両の取替資金が捻出されたものの，同決算期末での同基金勘定への£5,000の繰入はなされていない。1843年8月3日開催の第11回定時株主総会にて，取締役は，この「£5,000定額方式」中断理由について次のように述べている。

　「取締役は，今期の状況に鑑み，株主に対して『車両減価償却および更新基金』に金額を積み増しすることを提案しない。下期はいつも業績がよいので，今年の終わりには『基金』への繰入が可能となるであろう。そうなれば，株主にとっても望ましいことであろう。」[19)]

車両資産の減価相当分の計上を見送った理由は，1843年上期において，GJ

---

18) これを仕訳形式で表示すれば，下記のようになる。同勘定残高には，1841年下期決算で積み立てられた£5,000に対する利息£40.7.6.が含まれているが，それは償却基金法と実質的に同一の考え方にたつものである。

1841年12月31日　　　　　　　　　　　　　　　　　　　　　　（£.s.d.）
（借）剰　余　金　5,000.0.0.　　（貸）車両減価償却5,000.0.0.
　　　　　　　　　　　　　　　　　　　　　及び更新基金
（借）金融資産　　5,000.0.0.　　（貸）現　　　　金5,000.0.0.
（借）現　　　金　　　40.7.6.　　（貸）車両減価償却　　40.7.6.
　　　　　　　　　　　　　　　　　　　　　及び更新基金

第7章　19世紀イギリスの企業会計実務における時価情報の意義　157

図表7-6　GJ鉄道の企業業績及び配当金と「車両減価償却および更新基金」勘定との関係　　　　（£ s. d.）

決算期	a 処分前利益	b 配当金決定額	c 期首勘定残高	d cへの利息	e 当期積立額	f 当期取崩額	g 期末勘定残高
1841下期	145,829 16. 0.	132,198 0. 0.	―	―	5,000 0. 0.	―	5,000 0. 0.
1842上期	122,487 13. 0.	110,165 0. 0.	5,000 0. 0.	40 7. 6.	5,000 0. 0.	―	10,040 7. 6.
1842下期	125,082 6. 3.	110,165 0. 0.	10,040 7. 6.	250 18. 9.	5,000 0. 0.	―	15,291 6. 3.
1843上期	110,781 7. 5.	110,165 0. 0.	15,291 6. 3.	337 10. 0.	―	601 6. 8.	15,027 9. 7.
1843下期	127,793 1. 1.	110,165 0. 0.	15,027 9. 7.	281 5. 0.	5,000 0. 0.	500 0. 0.	19,808 14. 7.
1844上期	121,141 5. 10.	55,082 10. 0. 55,082 10. 0.	19,808 14. 7.	425 7. 6.	―	850 0. 0.	19,384 2. 1.
1844下期	140,442 4. 9.	55,082 10. 0. 55,082 10. 0.	19,384 2. 1.	944 12. 6.	―	2,500 0. 0.	17,828 14. 7.
1845上期	44,861 0. 0.	44,066 0. 0. 1,101 13. 0.	不明	不明	不明	不明	不明

出典：Grand Junction Railway Company, *Minutes of Annual and Special General Meeting of the Proprietors*, 1841-1845.

注：(1)「処分前利益」自体は『取締役報告書』に記載されていないので，図表7-5との整合性を考慮して算定した。
　　すなわち「処分前利益」とは，営業損益に前期繰越利益（Balance from Half Year with Interest）と「車両減価償却および更新基金」勘定以外の積立金（Reserved Fund with Interest）の取崩益を加算し，「車両減価償却および更新基金」勘定以外の積立金（Church Fund: 1843年上期のみ）への振替金額とCrewe工場等に係わる借入金利息（1844上期と1844年下期）を控除した金額である。
　　(2) 1844年上期と1844年下期の配当は，第1四半期（上段の値）と第2四半期（下段の値）ごとに決定される。半年間の配当金額は，いずれも£110,165 0. 0.である。

鉄道の旅客運送収入が著しく減少したことによって営業収入が前期以前と比べて大幅に減小し[20]，その結果，超過利益が極端に激減したからである。安定配当を維持するために，「車両減価償却および更新基金」勘定への繰入が政策的に中止されたわけである。1843年上期の処分前利益は£110,781. 7. 5.であるが，前期から維持してきた配当金水準は£110,165. 0. 0.であるため，両者の差

---

19) *Minutes of the Annual General Meeting of the Proprietors of the Grand Junction Railway Company etc.*, August 3rd 1843, p. 87.
20) 1843年上半期総収入額は£185,093. 2. 8.であり，この数値は対前期比較で約10.9%の減であったが，当該期間の旅客運送収入額は£132,976. 6. 9.で対前期比較で約17.6%の減であった。*Minutes of the Special General Meeting of the Proprietors of the Grand Junction Railway Company etc.*, January 31st 1843, p. 85. and *Minutes of the Annual General Meeting of the Proprietors of the Grand Junction Railway Company etc.*, August 3rd 1843, p. 88.

額であり自己金融に充てることのできる超過利益は，£616.7.5.にすぎない。かりに「車両減価償却および更新基金」勘定に前期並の£5,000を繰入したならば，剰余金に£4,383.12.7.（＝£110,781.7.5.―£5,000.0.0.―£110,165.0.0.）の配当原資の不足を生じてしまうことになる。経営業績の低迷によって配当金支払金額が水準以下に下がることを嫌ったGJ鉄道取締役は，配当原資の減少要因である車両の減価相当額£5,000の剰余金からの控除を見合わせたと判断できよう。固定資産の減価相当分を会計的に認識するという実務は，当時の経営者が首尾一貫して採用したものではなく，利益水準や配当要求などを勘案しつつ，業績のよい事業年度には減価相当額の認識を行い，反対に悪いときにはそれを取りやめるなど，極めて政策的なものであったと言わざるを得ない。その意味では，当時の固定資産会計実務（減価償却らしきもの）はcontingentなものであった[21]。

　GJ鉄道による固定資産の減価相当分の認識と測定に関する会計実務は，配当財源をいかに確保するかという取締役の会計政策のもとに決定された。その意味で，原価または時価が有する会計情報としての質的特性よりも，配当可能利益を一定水準で確保することにとって原価と時価のいずれがその目的に適合するかの判断が優先していたということができる。「£5,000定額方式」や「資産再評価方式」で利用された時価情報は，そうした取締役の考え方を具体化するために柔軟に活用され，他方で減価相当分の認識自体を中断する判断もなされたのである。

7-3　ヌーシャテル・アスファルト株式会社の会計実務における時価情報

(1)　本訴訟事件の概要

　19世紀イギリスにおける一般事業会社の固定資産の評価手続に対して，大きな影響力を及ぼすこととなる代表的な訴訟事件として，Lee v. Neuchatel

---

21) 同じ指摘は，以下の文献においても見られる。中村［1991］197頁。

第7章　19世紀イギリスの企業会計実務における時価情報の意義　*159*

Asphalte Co.（リー氏対ヌーシャテル・アスファルト株式会社）事件（1889年判決）があげられる。この裁判は，19世紀イギリスの鉱山会社である Neuchatel Asphalte Co. の株主 Lee 氏が同社とその取締役を相手に起こしたものである。Lee 氏は，裁判所に対して Neuchatel Asphalte Co. の1885年12月31日に終了する会計年度末において同社の保有する無形固定資産（採掘権）の減価償却費（減耗償却費）が適正に計上されておらず，利益は存在していなかったと宣言させ，かつ同社が当該会計期間の利益として計上した金額から配当金が支払われることを差し止める命令を下すよう求めた。判決は，第一審と控訴審ともに被告側（Neuchatel Asphalte Co.）の勝訴となった。その判決の根拠となったのは，同社の通常定款規定にあり，それによれば採掘権に対する減耗償却は禁止するとあり，利益計算に減耗償却費が考慮される必要はないというものであった。さらに，採掘権の減耗償却は必要なしとする根拠として，定款規定の内容とは別に，同資産の現時点（1888年第一審・1889年控訴審）の価値（時価）評価額が1873年の同社設立時に取得された時点の原価よりもかなり上回っているという事実を被告側は審理の過程で繰り返し強調している。以下で，この点をより詳しく紹介する。

(2)　**減耗償却を行わない理由の正当性を裏付けた時価情報**

　Neuchatel Asphalte Co. は，1873年7月1日に6つの鉱山関連会社の合併により新設され，1株10ポンドの優先株35,000株と80,000株の普通株に分割された名目資本1,150,000ポンド（授権資本）の有限責任会社として法人化された。同社は，新株の発行と引き換えに旧会社のひとつであった Neuchatel Rock 舗装会社によって保有されていた特権（採掘権），すなわち The Val de Travers からの瀝青岩（アスファルトの原料）と鉱物を得る排他的権利と Neuchatel Rock 舗装会社の所有するすべての鉱山，建造物，事業所，不動産，流動資産，さらに他の5つの会社によって保有されていた諸資産を取得した。

　1885年12月31日に終了する年度の Neuchatel Asphalte Co. の会計報告書は，17,140ポンドの剰余金を計上したので，取締役は，優先株式に対して一株当9シリングの配当金（計15,369ポンドとなる）を支払うことを提案した。

株主総会も，この提案を承認したが，Lee 氏（原告：当該会社の普通株式 628 株，優先株式 16 株の保有者）は，その配当金の支払を制止するため当該会社と取締役を相手どり訴訟を起こした。訴訟根拠としては，特権（採掘権）の価値は，減価してしまっており，かつ，当該会社の資本の大部分が失われてしまったということ，そしてそのような損失や減価が，補償されるまでは，配当金の支払いに適用できるどんな利益も存在しえなかったはずというものであった。すなわち Neuchatel Asphalte Co. は，適正に採掘権の減価償却費（減耗償却費）を借方記入しておらず，販売されたアスファルトの代金のほとんど全額が，分配可能として処理されてきた。その結果，当該会社は，結局，株主へ彼らが出資した資本部分を配当金という形態で返却しようとしていると主張された。

以上の主張に対して，第一審および控訴審は，ともに被告の勝訴判決を下した。その根拠とは，Neuchatel Asphalte Co. の通常定款規定に従うというものであった。同社の通常定款規定の第 100 条は，次のように述べていた。

「100. 取締役は，株式について支払う配当金を提示する前に偶発事象に見合うための積立資金，配当金を平準化するための積立資金，あるいは，当社の事業に関連する建造物の修繕及び維持のための積立資金ないしは，それに代るものを当社の純利益から取り置くことができる。そして，取締役は積立資金ないしは，それに代るものとして取り置かれた金額を自らが，選択することの許される有価証券に投資することができる。しかし，取締役は，賃借している財産又はあらゆる財産に対して有する企業の利害すなわち特権（＝採掘権：訳者挿入）を更新するため，ないしは取替するための資金を形成し，別個に積立金を形成してはならない」[22]。

すなわち，同社の無形固定資産である採掘権に対しては，減耗償却による取替資金の積み立てを行うことが禁止されていたのである。同時に注目すべきは，裁判官による採掘権の価値（時価）上昇の事実認識である。この事実は，

---

22) [1889], 41 Ch. D. p. 3.

第 7 章　19 世紀イギリスの企業会計実務における時価情報の意義　161

裁判官の判決文のなかでも次のように強調されている。

「（原告によれば）当該会社の資本（採掘権）の大部分が失なわれているということである。（しかし，）この会社の資産は，1873 年の創立時よりもより大きい価値がある。創立当時，会社は，現在持っているものよりも短期間の契約で特権を所有したことは事実である。そしてその特権使用料は非常に高かった。現在では当該会社は，1873 年に取得した時のものより特権の運用期間のより長い契約のものを有している。そして，会社が最初に持っていたよりもかなり有利な条件を得た。私の意見では，資産が原価以下になっているどころか，この会社は，現在，創立時に持っていたより大きな額の資産を所有している。旧六社から引き継がれたすべてのものは，その旧会社六社の資産であった。そして私の意見では，これらの資産は，価値が増加した」[23]。

会計実務は，採掘権の帳簿価額を原価で評価しているのであるが，減耗償却を行わないという会計実務のよりどころを通常定款規定に求めると同時に，その会計実務の正当性を裏付けるため採掘権の価値（時価）上昇の事実を利用しようとしたのであり，裁判所もその意図を理解していた。

7-4　ナタールランド・コロナイゼイション株式会社の会計実務における時価情報

(1)　本訴訟事件の概要

本裁判 Bolton v. Natal Land and Colonization Co.（ボルトン氏対ナタールランド・コロナイゼイション株式会社）事件（1891 年判決）は，Lee v. Neuchatel Asphalte Co. 事件の判決内容[24]を基礎にしてその判断が行われた一例である。争点は，Natal Land and Colonization Co. が，1882 年 12 月末の決算において，土地を時価評価し，計上された土地評価益により不良債権を一括償却するため，同再評価益を全額相殺した会計処理にあった[25]。その後，1885 年にこの

23）［1889］, 41 Ch. D. p. 15.

会社が収益勘定にて利益を計上し，その利益から配当金の支払が提案された。その際に，同社の株主である Bolton 氏は，1882 年の相殺処理は土地の評価が独立の専門家による適正な助言や意見をなにも求めずに行われたもので誤りであり，しかも同社のいくつかの土地は 1885 年までにかなり減価していたこと (depreciated in value)，そしてそのような減価が 1885 年 12 月末の決算において，損益勘定の借方に記入されていたならばかなりの損失が生じて配当金に利用できる資金はなかったであろうということを申し立てた。そのうえで同氏（原告）は，提案された配当金支払を禁止することを求め，同社とその取締役（被告）を相手に訴訟を起こした。

判決は，被告勝訴であった。つまり，被告側の抗弁内容，すなわち「法廷は会社が通常定款に照らして権限踰越の何かをしたことが明らかでない限り干渉することはできないとし，本訴訟は，Lee v. Neuchatel Asphalte Co. 事件の原則の適応が可能である。会社はその資本（固定資産：佐々木挿入）を完全に維持する義務はないし，生じてしまったすべての損失をすべて補填する義務もない。したがって，これら損失が補填されるまで配当金を支払えないということもない」[26] が認められたのであった。以下で，本訴訟での争点となった土地の時価評価に関する会計処理について具体的に紹介する。

(2) 不良債権金額を相殺するに足る金額に調整された土地の時価評価差益

Natal Land and Colonization Co. は，1860 年 12 月 4 日に次の諸目的のために創立された。

---

24) この判決内容を「Lee 原則」と称することがある。すなわち，「Lee 原則」とは，資産の種類を固定資産と浮動資産ないし循環資産に分け，「固定資産については，それらの取得に関する支出のみならず，その価値下落についても，配当基金の計算にあたって，当期の収入から控除される必要がないというであった。しかし，後者の浮動・循環資産の価値切下げ，あるいはそれらを購入するための何らかの支出については，〔当期の収入からの：佐々木挿入〕控除項目として取り扱わなければならない」というものである。千葉 [1991] 184 頁。

25) Ammonia Soda Company, Limited v. Chamberlain 事件 1 Ch. D. [1918] でも過去の累積損失を相殺して，新株の発行条件を改善しようとする意図で，土地の再評価益が計上されたことが確認できる。イギリスと同様に 1920 年代のアメリカ合衆国の会計実務においても，欠損填補目的の資産再評価のケースが観察されている。斎藤 [1984] 59 頁。

26) [1892], 2 Ch. D. p. 130.

- イギリスの植民地つまり南アフリカと近隣のイギリスの領土の土地や相続財産購入，保有，処分，増築または改良，管理，耕作，植林，開拓，賃貸，又貸し，地代取立請負，販売，贈与，譲渡，交換，担保差し入れ，地代請求またはその他の取引や利益稼得行為
- 上述のイギリスの植民地または近隣のイギリスの領地で人的担保ないしは物的担保による金銭の貸付または前払い，または，前述の植民地や領土の生産物または財貨たいし商品代金の前払い，または各地に積み出しされた財貨または商品の船荷証券での金銭の貸付または前払い

また，同社の通常定款第113条は，以下のように利益配当の前に取締役が必要と考える金額を利益から控除して積み立てることを認めていた。

「113. 取締役は自ら適当と考えるならば，配当金を提案する前に，企業の利益のうちから偶発事象に備えるため，配当金を平均化するため，当該企業の営業にかかわる建造物またはその一部を修繕したり，維持するために積立資金として適当と考えるような金額をとっておくことができる。……以下省略」[27]。

本訴訟の焦点となる1882年度の決算にて Natal Land and Colonization Co. により行われた土地の時価評価の内容について同社の総務担当重役の説明によると，当該土地の時価評価額の決定にあたって，次の事項[28]が考慮された。

- 既に売却された同社の同様の土地の売価，しかもその金額は平均してそれらの土地の帳簿価額の二倍以上であった点を考慮した。
- 同社の土地と同様の土地ないしそれと合理的に比較されうる土地にたいしてイギリス政府によって固定された最低競売価格を考慮した。
- 同社の総支配人の書簡，報告書，そしてその他の書類（そこには評価額自体が明記されてはいないが）を考慮した。
- 総支配人の勧告書を考慮した。

その結果，1882年12月末の貸借対照表において，同社の土地が£360,766

---

27) [1892], 2 Ch. D. p. 126.
28) [1892], 2 Ch. D. pp. 128-129.

史料7-2 Natal Land and Colonization Co. 1882年度会計報告書（部分）

Balance Sheet
31st December, 1882

```
                                                                    Cr.
                        Assets
By Land Department : ─                                      £    s. d.
    Land-As per Schedule  ⎫
        447,190 acres     ⎬ at cost to the
    House and Town Proper-⎪ Company----£360,766  9.8.
    ties, & c.────────────⎭
        Present estimated value--------------681,053 0.0.
        But taken only at----------------------------------430,000 0.0.
                        以下省略
```

出典：千葉［1991］180-181頁に綴じ込み所収。

9s. 8d. の原価 (cost) であったところを，時価 (Present estimated value) £681,053 0s. 0d. に基づいて£430,000 の再評価金額で表示されることとなった。そのため，£69,233 10s. 4d. (£430,000 0s. 0d. ─£360,766 9s. 8d.) の増価額が時価評価益として計上されることとなり，この時価再評価益は利息・手数料未決算勘定£5,950 17s. 0d と合算され損益（勘定）計算書上で不良債権£72,326 4s. 5d. と相殺された。その結果，不良債権の一括償却額が貸倒損失として会計処理されることなく，損益計算上の費用計上が回避されたため，土地再評価をしなければ次期繰越損失となるところを，逆に配当可能利益が捻出された。さらに，ここで注意すべきは，上述のようにその時価再評価益の金額が意図的に調整された可能性が高いということである。すなわち，土地の再評価額が不良債権の金額を相殺するのに十分な金額を念頭にして，実際の時価金額£681,053 0s. 0d. よりも減額された再評価額£430,000 0s. 0d. に抑えられたのであった。この事実は，時価情報が，企業経営者の意図する配当可能利益の確保のために財務的理由によって利用されていた事実を示すものである（史料7-2）。

7-5　お　わ　り　に

　GJ鉄道の経営者にとって，迅速かつ安全な鉄道運輸サービスを提供し続けることと同時に，株主へ安定的な配当金を支払い続けることは，最も重視すべき事項であった。前者の目的を達成するためには，鉄道車両を適宜取替更新して運輸能力を改善してゆく必要があった。そのため巨額の取替資金の確保の方法が問題となったが，固定資産の減価相当額を利益から自己金融する方式が採用された。具体的には「£5,000定額方式」や「資産再評価方式」といった方法が採用された。ただし，実際の車両取替資金の積立金額の決定は，毎期ごとに支払われる一定の株式配当金を控除した超過利益レベルに影響を受けたと言わざるを得ない。一定の配当金支払が第一に優先されるため，新車両資産の取替資金の積立額の算定は配当支払後の剰余金の多寡によって影響を受けた面が強く，したがって会計という観点から見ると車両資産の減価相当額の測定は，操作され歪められていたと判断することができる。いわば，GJ鉄道の会計実務は，企業財務が会計に優先するという段階で展開され，会計方法の選択はまったくの任意であり，それは配当財源をいかに確保するかという枠みの中で，都合の良い会計方法が随時選択され適用されていた，という特徴を示していた。

　この特徴は，一般事業会社の会計実務にも当てはまり，会計情報の作成にあたり原価あるいは時価は，一定水準の配当財源の確保という経営者の意図のもとに柔軟に選択された。結果として，原価か時価かの選択は，それらを採用して提供される会計情報を望む株主とその株主の期待に応えようとする企業経営者との関係によって大きく影響を受けたということができる。

【参考文献】

浦崎直浩［2002］『公正価値会計』森山書店。
斎藤靜樹［1984］『資産再評価の研究』東京大学出版会。
佐々木重人［2010］『近代イギリス鉄道会計史』国元書房。
千葉準一［1991］『英国近代会計制度―その展開過程の探求』中央経済社。

徳賀芳弘［2011］「会計基準における混合会計モデルの検討」『IMES Discussion Paper Series』No. 2011-J-19　日本銀行金融研究所。
中村萬次［1991］『英米鉄道会計史研究』同文舘。

【参考史料】

Grand Junction Railway Company[1833-1846], General Meetings, RAIL220（7）, British Transport Historical Records, Railway Companies, The National Archives（Public Record Office）, Surrey.

【判例】

Ammonia Soda Company, Limited v. Chamberlain[1918] 1 Ch. D. 266-299.
Bolton v. Natal Land and Colonization Company[1892] 2 Ch. D. 124-133.
Lee v. Neuchatel Asphalte Company[1886-1889] 41 Ch. D. 1-28.

第8章 19世紀末からのプロフェッショナル監査における資産評価額への対応
―― 英米監査テキストに見る手続き ――

8-1 は じ め に

　プロフェッショナルとしての監査人が監査プログラム（audit program）の中でどのように貸借対照表項目の"value"を取り扱って監査手続を実施してきたのかを歴史的な観点から解明することが本章の目的である。立証活動としての財務諸表監査において，監査人は，立証すべき要素を立証するにあたって，貸借対照表項目における評価額（value）ないし評価（valuation）に様々なレベルで対応しなければならない。監査人がこれらにどのように対応するかは，どのような監査上の原則に基づいて監査業務を遂行するか，さらに，被監査会社との関係も含めて，どのような監査上の制約の中で監査業務を遂行するかに状況的に依存している。本章では，こうした"value"の問題を貸借対照表上の資産評価の問題と理解して，評価額に対する監査人の関わりについて論じていく。

　とくに本章では，1880年から1940年の期間にイギリス及びアメリカで出版された"監査テキスト"において解説され，推奨されている監査上の手順及び手続から，当時の監査人がどのようなアプローチでもって監査を実施していたのか，とくに，資産の評価額に関してどのような監査上の対応を行っていたのかを探っていく。

　なお，本章のように監査テキストを主要な史料として用いて当時の監査実務の発展を描き出そうとする方法論に対しては，監査テキストでの記述がその当

時の監査実務を反映しているといえるのかという疑問が生じよう。こうした方法論上の問題はすでに同種の先行研究でも認識され，検討されている[1]。ここでは，監査実務者としても主導的立場にあった論者による記述には当時の最善の実務 (best practice) が反映されていると見ている。さらに，本章の関心からすれば，たとえ実務として一般に用いられていない手続であったとしても，その手続を監査テキストのなかで体系的に説明しているという事実自体に史料としての価値を見出すことができる。もちろん，依然，監査人が実際にどのような監査を実施していたのかを正確につかむのは困難であるが，本章では，こうした限定を受け入れたうえで，立証方法といういわば監査思考のレベルを想定しながら議論が進められる[2]。

8-2 イギリス・プロフェッショナル監査の立証構造

(1) 初期プロフェッショナル監査
――帳簿記録の監査――

イングランド及びウェールズでの勅許会計士協会の定期刊行物である『アカウンタント』(*The Accountant*) 誌は 1874 年より発行されていたが，そこに監査の手続や監査人の義務等のトピックに関連する記事が定期的に掲載されるのは 1880 年代に入って以降のことである[3]。また，それまでは，監査実務について解説する監査テキストもほぼ出版されていなかった。

1881 年になると，卓越した会計士であったピクスリー (F. W. Pixley) が，プロフェッショナル監査における原則や実務に関して啓蒙し，関連法規定等の監

---

1) Power[1992], p. 39, Chandler *et al.*[1993], p. 444.
2) 当時の，とくにイギリスで出版されていた監査テキストにおいて，その記述の中心は，監査に必要とされる具体的な手続そのものであり，あるいは，関連のある判例法についてであり，特定業種を被監査会社とした場合の手続であった。すでに指摘されているように，そこには"全般的な"監査上の原則 (*general* audit principles) がとくに明示されずに，ただ技術的な手続が説明されている場合がほとんどであったことにはあらかじめ留意しておく必要がある (Power[1992], p. 49)。したがって，具体的な監査手続の根底にある基礎的な監査思考がいかなるものであったのかは優れて解釈上の問題となっている。
3) Littleton[1933], p. 318, 片野訳[1978]419頁，Chatfield[1977], p. 121. 津田・加藤共訳[1978] 155 頁。

査人の義務に関わる一般的な情報を提供するために,『監査人:その義務と責任』(Auditors : Their Duties and Responsibilities) を出版し,その後も多数の版を重ねることになる。しかし,わけても,プロフェッショナル監査の手続を詳細に取り扱い,その後の多くの監査テキストの範ともなったのがディクシー (Lawrence R. Dicksee) による『監査論』(Auditing : A Practical Manual for Auditors) である。1892年に初版が刊行され,19世紀末葉から1930年代にかけてイギリスで最も標準的なテキストと目されていたディクシーの『監査論』では,概略,以下のように監査全体の手順が説明されている。まず種々の帳簿間の転記 (postings) 関係を照合することから始まって,合計計算 (additions) をチェックし,さらに,バウチング (vouching:証憑照合) を実施する,こうした「機械的」(mechanical[4]) といわれる手続を実施した後,確かめられた試算表 (Trial Balance) から貸借対照表を導出するにあたっての作成手続の合理性を確かめるというものである。実際,テキスト上では,「試算表に至るまでの監査」(Auditing up to the Trial Balance) という括りで,転記照合,合計計算照合,バウチング等の手続を説明し,さらに「試算表から貸借対照表まで」(From Trial Balance to Balance Sheet) という括りで,作成される貸借対照表に対する監査上の手続を説明している。そのかぎりで,監査プロセスを「試算表に至るまでの監査」と「試算表から貸借対照表まで〔の導出に関わる監査〕」とに分けていると見なすことができる[5]。

そこでの監査人の役割は,被監査会社の帳簿記録係が帳簿記録手続を正確に実施していることをチェックすることであると理解されており,そのため,こうした監査は"帳簿記録の監査"(bookkeeping audit[6]) として特徴づけられて

---

4) Dicksee[1892], pp. 12, 14, Pixley[1897], p. 77.
5) ディクシー『監査論』初版の章立ては,第1章:導入,第2章:(試算表までの) 監査,第3章:(監査の過程で推奨すべき) 計算書作成手法,第4章:特殊な業種や業態のクライアントに対する監査上の留意点,第5章:試算表から貸借対照表まで,第6章:監査人の態度,さらに補章として,その他会社法規定や判例法に関する追加資料である。内容的に見て,第2章と第6章が監査人の業務の記述として直結しているが,第2章部分はともかくとして,第6章部分が"監査"プロセスの一部として明確に位置づけられていたかは若干不明なところがある。
6) Matthews[2006], p. 24.

いる。チャットフィールド（Michael Chatfield）は，帳簿記録係の業務に関する詳細なチェックとして特徴づけられる技術的特性が形成されたのは「監査の第一義的目的が経営者のスチュワードシップの検証とそこにおける不正の摘発であった[7]」ためであると解釈している。その場合，生起したすべての取引を調査することが有益であると考えられており，さらには，株式会社の取締役の行為及び取締役が部下に委譲した職務を執行した行為はいずれも会計記録に表われることから，取締役の行為の合法性及び誠実性を確かめるには，これらの会計記録の作成過程を追っていくことが必要とされたと解釈されている。

また，帳簿記録の監査という特性は不正の摘発という監査目的と結びつけられて議論される傾向がある。例えば，不正の摘発から財務表の検証へのイギリスにおける監査目的観の変遷プロセスについて研究したチャンドラーらは，暗に，帳簿記録の監査という特性が不正の摘発という監査目的を効果的に達成するための属性であったと見ている[8]。このような見方が適切であるとすると，当時のプロフェッショナルの監査人にとっては，作成される貸借対照表に関して何らかの独立的な立証を行っているという意識は希薄で，むしろ不正の摘発がどれだけ効果的に行えるのかという点だけが重要であったのかもしれない。しかしながら，監査技術と監査目的とは分離して議論できるというのが本章の立場である。本章では，不正の摘発という観点が強い影響因であったことは認めつつも，当時のプロフェッショナル監査がどのような前提で立証を行う仕組みを持っていたのかにつき検討していきたい。

(2) バウチング中心の監査

ディクシーは，監査人が実施すべき監査範囲に関連して，「一方で，監査人の義務は貸借対照表と帳簿との比較に限定されると主張する者がおり，また一方で，すべての取引をその源泉に溯って跡づけることが監査人の義務だとする者もいる[9]」とかなりの見解の相違があることを指摘している。さらに続け

---

7) Chatfield[1977], p. 119. 津田・加藤共訳[1978] 153 頁。ただし，訳出は，拙訳による。
8) Chandler et al.[1993], pp. 446–447.
9) Dicksee[1892], p. 7.

て,「すべての事業はそれ自体何らかの調査を実施する手段を持っていることが望ましいとは言うものの,項目のすべてを詳細に調べることは監査人にはおよそ不可能であろうことは否定しえない[10]」と必然的に試査が要請されることを指摘している。

パワー（Michael Power）は,ディクシーにおける監査範囲の問題は取引をその源泉に跡づける方向での検証業務の品質向上によって引き起されている側面があると指摘し,監査人が取引源泉に遡って行う検証をより意識するようになってそうした検証業務を拡大させたことが「項目のすべてを詳細に調べることはおよそ不可能」にさせてしまう要因となったと解釈している[11]。つまり,「個々の取引や勘定残高についてどれくらい監査を実施しなければならないのか[12]」という意味での監査の"深度"（depth）を高めていくことが,結果として「どれだけの取引や勘定残高を試査する必要があるのか[13]」という意味での監査の"領域"（scope）を限定しなければならなくなったと理解している。

実際,この意味での監査の品質を支えるための重要な手法がバウチングであった。1890年代以降,判例法上,帳簿記録を超えた監査が要求されるようになり,次第に,この観点からバウチングを重要視する思考が形成されていったと見られる。1908年の優秀論文に選ばれた「監査におけるバウチング」と題する論文では,ロンドン＆ジェネラル銀行事件（1895年）以降,監査人には帳簿記録を超えた監査が期待されていると指摘したうえで,「バウチングのプロセスは,監査人が帳簿を超えて監査を行う手段である。……このプロセスの持っている価値は一般に証憑(バウチャー)が被監査会社の完全な外部源泉から証拠を提供するという点にあり,そこでの監査人の狙いは取引の源泉（origin）に立ち戻ることであるべきである。証憑がより源泉に近づけば近づくほど,監査は効率的になるであろう[14]」とバウチングの意義を強調している。

---

10) Dicksee[1892], p. 7.
11) Power[1992], p. 48.
12) Power[1992], p. 42.
13) Power[1992], p. 42.
14) Pike[1908], p. 906.

1849年の議会委員会における会計士キルター（William Quilter）の証言[15]に見られるように，プロフェッショナル監査の最初期の段階ですでに，証憑照合であるバウチングが単純な形式的照合ではないことは認識されていた。これ自体，監査の深度との関係でバウチングの意義が意識されていたことを示唆している[16]。いずれにしても，イギリスでは，帳簿を超えた監査という観点から，バウチングに重きを置いた監査業務を行っていたと結論づけることができる。ドゥ・ポーラ（Frederic R. M. de Paula）は，バウチングの重要性について，以下のように述べている。

　バウチングはまさに監査の本質的要素であり，監査業務のうちこの部分がどれだけ有能かつ徹底的に実施されるかで監査全体の成否が決まるといえる。バウチングは，単なる現金預金出納帳との領収書の確認（inspection）を意味するのではなく，企業のすべての取引について，その取引が適切である（in order）か，適切な権限下で正当に行われたものか，正しく帳簿に記録されているかについて文書証拠その他の証拠を用いて行われる監査人が納得するにたる十分な妥当性をもった企業についての調査（examination）をすべて含んでいる。この手段によって監査人は会計帳簿を超えて監査し，その発生源泉に入帳記録を跡づけている。監査人が多様な取引の持つ完全な意味合いとその状況を確かめることのできるのはこの方法においてだけなのである。……帳簿の記入は帳簿記録係が開示することを選択した情報だけを示しているだけであって，そうした情報は，意図されてあるいは意図されずに，真実に反していることもあり，それゆえに，監査人は外部的な証拠を調べることによって真の事業の状況を確かめるしかない[17]。

このように，バウチングは，取引の調査を徹底的に，つまり，十分な深度をもって行うには不可欠な手続要素と見なされている。ドゥ・ポーラは，転記照合や合計計算照合のような簿記的照合を監査業務の大半の時間を占める機械的

---

15) British Parliamentary Papers[1849], Minute 2218.
16) Matthews[2006], p. 27.
17) de Paula[1914], p. 29.

第8章　19世紀末からのプロフェッショナル監査における資産評価額への対応　173

な業務としての"定型的照合業務"（routine checking[18]）と規定し，これとは区別されたものとしてバウチングの重要性を強調している。それに合わせて，バウチング手続についての説明はより詳細になされている。ドゥ・ポーラの監査テキストの初版では，定型的照合の手続には7頁しか当てられていないのに対して，バウチングの手続には29頁が当てられていた。第8版（1936年）においてもこうした取り扱いは全く変わることがなかった。こうした点については，同時期のスピーサーとペグラーその他の監査テキストにおいても同様の傾向が認められる。

8-3　資産の検証（verification）という観念

(1)　資 産 の 検 証

　当時のイギリスにおいても，貸借対照表は「複式簿記システム内で最終的に導出された元帳勘定に対する詳細な一覧表以上のもの」として認識されており，会社資本の構成を示し，また，配当可能利益を表わすものであることから株主にとって非常に重要なものであった[19]。こうした貸借対照表を検証するにあたっては，単なる算術的な詳細の突き合わせや証憑の簡単な調査ではその目的を十分に達成することができず，これらを超えた何らかの立証手続が必要とされる。こうした考え方から，やがて，貸借対照表が，記録された事実をすべて反映しているかということだけでなく，時点的な意味で，十分な真実を示しているかということにも特別な注意が払われるようになった[20]。こうして必要とされてきたのが資産の検証という立証手続であった。

　リトルトン（A. C. Littleton）は，1880年代において実施されていた監査手続に関して当時の会計士協会でなされた講演や『アカウンタント』誌等の会計士協会の刊行物に発表された論稿を渉猟したうえで，1880年代においても資産の検証としての監査手続は実施されていたと指摘している。しかし同時に，

---

18) de Paula［1914］, pp. 8, 22.
19) Littleton［1933］, p. 309，片野訳［1978］422頁．
20) Littleton［1933］, p. 309，片野訳［1978］422-423頁．

「その場合における監査技術は，帳簿記録の検査の場合と比べると，さほど強力ではなかったという印象[21]」であるとも述べている。

　ディクシーの『監査論』では，監査プロセスを「試算表に至るまでの監査」と「試算表から貸借対照表への導出に関わる監査」とに大別しているが，資産の検証に当たる手続についてはそのうち後者の枠内で触れられている。ディクシーは，試算表から貸借対照表を導出するプロセスについて検討するにあたって，とくに資産を評価する原則が問題とされることを指摘し，まず，資産の評価に関する自身の見解を述べている。こうした考察の後，「資産の実在性の検証」（Verifying Existence of Assets）という表題の下で，「貸借対照表に記載されている資産の実在性を裏づける証拠[22]」として，各資産項目について必要と思われる証拠資料を列挙している[23]。資産の検証にあたってはここで列挙した証拠資料を入手して資産の実在性を確かめることが推奨されるという意味であるが，初版において9つの資産項目に対する具体的な説明に要したのはテキストでわずか1頁強にすぎない（ただし，固定資産の減価償却ないし償却に関わる手続については別個所において説明されている）。ディクシーの説明は，この初版の段階では，監査人による資産の検証についてまだ消極的であった。

　しかしながら，折しも1890年代以降，監査人の責任をめぐっての判例が蓄積していく過程でこうした考え方に徐々に変化が表われてくる。具体的に，当時の裁判において，監査人が実施することが合理的であると判断された資産の検証手続として，銀行通帳の調査（1897年），インボイスの検査（1900年），小口現金の実査（1904年），貸倒引当金設定額の調査（1920年），投資証券の調査（1924年），棚卸資産の棚卸記録の調査（1932年）等が挙げられる[24]。

　こうした状況のもと，1911年のスピーサーとペグラー（E. E. Spicer and E. C.

---
21) Littleton[1933], p. 312. 片野訳［1978］427頁。ただし，訳出は拙訳による。
22) Dicksee[1892], p. 122.
23) 列挙された資産項目は，"土地及び建物"，"棚卸資産"，"投資証券"，"売掛金"，"工場・機械・設備"，"預金"，"受取手形"，"現金"，"仕掛品"の9つである。こうした説明の形式は第2版以降も変わることがなく，少なくとも1933年出版の第15版まで共通していた。
24) Chandler et al.[1993], p. 454.

Pegler)の『実践的監査』(Practical Auditing)では，ここでいう資産の検証に対して独立した一章（第5章部分）が与えられ，これが論じられている。そこでは以下のような説明がなされている。

　監査人の最も重要な義務は……貸借対照表に現れている資産の検証である。取引が帳簿に正確に記録されていれば，事業活動内で取得されたすべての資産についての証拠が帳簿上に表われているであろう。しかしながら，監査人は帳簿に示されているとおりの貸借対照表の正確性を検証するだけでは十分ではない。監査人はさらに進んで，実際の視認（actual inspection）等によって資産の実在性を検証しなければならない。資産を記録する帳簿上の記入が存在することは，たとえ監査人が記帳の算術的正確性についてバウチングしていたとしても，必ずしも資産それ自体が実在していることを証明するものではない。……[25]。

この説明では，たとえ取引が正確に記録されていたとしても，その記録の結果導出された資産〔残高〕が貸借対照表日時点で実在しているとは限らないことが強調されている。たとえどれほど適切にバウチングがなされていたとしても資産が実在していることを確かめるには十分ではなく，それゆえに，資産の検証という別系統の立証手続が必要とされるということである。スピーサーとペグラーは，具体的に，"土地及建物"から"著作権"まで12の資産項目の検証手続について説明している[26]。

ドゥ・ポーラの『監査の原理』(Principles of Auditing)もまた，資産の評価と検証に対して一章（第5章部分）を当てて，体系的に論じている[27]。ドゥ・ポーラも，スピーサーとペグラーと同様の根拠で，監査人は貸借対照表日時点に当該資産が被監査会社の所有下にあるかを確かめなければならないことを強調している[28]。新世代のカットフォース（A. E. Cutforth）の著した『監査』(Audits)では，資産の検証という括りはしていないものの，初版（1908年）か

---

25) Spicer and Pegler[1911], p. 159. 傍点は引用者による。
26) Spicer and Pegler[1911], pp. 162-184.
27) de Paula[1914], pp. 75-103.
28) de Paula[1914], pp. 75-76.

ら，貸借対照表項目に対する監査の手続を一括して説明する形式を取っており，そこで資産検証の手続について説明している[29]。また一方で，ディクシー『監査論』でも，資産の実在性の検証の手続に関する記述は，初版で1頁強であったのが，第9版（1912年）で11頁に，第15版（1933年）では15頁にまで拡大された[30]。

(2) 資産の評価額（value）に対する監査人の対応

貸借対照表上の資産の評価額に対する監査人の対応については，すでに，ピクスリーの監査テキストなどでも断片的には触れられていた[31]。資産評価額への検討は監査人の義務としてそれなりに認められていたようではあるが，それが資産の検証という観点から捉えられていたものかどうかは明らかではなかった。

ディクシーは，秘密積立金の取り扱いに関連して，「……監査人には資産の実在性の検証を省略することへの責任があるため，評価可能な資産（valuable assets）が貸借対照表から完全に除外されるのはまったく望ましくはない。……[32]」と述べているので，この点への監査人の関与を全く否定しているわけではなさそうである。ただし，その初版において，当の資産の検証の文脈では貸借対照表項目の評価額への監査人の関与のあり方について具体的に論及するところがなかった。しかしながら，1890年代以降の監査人の責任に関する判例を反映させた第5版（1902年）では，前述の「資産の実在性の検証」と題するセクションの直前に「評価額に対する責任」というセクションを挿入し，そこで，「最も議論のある点は，会社資産に設定された評価額に関わる監査人の責任の範囲である。ロンドン＆ジェネラル銀行事件の控訴審〔1895年〕での

---

29) Cutforth [1908], pp. 9-20.
30) ディクシーの監査テキストでは，スピーサーとペグラーやドゥ・ポーラのものとは異なって，資産の検証に対してとくに独立の章が設けられ体系立てて論じられることはなかった。その理由のひとつとして考えられるのは，チャンドラーらも指摘するように，監査テキストの著者は，その存命中は，いくら版を重ねたとして，監査テキストにおける当初の枠組みを容易に変更することはなかったためである（Chandler et al. [1993], p. 453）。
31) Pixley [1881], pp. 126, 141.
32) Dicksee [1892], p. 137.

見解は，合理的な注意を行使した後で，誠実に計算書類は正確であるとの見解に到達したかぎり，監査人に何ら責任を生じさせるものではないというものであるように見える[33]」との説明が加えられた。すでに判例法において資産の実在性を検証する手続が要求されるようになっていたが，その一方で，ここでは，そうした場合の評価額そのものに対する監査人の責任には限界があることを強調しているようである。しかも，この指摘は資産全般に関する見解と見られる点が重要である。なお，興味深いことに，ディクシーの死後ローランド (S. W. Rowland) によって引き継がれた第15版（1933年）ではこのセクションが完全に削除されている。

これに対し，スピーサーとペグラー『実践的監査』は，監査人の評価額へのより積極的な関与を推奨しているようである。スピーサーとペグラーは，資産の検証によって防止されなければならない不正の手法として，実在しない資産の帳簿への架空計上だけでなく，評価額の不適切な水増しが想定されるのであるから，「資産の検証という場合，資産の実在性の検証のみならず，監査人が確かめることができるかぎりでの，資産が帳簿上に表示される際の価値（評価額）の検証をも含むものでなければならない[34]」と説明している。

実際にスピーサーとペグラーが評価額の検証の場面に具体的に触れているのは投資項目と棚卸資産についてである。投資項目については，取得原価以下で表示されるべきであるとしたうえで，「証券仲介業者の買入表が，支払われた対価の十分な証拠資料になるだろう。価値減少（評価損部分）に対して引き当てを行う必要性は当該投資項目の現在の価値（present value）に関連されて検討されればよいだろう[35]」と説明している。他方で，棚卸資産に対しては「監査人は評価者（valuer）ではない。それを持ちうるか否かは別にして，棚卸資産の商取引そのものについての技術的な知識も，原則として，監査人が棚卸資産の正確な評価に対する意見を形成するには不十分である。それゆえに，会

---

33) Dicksee[1902], p. 184.
34) Spicer and Pegler[1911], p. 161.
35) Spicer and Pegler[1911], p. 168.

計帳簿の参照あるいは実際の視認によって棚卸資産の実在性を検証することは通常のところ不可能であり，投資項目のような他の資産の場合に利用可能な手法によって棚卸資産の評価額の正確性について確信を持つことはできない。したがって，棚卸資産の検証は，受け取った棚卸資産シートの正確性をテストすることによって実施されなければならない[36]」としている。このように，資産全般の検証を説明する段では評価額の検証を含むものでなければならないと説明しておきながら，棚卸資産の監査の場合には評価額の検証が多分に制約されると指摘している。

　ドゥ・ポーラは，資産の検証という観点と必ずしも直結させずにこの問題を取り扱っているようである。ドゥ・ポーラは，資産の評価に関して監査人が置かれた立場について，「実際の評価は当該資産についての実務的知識を有する企業の資本主ないし役員によってなされるものであり，監査人の義務は可能なかぎり〔会社の役員が行った〕評価をテストすることに限定されている[37]」として，監査人は自らが評価者の立場になることはなく，あくまでも被監査会社側が行った評価をテストするのが監査人の義務であることを強調している。したがって，評価が合理的な方法でなされているか，具体的には，実際に採用された評価基準が与えられて，その基準自体が合理的であるか，また，そのうえで，その基準に含まれて適用される要素，取得原価，市場価格等が適当なものであるかを確かめるのが監査人の棚卸資産評価額の検証における主要な義務とされた。

　スピーサーらとドゥ・ポーラでは，資産評価額への監査人の関与のあり方についてかなりの相違が見られるものの，監査人は棚卸資産の評価者たり得ないという前提から来る棚卸資産の評価額の検証の不可能性についての認識は共有されており，実際に棚卸資産の検証において要求する具体的な手続にはさほどの相違はなかった。スピーサーとペグラーは，資産全般として見れば，棚卸資産の検証に相応の制約があるのはあくまで例外的なことであると捉えており，

---

36) Spicer and Pegler[1911], pp. 169-170. 傍点は引用者による。
37) de Paula[1914], p. 75.

第 8 章　19 世紀末からのプロフェッショナル監査における資産評価額への対応　*179*

ドゥ・ポーラは，そうした制約があるかぎりは，資産全般の検証もそういったものとして一般化せざるを得ないと理解しているということである。しかしながら，このように根拠にはある種の見解の相違があったものの，少なくとも建前上，監査人が資産の実在性と評価額のいずれについても検証すべきであるという理解は，1930 年代にはおよそ確立していたものと見ることができる。1930 年代に出版された会計士試験受験者向けの監査テキストでは，以下のようにまとめられている。

　　記帳がなされた時点での入帳の実証（substantiation）が貸借対照表日時点での関連する資産及び負債の実在性を証明するわけではなく，また，当該資産及び負債の価値（value）ないし価額（amount）は原始記入においてのものと必ずしも同一とは限らない。監査人は貸借対照表日時点のそれらの項目の実在性と価値（評価額）を実証するさらなる任務を担っている。この業務は"検証"として知られている。……この業務は，バウチングとは区別されなければならない……[38]。

ここでの監査上の問題は，大局的には，取引を記録した継続的な帳簿記録と実際に期末時点で確認される実在状態（"事実"）のどちらが監査実施上優先されているかにある。つまり，そもそも記録の方が真正であると考えるのか，"事実"の方が真正であると考えるのか，あるいはその割合がどの程度であるのかである。

マシューズ（Derek Matthews）は，先のスピーサーとペグラーの「監査人の最も重要な義務は……貸借対照表に表われている資産の検証である」という指摘を引用しつつも，ディクシー『監査論』1904 年版で割かれている頁数から，帳簿記録の照合手続に 205 頁，資産項目の検証手続に 55 頁（1969 年版でも 128 頁，33 頁）が割かれているとして，当時，資産の検証にはあまり監査資源が投入されなかったと結論づけている[39]。さらに，それを裏づけるように，独自で行った退任会計士へのアンケート調査の結果を示している。そこでは，当

---

38) Taylor and Perry［1932］, p. 77.
39) Matthews［2006］, p. 26.

時，監査人が貸借対照表等の財務表を作成する決算代理が慣行的に行われていたことが強調されている[40]。実際，ある会計士は，第一次大戦前の状況を振り返って，「監査は80％の可能なかぎりすべての項目のチェックと20％の計算書類の作成から成り立っていた。……帳簿が貸借一致していることは原則でなく例外であった。したがって，帳簿が貸借一致していない可能性が高いという前提で監査が始められた[41]」と述べている。こうした状況が帳簿記録の照合手続に監査時間を掛けざるをえなかったひとつの理由となっていた。マシューズは，少なくとも1930年代においてもそうした傾向が残っていたことを指摘している。これが平均的な状況であったとすると，当時のイギリスにおいては資産の検証に対して十分に監査時間を割くことが難しかった側面があると指摘することができる。

8-4 アメリカ貸借対照表監査とそこにおける資産の検証

(1) "貸借対照表監査"の登場

アメリカ監査の初期の発展が1880年代末より1890年代にアメリカに渡ってきたスコットランドやイングランドの勅許会計士によってもたらされたことは知られているが，その一方で，世紀転換期頃には，アメリカの独特な環境に適合するようにアメリカ的な発展が見られるようになっていた。イギリスからアメリカに渡り，アメリカ初期会計プロフェッションの発展に大きく貢献したイギリス人会計士ディッキンソン（Arthur Lowes Dickinson）は，1902年2月のイリノイでの講演で「大規模であれ小規模であれ，株式会社の計算書類に対する独立監査の最も重要な特質は，貸借対照表における資産と負債の検証であり，適切かつ正確な減価償却率，不良債権や懸念債権に対する適切な引当額の決定である。……監査人は，……棚卸資産に付された価格（単価）を市場相場と比較することによって，……多くの場合には仕入数量及び販売数量と比較しながら期末棚卸数量を実際にテストすることによって，買掛金と棚卸資産両方の評

---

40) Matthews[2006], pp. 11-22.
41) Mosley-Roberts[1937], p. 416.

価が公正で合理的であることを確かめることができる[42]」と述べている。こうしたディッキンソンの発言にその後明らかになっていくイギリス的監査とアメリカ的監査の相違の端緒が表われていると解釈されている[43]。

1911年に出版された『アメリカビジネス便覧』(*The American Business Manual*) の「監査」(Auditing) の章では，従来からの「最終的に貸借対照表を導出することになる元々の取引に向けて行われる監査[44]」のほかに，「途中の記録手続が完全になされていることを大幅に受け入れて，資産及び負債に主たる関心を振り向ける監査[45]」があるとして，後者を「貸借対照表監査」(balance-sheet audit) と呼び，前者と区別している。ここにいう貸借対照表監査での重要な点は，取引に遡及して帳簿記録を追跡する監査アプローチではなく，照合的手続によって確認できるような帳簿記録手続の正確性には監査上重きを置かずに，むしろ最終的に導出される貸借対照表上の資産及び負債項目への検証に監査資源を集積する監査アプローチを採用している点にある。

この部分を執筆したモンゴメリー (Robert H. Montgomery) は，翌1912年の自著『監査論：理論と実務』(*Auditing : Theory and Practice*) において，貸借対照表監査での監査プログラムを中心にして，詳細に監査手続を論じている。モンゴメリーは，初めの数章で監査の目的や優位性，監査人の資質，監査人の義務等の全般的な説明をした後，実際の監査の手順に倣って，まず監査を開始するにあたって考慮すべき点を論じているが，そこで，「〔監査人が監査を開始するにあたって〕決定すべき最終的な点は，精細監査 (detailed audit) がなされるべきか貸借対照表監査がなされるべきかである[46]」と指摘している。そして，そのうちメインとなる貸借対照表監査に関して，「監査人が，すでに内部牽制システムが実際に適切であることを確かめているのであれば，別の者が正当に実施している業務を重複して行おうとはしないだろう。その場合には，監査人

---

42) Dickinson[1902], p. 747.
43) Chandler *et al.*[1993], p. 451.
44) Montgomery[1911], p. 353.
45) Montgomery[1911], p. 353.
46) Montgomery[1912], p. 80.

の義務は，資産及び負債を検証することであり，適切に表示していると監査証明できる程度に損益計算書の分析を行うことである[47]」と解説している。

モンゴメリーの『監査論』が出版されるまでは，アメリカの監査テキストにおいてもイギリスで推奨されていた取引に遡及する監査の方法（つまり，ここでの精細監査）が，そのまま継承され紹介されているにすぎなかった[48]。しかし，モンゴメリーの監査テキストが出版されて以降，モンゴメリー以外の著者による監査テキストにおいても，こうした取引に遡る監査の方法を優先して説明する伝統的なイギリス監査テキストに倣った構成ではなく，貸借対照表項目に対する監査手続を優先して説明するスタイルが主流となった[49]。貸借対照表監査という呼称もまた，他の論者による監査テキストにおいて一般に受け入れられることになった。

このような形式で説明される監査の方法は，必然的に，貸借対照表項目，そのうちとくに資産に対する検証としての監査手続をそれまで以上に強調することになった。イギリスの監査テキストでは，1930年代に入ってからも，依然として定型的照合業務とバウチングの説明に多くの頁を割いていたのに対して，アメリカの監査テキストではこれらの監査手続については触れられる度合いが少なくなっていた。イギリスで出版されていたドゥ・ポーラ著の第6版（1933年）では，定型的照合業務とバウチングの手続に対して36頁，資産の検

---

47) Montgomery[1912], p. 82.
48) モンゴメリー『監査論』以前に出版されていた監査テキストとしては，モンゴメリー自身が編集したディクシー『監査論』のアメリカ版（1905年，1909年）のほか，メッテンハイマー（H. J. Mettenheimer）の『監査人のガイド：帳簿係による不止の完全解説』（*Auditor's Guide: Being a Complete Exposition of Bookkeeper's Frauds*）（1869年，1875年〔別タイトル〕），ビーチとソーン（E. H. Beach and W. W. Thorne）の編集による『監査の学問と実務』（*The Science and Practice of Auditing*）（1903年），レン（George B. Renn）の『実践的監査：監査人のための業務マニュアル』（*Renn's Practical Auditing: A Working Manual for Auditors*）（1905年，1907年，1909年）等が挙げられる。なお，1880年代及び90年代のアメリカ監査テキストに関しては，大矢知［1971］第2章を参照されたい。
49) 例えば，コーラーとペッティンジル（Eric L. Kohler and Paul W. Pettengill）の『監査の原理』（*Principles of Auditing*）（1924年），ベル（William H. Bell）の『監査論』（*Auditing*）（1924年），カステンホルツ（William B. Castenholz）の『監査手続』（*Auditing Procedure*）（1925年）では，テキスト構成上，貸借対照表項目の検証を優先した解説がなされている。

証手続に対しては36頁が割かれている。スピーサーとペグラー著の第7版（1936年）でも，それぞれ78頁，28頁が割かれている。これに対して，アメリカのコーラーとペッティンジル著（1924年）では，定型的照合業務やバウチングを含めた基本的な監査手法の説明に12頁，資産の検証手続に64頁が当てられている。ベル著（1924年）の場合は，それぞれ48頁，175頁が割かれている。テキスト内で説明に割かれている頁数がそのままその項目に込められた重要性を表わすものと単純に解することはできないが，より詳細な手続が掲げられている項目には監査プログラムにおいてそれ相応の監査時間が当てられると想定することもできる。そのかぎりにおいて，アメリカ貸借対照表監査では，イギリス監査に比して，資産の検証手続に対しより多くの労力を割こうとしていたのではないかと見ることができる。

(2) "貸借対照表監査"における資産の検証

貸借対照表監査においては，精細監査の場合と比して，当然に資産及び負債の検証が重要視されている。モンゴメリーは，貸借対照表監査での個々の資産項目に対する監査手続を詳述していくのに先立って，「貸借対照表監査において念頭に置いておかなければならない明確な点は，資産への記録を意味する帳簿の原始記入は単なる帳簿上の記録であるにすぎず，そこには記入それ自体を最終的なものとして受け入れる上での十分な根拠は存在していないことである。帳簿記入を裏づけるデータが揃っているのかもしれないが，監査人の義務は，貸借対照表日時点で当該資産が依然として実在している（still exists），ないし，実在していた（did exist）という事実を，可能なかぎり，独立的に検証する（verify independently）ことである[50]」と説明している。このようにして，資産全般に対して，その実在性についての「独立的」な検証が強調されている[51]。

問題は，モンゴメリー『監査論』において，ストックとしての資産の評価額についての検証が具体的にどのような形で要求されているかである。モンゴメ

---

50) Montgomery[1912], p. 88. 傍点は引用者による。

リー『監査論』では，資産の評価額への関与のあり方について一般的に言及している箇所はなく，個々の資産項目に対する監査手続を説明する中で当該資産の評価額に関して監査人がどのように対応すべきかが示されているにすぎない。そこで，掲げられている資産項目の中から棚卸資産を選び，棚卸資産の検証手続に関わる説明から，モンゴメリーが監査人に対して棚卸資産の評価額についてどのような検証を要求しているのかを探っていきたい。

モンゴメリーによれば，棚卸資産の評価基準とするべきは低価基準（cost or market, whichever is the lower）であり，これが「表示されている評価額が貸借対照表日時点での本当の価値（real value）であると信ずる権利がある銀行，債権者そして株主」を欺くことのない最も安全なルールであるとされている[52]。このように，モンゴメリーは，監査人は低価基準を認められた評価基準と受け入れて評価額の検証を行うべきことを示唆している[53]。

また，モンゴメリーは，イギリスの判例では「監査人は，棚卸資産の評価額に関する責任ある立場の役員の証明書を受け入れていれば，過失責任は問われない」と判示されていると断定して[54]，これに関連して，「〔資産〕評価者としての立場にはない監査人には，棚卸資産や工場を含めて，物理的な評価

---

51) すでにモンゴメリーは，貸借対照表監査の原則のひとつとして「(1) 監査人は帳簿によって特定の時点で手許にあると示されている資産のすべてが実際に手許にあることを確かめなければならない」（Montgomery［1912］, p. 87）という点を挙げ，資産が実際に実在しているか否かを重要な監査上のポイントとしている。また，負債の検証については，「貸借対照表監査では，いかなる性質のものであってもすべての負債が計上されており，適切に表示されているか否かを確かめることが最も重要である」（Montgomery［1912］, p. 148）と述べられており，負債全般に対しては，その網羅性についての検証が強調されている。
52) Montgomery［1912］, p. 104.
53) この点については，当時の他の論者もほとんど異なることはなかった。例えば，コーラーとペッティンジルの『監査の原理』もまた，一般に認められた棚卸資産評価基準が低価基準であることを前提として，「仕入インボイスでは取得原価に関するデータが提供され，また，市場相場は業界誌から入手できる。市場価格は実地棚卸時点で形成されている平均の指値（bid price）として一般に認められている。……〔監査上〕市場価格を参照する際には値引きの問題を考慮すべきである。……また，過年度に購入した原材料の価格をチェックする場合にどのような原価を用いるべきかという問題は，通常，最新のインボイスに示されている原価を使うことで解決する。……」（Kohler and Pettengill［1924］, p. 79）と説明している。
54) Montgomery［1912］, p. 105.

第8章　19世紀末からのプロフェッショナル監査における資産評価額への対応　185

（physical valuation）について判断を下そうとする権利がないと主張する論者[55]）」とは一線を画するとして，監査人の経験と技能が可能にさせるすべてのことを行わないかぎり，監査人の義務は全うされないと主張している。

　さらに，モンゴメリーは「在庫棚卸資産の物理的状態（physical condition）や販売可能性についても考慮されなければならない[56]）」とも述べている。「品質低下が生じている，あるいは，在庫資産が時代遅れになっている，販売不能になっている場合には，当該資産はその最も重要な側面である利用可能性を失っている。……監査人は自らの直観と探求により在庫資産が良好な状態にあり，売れるものであるかどうかを判断しなければならない[57]）」と指摘している[58]）。このように比較的早期の段階でストックとしての棚卸資産の品質や状態に対する検討を意識していたのはモンゴメリー『監査論』の著しい特徴のひとつである。

　こうした棚卸資産の評価に関する議論には，その後，当時のアメリカの経済状況が関係してくる。いわゆる1920年恐慌にともなう商品価格の下落にともなって，棚卸資産の評価基準に関して幅広い議論が繰り広げられた。モンゴメリー『監査論』では，第3版（1921年）においてこうした事態への対応が反映された。第3版の序文では，「1916年の第2版公刊以来，金融上の変動と事業状況の変化は歴史上最も激しい5年間であった。われわれは今までにないインフレーションとそして部分的なデフレーションに見舞われた[59]）」と始まっている。そのうえで，「〔市場〕価値が大幅に変動している時，貸借対照表は十分かつ真実な財政状態を反映しない。……市場が上昇基調にある中，〔低価基準に

---

55) Montgomery[1912], p. 106.
56) Montgomery[1912], p. 104.
57) Montgomery[1912], pp. 104-105.
58) 実際に，モンゴメリーが棚卸資産を検証するためのルールの中で挙げた監査手続には，次のようなストックとしての棚卸資産の品質及び状態に関連するものが含まれている。「12. ……それまでに得られた知識を適用して，以下の点について確認しておく。(a) 期末在庫資産に損傷があるか，品質の低下があるか，形態が変容していないか。(b) サイズや品質について陳腐化や時代遅れとなったものがないか。……」（Montgomery[1912], p. 109）。
59) Montgomery[1921], p. iii.

よるかぎり〕監査人が自らの裁量において評価額を切り上げることができないとすれば、価格が下落し続けている時期に、なぜ、健全なる判断によって、貸借対照表日時点の見かけ上の市場価値よりも低いところまで評価額を切り下げるように求められないであろうか？[60]」と主張している。そのかぎりにおいて"取得原価と市場価値のいずれか低い方"という低価基準は拡大して解釈すべきであり、価格の傾向が激しく上昇基調ないし下落基調にある時期にはより柔軟な適用がなされるべきであるとしている。

会計事務所のなかには、1920年の商品価格の下落にともなって、棚卸資産に対する監査の手続を一部変更するところもあった。例えば、プライス・ウォーターハウス会計事務所の事務所史には、「1920年の商品価格の下落で、当事務所（プライス・ウォーターハウス会計事務所）は、在庫棚卸資産に関してクライアントから入手する書面の内容を商品の市場価値や実現可能価値、顧客に与えるコミットメントや割戻しに関するより特定の情報を含むように拡張するのが賢明であると判断した[61]」とある。このように、商品価格の下落は直接的に棚卸資産の評価額に対する監査の方法に影響を及ぼしていたと見られる。

棚卸資産の評価基準については少なからず議論があった時期であるが、棚卸資産の評価額に対する監査人の対応のあり方という面では確立した考え方が生まれてきたことも指摘されなければならない。ベル（William H. Bell）の『監査論』（*Auditing*）では、「監査人による棚卸資産数量の検証の必要性やそうした業務への監査人の適合性に関してどれほどの見解の相違が見られるとしても、棚卸資産評価についての検証は監査範囲に包含されると一般に認められていること、また、それが監査の欠くべからざる部分であることには疑念は存在しない。プロフェッショナルの監査人にはそうした評価について判断を下す資格があることにもまた疑念は存在しない[62]」としている。このように、監査人は、棚卸資産に関して、たとえ評価者の立場にはなくとも、その物理的な評価につ

---

60) Montgomery[1921], pp. iv-v. 傍点は引用者による。
61) DeMond[1951], p. 267.
62) Bell[1924], p. 157.

いて判断を下すだけの資格があるのだから，モンゴメリーの指摘したとおり，監査人の経験と技能が可能にさせるすべてのことを行わないかぎり，評価額に関わる監査人の義務も全うされることはないという考え方がより浸透するようになっていた。さらに続けて，ベルは，「評価についての検証ですべての価格（price）を調査しなければならないことはほとんどないが，通常，棚卸資産総額の少なくとも4分の1から3分の1程度については試査を行うべきである。金額の大きい項目はすべて調べるべきであり，少額の項目についても，価格付け全体の適切性に関する監査意見を形成することのできるよう，十分な試査を行うべきである[63]」としており，監査人に対して相応の監査時間を割くことを要求している。

(3) 評価額（value）と数量（quantities）

他方で，1920年代のアメリカ監査テキストでは"棚卸資産の数量（quantities）に関する検証"というカテゴリーが認識されるようになる。例えば，ベルは「棚卸資産の物量的側面（quantitative feature）についての検証が監査範囲に包含されているとは一般に認められていない。この共通した理解はプロフェッショナルの監査人にはその種の業務を行う資格あるいは準備がないという考えに基づいているようである。しかし，ほとんどではないが多くの場合，こうした見解は全く誤った考え方となる。……〔確かに〕監査人には在庫資産に精通している人物から独立して実地棚卸を行う資格はないが，この種の独立的な実地棚卸と棚卸資産を無条件で監査証明できるように数量に関して納得できるために監査人に必要とされる手続との間には明確な相違がある[64]」と指摘し，後者の手続として「物量的側面について監査証明する立場に身を置けるためには，〔被監査会社による〕在庫資産の相当部分の数量確認（counting, weighing, or measurement）が〔貸借対照表上の〕評価額に表示されているとおりであることを監視することだけは必要とされる[65]」として，棚卸資産の数量

---

63) Bell[1924], p. 157.
64) Bell[1924], pp. 152-153.
65) Bell[1924], p. 153.

に関する種々の手続について説明している。ただ，言及されている手続のほとんどは，あくまでも被監査会社によって作成される棚卸資産シート（inventory sheet）や継続記録簿からの数量を利用した手続であった。

コーラーとペッティンジルの『監査の原理』でも，「仮装利益を計上することを欲する経営者に用いられる単純な方策は，そうしたニーズに合わせて棚卸資産の数量と価格付けのどちらかを歪めることである[66]」として，棚卸資産の検証を，数量，価格付け（pricing），記録上の正確性の3分野に分類して議論している。そのうえで，ベル同様，棚卸資産数量に関する立証手続について解説している。そこでは，「時に，監査人は，監査実施中に彼の監視の下で数量確認（count）をさせることによって数量をテスト・チェックすることが可能であり，またそういったことが推奨される。ここでの数量確認は，もしあれば，棚卸資産記録と比較することができる……[67]」とも指摘されている。

こうした取り扱いは，連邦準備制度理事会や連邦取引委員会など一部の連邦機関の所管領域内で実施される実務に対する監査ガイダンスにおいても継承されている。1929年にアメリカ会計士協会から公表された『財務諸表の検証』（*Verification of Financial Statements*）では，監査人の棚卸資産に関する責任に関し，棚卸資産の「計算，合計計算，要約についての記録の正確性」，「価格付けの基礎（Basis of pricing）」，「数量，品質，状態（Quantities, quality, and condition）」の3分野に分類して規定している[68]。

このように棚卸資産に関しては，被監査会社側の価格付けについての検討という形で行われる評価額の検証と，それとは分離されたものとしての棚卸資産数量の検証という領域が識別されていた。貸借対照表に表示された棚卸資産価額を棚卸資産数量と価格（単価）とに要素分解し，それぞれを検証対象として

---

66) Kohler and Pettengill [1924], p. 75.
67) Kohler and Pettengill [1924], p. 77.
68) AIA [1929], pp. 7-11. ちなみに，「価格付けの基礎」については「監査人は棚卸資産への十分な調査を実施し……在庫棚卸資産が通常の商業実務，すなわち低価基準に準拠して評価されていることを確かめなければならない」（AIA [1929], pp. 7-8）と規定されている。

第8章 19世紀末からのプロフェッショナル監査における資産評価額への対応　189

識別したにすぎないとも理解できるが，こうした捉え方自体に当時のアメリカ監査における独特な監査思考が反映していると解釈することもできる。

　一方で，モンゴメリー『監査論』では当時の棚卸資産の監査のあり方についてどのように理解していたのであろうか。1920年から1921年にかけての不況の後，1922年から1929年の間，アメリカは未曾有の好況に恵まれた。こうして，第3版出版時（1921年）に見られた経済環境が一段落したため，モンゴメリーにとって，評価額の検証についての差し迫った監査上の問題がなくなったと見られる[69]。そこで，続く第4版（1927年）においては，「一部の会計士によって，数量の検証は一般に監査範囲に含まれるとは見なされていないとか，現在のところ，たとえ何らの限定が付されていないにしても，〔棚卸資産の〕検証では評価額しか取り扱っていないことを意味していると公衆は想定すべきであるとか，主張されている。しかし，筆者はこうした見方には与しない。明確な限定が付されていないのであれば，監査人は評価額に関して納得いくまで確かめた，そして，数量の正確性について確認するためにいかなる手法が採用されていようが，監査人は，評価額について疑問を抱かせるようなものは何も見つけなかった，と公衆は想定する権利がある[70]」との主張を前面に押し出してきた。このように，監査人が責任を負うべき棚卸資産の検証では評価額の検証のみならず数量の検証もまた必要とされ，しかも，そうした数量の検証は，評価額の検証がより徹底的に遂行できるように，補完的な役割を担うものでなければならないと指摘されている。こうした理解に基づいて，モンゴメリーは，棚卸資産の期末数量を検証する具体的な監査手続を列挙している。ここでの具体的な監査手続は，第2版までは「棚卸資産の検証のルール」(Rules for verifying inventory) として列挙されていたものであるが，すでに第3版からは「棚卸資産数量その他の要素の検証のルール」(Rules for verifying quantities and other factors) として示されているものである。第3版，第4版と，ここで示さ

---

[69] これにともなって，第3版において追加された棚卸資産の評価基準に関する詳細にわたる検討箇所の大部分が第4版では削除されている。
[70] Montgomery [1927], p. 143.

れた棚卸資産検証の手続は修正され，拡張されていったが，とくに注目すべき点は"実物にあたったテスト"（physical test）という監査人の棚卸資産への物理的接触に基づいた監査手続が少しずつ含まれるようになった点である。棚卸資産数量の検証を強調することは，監査人の棚卸資産に対する物理的接触を要求することに繋がっていた。

さらに第5版（1934年）になると，評価額の検証に関しては，「棚卸資産が貸借対照表に表示される際の価額（amount）の決定は，価額決定において用いられた価格（price）についての検証だけでなく，その価格が与えられた〔監査対象の〕貸借対照表において利用に適合したものであるかどうかの検討も含むものである[71]」との説明が加えられており，評価額の検証としては，棚卸資産評価に用いられた価格と市場価値等との間の形式的な比較だけでは不十分であることが強調されるに至っていた。

8-5 お わ り に

本章の目的は，資産の評価額に関する監査上の手順及び手続における発展プロセスを素描していくことであった。さらに，その発展の背後に立証構造上の変化があったのか，あったのであればいかなるものであったのかについて検討することであった。結論として，フローとしての帳簿記録を追跡しながら実施される転記照合や合計計算照合のような定型的照合業務も，バウチングも，ストックとしての資産を直接捉えて確認しようとする立証手続とは本来異質のものであると理解せざるを得ない。とはいえ，資産の評価額に対する検証も，ある種のモノとしての実物的意味を持った資産の側面を立証の基本的視点に据えないかぎり，必然的には生まれてこない。

イギリスとアメリカでは，こうした監査思考上の基本的前提に状況的な相違があったために，若干異なった形で資産の評価額の検証が監査人によって受け入れられていったと解釈することができる。ただ，いずれにせよ，どちらの国

---

71) Montgomery［1934］, p. 202.

においてもある一定の段階で，資産の検証が，資産の実在性，つまり貸借対照表日時点で資産が確かに実在しているのかのみならず，資産の評価額，つまり資産の評価額が貸借対照表日時点での価値を確かに反映しているのかについての検証も含むものと認識されるようになったことは間違いない。どの段階で受け入れられるにしても，資産に対して十分に物理的接触を行うのでないかぎり資産評価についてプロフェッショナルの監査人が判断を行うことはできないであろう。そうした意味で，とくに棚卸資産の監査に関して，実物にあたったテストが監査人に受け入れられるプロセスは，監査技術上だけでなく，監査思考上も，監査発展史における重要な意味を持ったものとして位置づけられる。

【参考文献】

American Institute of Accountants[1929], *Verification of Financial Statements,* United States Government Printing Office.

Bell, William H.[1924], *Auditing,* Prentice-Hall, Inc.

British Parliamentary Papers[1849], House of Lords Select Committee on the Audit of Railway Accounts, First and Second Reports and Minutes of Evidence, x, 1. Third Report and Minutes of Evidence, x, 469.

Chandler, Roy A., John Richard Edwards and Malcolm Anderson[1993], 'Changing Perceptions of the Role of the Company Auditor, 1840-1940,' *Accounting and Business Research,* Vol. 23, No. 92.

Chatfield, Michael[1977], *A History of Accounting Thought,* revised edition, Robert E. Krieger Publishing.　津田正晃・加藤順介訳『会計思想史』文真堂，1978年。

Cutforth, Arthur E.[1908], *Audits,* Gee & Co.

DeMond, C. W.[1951], *Price, Waterhouse & Co. in America : a history of a Public Accounting Firm,* The Comet Press.

de Paula, Frederic R. M.[1914], *The Principles of Auditing : A Practical Manual for Students and Practitioners,* Sir Issac Pitman & Sons, Ltd.

Dickinson, Arthur L.[1902], 'The Duties and Responsibilities of the Public Accountant,' *The Accountant,* 26 July, 1902.

Dicksee, Lawrence R.[1892], *Auditing : A Practical Manual for Auditors,* Gee & Co.

――――[1902], *Auditing : A Practical Manual for Auditors,* 5th edition, Gee & Co.

Kohler, E. L. and P. W. Pettengill[1924], *Principles of Auditing,* A. W. Shaw Company.

Littleton, A. C.[1933], *Accounting Evolution to 1900,* American Institute Publishing Co.　片野一郎訳『リトルトン会計発達史〔増補版〕』同文舘，1978年。

Matthews, Derek[2006], *A History of Auditing : The Changing Audit Process in Britain From the Nineteenth Century to the Present Day,* Routledge.

Montgomery, Robert H.[1911], 'Auditing,' in Edward M. Carney et al., *The American Business Manual Vol. III : Administration,* P. F. Collier & Son.

――――[1912], *Auditing : Theory and Practice,* Ronald Press.

――――[1921], *Auditing : Theory and Practice,* 3rd edition, Ronald Press.

――――[1927], *Auditing : Theory and Practice,* 4th edition, Ronald Press.

――――[1934], *Auditing : Theory and Practice,* 5th edition, Ronald Press.

Mosley-Roberts, A. E.[1937], 'Mechanisation and the Auditor,' *The Accountant,* 20 March 1937.

Moyer, C. A.[1951], 'Early Developments in American Auditing,' *The Accounting Review,* January 1951.

Power, Michael K.[1992], 'From Common Sense to Expertise : Reflections on the Prehistory of Audit Sampling,' *Accounting, Organizations and Society,* Vol. 17, No. 1.

Pike, Basil G.[1908], 'Vouching in an Audit,' *The Accountant,* 20 June 1908.

Pixley, Francis W.[1881], *Auditors : Their Duties and Responsibilities,* Effingham Wilson.

――――[1897], *The Profession of a Chartered Accountant,* Henry Good & Son.

Spicer, E. E. and E. C. Pegler[1911], *Practical Auditing,* H. Fouks Lynch & Co.

Taylor, E. Miles and Charles E. Perry[1932], *Principles of Auditing with one hundred questions and answers,* 5th edition, Textbooks.

岩田　巌［1954］『会計士監査』森山書店。
大矢知浩司［1971］『会計監査――アメリカにおける生成と発展――』中央経済社。
小澤康裕［2005］「19世紀末から20世紀初頭にかけての英国及び米国の監査方法の変化」『経営研究』第52号。
喜田義雄［1973］『改訂増補 アメリカ監査論』森山書店。
桑原正行［2008］『アメリカ会計理論発達史』中央経済社。
鳥羽至英［2009］『財務諸表監査：理論と制度〔基礎篇〕』国元書房。
櫻井弘蔵［1968］『会計監査論』中央経済社。
千代田邦夫［1998］『アメリカ監査論（第2版）』中央経済社。
――――［2008］『貸借対照表監査研究』中央経済社。
山浦久司［1993］『英国株式会社会計制度論』白桃書房。

第9章　伝統的時価主義会計と公正価値測定

9-1　は　じ　め　に

　意思決定有用性目的の確立にとって重要な役割を果たしたとされるアメリカ会計学会（AAA）の『基礎的会計理論のステートメント』（"A Statement of Basic Accounting Theory"（AAA[1966]）；以下ではASOBATと略称する。）公表の約10年後，「10年前に提出された『基礎的会計理論のステートメント』（ASOBAT）と同じように，会計理論について現在の考え方を調査し，抽出したステートメントを書く」（AAA[1977], p. ix, 染谷訳[1980] v頁）という任務が，「外部財務報告書概念及び基準委員会」に課せられ，その成果が『会計理論および理論承認に関するステートメント』（AAA[1977]；以下では『1977年報告書』と略す。）であった。

　『1977年報告書』では，ペイトン（Paton[1922]），キャニング（Canning[1929]），スウィーニー（Sweeney[1936]），マクニール（MacNeal[1939]），エドワーズ＝ベル（Edwards and Bell[1961]），ムーニッツ（Moonitz[1961]），スプローズ＝ムーニッツ（Sprouse and Moonitz[1962]）等が「真実利益」理論（"true income" theory）に分類されている。彼らは，新古典派経済理論及び経済行動の観察に基づいて，それまで歴史的記録及び保守的計算に専念してきた会計を，カレント・コストもしくはカレント・バリューを表すように再構築しなければならないと提案した（AAA[1977], p. 6. 染谷訳[1980] 14頁）。すなわち，彼らの所説は，時価主義擁護論であった。そして，1960年代までの米国会計理

論の歴史を振り返ると，時価主義会計理論史が，そのまま米国会計理論史といってもよいほど重要な意味を持っていたことが分かる。その意味で「伝統的時価主義会計」は，理念先行ともいうべき性格を持っていた。

　本章では，米国において1960年代まで時価主義会計論として展開され，その後，1970年代から1980年代にかけて制度化の実験が行われた時価主義会計を「伝統的時価主義会計」と呼ぶ。1980年代以降問題とされてきた金融商品等の「公正価値測定」は，インフレによる会計数値への影響を中心に修正しようとする「伝統的時価主義会計」の系譜とは異なる。つまり，変動相場制への移行や金融自由化に始まり，その後の経済のグローバル化の下でのボラティリティの増大を背景とした，別個の問題として捉えられねばならない。本章では米国における「伝統的時価主義会計」の歴史的経緯と制度化実験を概観し，それとは異質の「公正価値測定」の特徴を明らかにする。それを踏まえて，資産評価を中心に戦後の日本における時価評価および公正価値測定受容の経緯について考察する。そして，『公正価値測定及びその開示に関する会計基準（案）』において，公正価値測定の基礎にある「市場参加者の観点」が従来の評価の根底にある「企業に固有の観点」とは決定的に異質であるという点で「時価」と「公正価値」とは異なることが必ずしも明確にされていないことを明らかにする。

9-2　米国における伝統的時価主義会計の制度化実験と新金融商品プロジェクト以後

(1)　米国における伝統的時価主義会計の経緯

　米国で時価主義会計の必要性が唱えられ始めるのは，ペイトンやスウィーニーの学説が現れる1920年代以降であった。インフレ現象が当時の米国にとって実際的問題であったわけではなく，例えば，スウィーニーはドイツの1920年代のインフレに関連して評価問題を取り上げたにすぎない。米国ではその後も，インフレ自体が問題とならず，そのためスウィーニーの理論も顧みられなかった。

第二次大戦中およびその直後にインフレが激しくなり，第二次世界大戦後に，再び時価主義会計に関心が集まった。しかし，会計手続委員会（CAP）は，会計調査公報（ARB）第33号『減価償却と高コスト』（AIA[1947]）において，貨幣購買力減少の影響を反映する会計処理変更は必要ないとの結論を下した。その後，1953年に出されたARB第43号『ARB第1号から第42号までの再述と見直し』（AIA[1953]）でも，会計処理変更が必要ないことが再び確認された。

　米国の物価は，その後も上昇した。そこで，CAPのあとを引き継いだ会計原則審議会（APB）は，1961年の特別会合で貨幣単位の変動を無視することは，もはや現実的でないとの結論を出した。それに応えて，ムーニッツを中心としてインフレ問題を扱う特別委員会が結成された。続いて，会計調査研究（ARS）第3号『企業の概略的会計原則試案』（Sprouse and Moonitz[1962]）の中で貨幣価値変動会計の必要性の認識が強調されるに至った。1963年には，貨幣価値変動の影響の認識が，ARS第6号『物価水準変動の影響の報告』（AICPA[1963]）において再び強調された。そこでは，物価水準変動修正が財務諸表を利用者にとってより正確かつ有益にするとされた。

　スウィーニーの研究が約30年を経てようやく日の目を見ることになった（Whittington[1983], p.201, 辻山訳[2003] p.228）。いわば理念先行で培われてきた時価主義会計論に，その制度化の舞台が与えられた。1973年のオイル・ショック後の1974年に，米国のインフレ率は10.89％にまで上昇した（『OECD経済統計』消費者物価指数（全項目）より算定）。この継続的かつ急速なインフレの加速によって，物価変動会計への関心が一気に高まった。時価主義会計の制度化は，会計基準設定をAPBより引き継いだ財務会計基準審議会（FASB）によって進められることになる。FASBは，1974年2月にインフレによって引き起こされる問題を扱った討議資料『財務諸表における一般物価水準変動の影響の報告』（FASB[1974a]）を公表した。討議資料とその反応に基づいて，公開草案『一般購買力単位での財務報告』（FASB[1974b]）が同年の12月に公表された。当公開草案の主要な結論は，すべての企業の財務諸表が，一般購買力単位

による包括的な補足情報を含むべきであるというものであった。しかし，この公開草案は，財務会計基準書には至らなかった。

(2) 米国における時価主義会計制度化の実験

1976年3月に，証券取引委員会（SEC）による会計連続通牒（ARS）第190号『特定の再調達原価データの開示を要求するレギュレーションS-X修正採用の通知』（SEC[1976]）が公表された。それによって，SECは，特定の公開会社に対して再調達原価による補足データの提供を要求した。

SECのARS第190号の公表によってFASBは時価主義会計制度化の作業を一部延期することとなるが，1978年12月には公開草案『財務報告と物価変動』（FASB[1978b]）が公表された。続いて，1979年3月には第二の公開草案『恒常ドル会計』（FASB[1979a]）が公表された。これらの公開草案は，両者とも1974年の公開草案で勧告された一般物価変動情報の報告を提案していた。1974年の公開草案との主な相違点は，包括的修正から一部のデータについての部分修正への移行と，修正指数としてGNPデフレーターではなく全都市生活者の消費者物価指数（CPI（U））を利用するという点にあった。

その後，FASBの努力は，1979年9月の財務会計基準書（SFAS）第33号『財務報告と物価変動』（FASB[1979b]）の公表に結実する。これによって，一般物価変動修正情報と個別物価変動修正情報の両者が特定の大企業によって報告されることになった。

SFAS第33号の公表から5年後の1984年11月に，SFAS第82号『財務報告と物価変動：特定の開示の除去』（FASB[1984a]）が公表された。これによって，個別物価変動修正情報を開示する企業は，一般購買力情報の開示を要求されなくなった。1984年12月には，公開草案『財務報告と物価変動：カレント・コスト情報』（FASB[1984b]）が公表された。当公開草案は，それまでに公表された財務報告と物価変動に関する全基準書を整理統合し物価変動情報開示の最終段階を意図するものであったが，一般の反応が好ましくなかったため財務会計基準書には至らなかった。その後，より効果的で有用な物価変動修正情報の開示を目指す新しいプロジェクトが開始されたが，1980年に13.48％だっ

たインフレ率が，1982 年には 6.15％にそして 1986 年には 1.90％に下がっていった（『OECD 経済統計』消費者物価指数（全項目）より算定）。そうした中で，1986 年 9 月に物価変動修正情報の開示の要件を取り除くことを提案した公開草案（FASB[1986a]）が公表され，同年 12 月に SFAS 第 89 号『財務報告と物価変動』（FASB[1986b]）となり物価変動修正情報の開示は任意となった。このように，80 年代に入ってからのインフレの終息等もあって FASB による時価主義会計制度化の実験も事実上，中止されるに至った。

(3) 新金融商品プロジェクトと公正価値測定

「資産負債アプローチ」への移行が行われた 70 年代後半当時は，80 年代の新金融商品の急成長期以前であるため，新金融商品がもたらす問題が当該移行の直接的原因であったわけではない。70 年代には，今日最も重要な会計問題である金融資産・負債の会計処理は，当該移行の範囲外の問題であった。

新金融商品プロジェクトは 1986 年に始まった。1990 年に SFAS 第 105 号『オフバランスリスクを伴う金融商品，並びに信用リスクの集中を伴う金融商品に関する情報の開示』（FASB[1990]），1991 年に SFAS 第 107 号『金融商品の公正価値に関する開示』（FASB[1991]）が公表された。

SFAS 第 107 号では，金融資産・負債の公正価値評価により，金融資産を保有し，あるいは金融負債を負っている期間中の公正価値の変動，すなわち市場の利回りの変動により，企業の経済的資源の利用効果を最大にし，金融費用を最小にすることについての経営者の意思決定の成果とその成功度とを評価することができるとされている（FASB[1991], para. 44）。

1993 年には SFAS 第 115 号『特定の負債証券及び持分証券への投資の会計処理』が公表された（FASB[1993]）。これによって，すべての事業体の保有する有価証券のうち満期保有目的以外のものについて公正価値評価が要求されることになった。売却目的等の有価証券については公正価値評価，満期保有目的のものについては原価（償却原価を含む）評価という，SFAS 第 115 号で確立されたいわゆる「混合モデル」が，その後，国際会計基準をはじめ日本等他の国でも会計基準の主流となった。

1989年に国際会計基準委員会（IASC）とカナダ勅許会計士協会（CICA）は，金融商品の認識，測定，開示についての包括的な基準を作成するための共同プロジェクトを開始した。そして，IASC は，1991年9月に公開草案（E40）（IASC[1991]）を公表した。これに対する広範な批判により，IASC は，1994年に再公開草案（E48）（IASC[1994]）を公表した。これに対しても批判的反応が強かったため，IASC と CICA の理事会はプロジェクトを2段階に分けることを決定し，まず IAS32『金融商品：開示及び表示』（IASC[1997]）を1997年に公表した。

金融商品の認識，測定については，1997年3月に，IASC と CICA のディスカッションペーパー『金融商品及び金融負債の会計処理』（IASC/CICA[1997]）が公表された。その提案は，企業は，当初認識以降，金融商品および金融負債を公正価値で測定すべきであるというものであった。さらに，2001年には，オーストラリア，カナダ，フランス，ドイツ，日本，ニュージーランド，北欧5カ国，英国，アメリカ合衆国および IASC の会計基準設定主体または職業団体から構成される金融商品ジョイント・ワーキンググループ（JWG）によってドラフト基準『金融商品及び類似項目』（JWG[2001]）が公表された。当ドラフト基準は，ほとんどすべての金融商品を公正価値で測定することを内容としていた。

そして，2006年9月に FASB より SFAS157号『公正価値測定』（FASB[2006]）が公表され，これをベースとして2009年5月に国際会計基準審議会（IASB）により『公正価値測定』の公開草案が公表された。さらに，IASB と FASB は，2011年5月12日に，国際財務報告基準（IFRS）と米国会計基準（US GAAP）における公正価値の測定と開示要求に関する新しいガイダンスを公表した。このガイダンスは，IFRS 第13号『公正価値測定』（IASB[2011]）及び FASB の会計基準コード化体系のトピック820（従来は SFAS 第157号）の更新の中で示されている。

9-3 「企業固有の観点」対「市場参加者の観点」

　将来のキャッシュ・フローの割引計算自体は，金融イノベーションに固有のものではない。経済学者フィッシャー（I. Fisher）の所得概念は，将来のキャッシュ・フローの割引計算によるものであり（Fisher[1906]），その後，それを直接会計に導入しようとする試みも行われた。キャニング（J. B. Canning）の研究（Canning[1929]）や西ドイツ（当時）における経済的利益概念（economic concept of income）の展開がそれである。当時，経済的利益は，「確実性下の利益概念」として，利益概念の「理想型」とされ，経済的利益は，基本的な複利割引原則に基づいて，割引かれた将来の正味現金受取額を基礎として資本を評価する。適切な割引率の選択や，割引のために必要な将来の効用を予測しなければならないという理由から利益や資本に対する経済学的アプローチは，会計専門家が認めがたい主観的な判断と見積を基礎としているといわれた（Lee[1974], pp. 11-12, 三木訳［1979］15 頁）。実際の企業は，確実性の下で営業活動を行なっているわけではない。その結果，将来のキャッシュ・フローに関する予測は，企業利益の算定の基礎としては会計専門家には承認し得ないものと考えられていた（Jaedicke and Sprouse[1965], p. 25, 古川監訳［1968］34 頁）。

　伝統的時価主義会計における会計数値のインフレ修正については，一般物価変動修正であれ個別物価変動修正であれ，いずれも原価データの修正が中心であった。これに対して，金融商品の公正価値評価については原価データの修正ではなく市場価格の価格決定方法を適切に反映する評価技法によって実施される。金融イノベーションの重要なポイントの1つは，金融取引を将来のキャッシュ・フローとして把握し，これを妥当な割引率で割引くことにより現在価値として認識することにある（マートン／大野編［1996］9頁）。

　金融商品に観察可能な市場価格がない場合であっても，その公正価値は資本市場の価格決定原理と現在の市況に関する情報とを織り込んだ技法を利用して見積ることができる。そうした技法は，市場の価格決定過程でもしばしば利用されており，広く入手可能なソフトウェアにより合理的なコストで多くの種類

の計算が可能になっている。したがって，金融商品等の公正価値評価は，理念先行であった伝統的時価主義会計とは大きく異なる。

　IASBとFASBによって概念フレークワークの共同プロジェクトが進められ，一部が確定し（FASB[2010]），その他の一部については公開草案が公表されているが（IASB/FASB[2010]），それらは「意思決定有用性」を重視する「公正価値アプローチ」（Fair Value View）を反映したものであるといわれる（Whittington[2008], p. 157）。

　「公正価値アプローチ」は，財務報告を「意思決定有用性目的」の観点から理解するものである。市場が相対的に完全・完備であり，そうした環境において財務報告は現在市場価格から得られる公正価値の報告によってパッシブな投資家や債権者のニーズを満たすべきだと仮定している（Whittington[2008], p. 139）。

　「公正価値アプローチ」の主要な特徴の1つとして，「市場価格は，キャッシュフロー潜在力の詳しい，企業固有でない推定を与えるべきであり，そして市場は，一般に，この基準に基づく表現の忠実性ある測定の証拠を提供するのに十分完全かつ効率的である。」と述べられている（Whittington[2008], p. 157）。「公正価値アプローチ」は，「資産負債アプローチ」における「利益標準化は，企業の収益力の査定の一部として財務諸表の利用者の責務であり，財務諸表の作成者の責務ではないと考えられる。」（FASB[1976], p. 20）という観点に呼応する。

　これに対して，ウィッティントン（Whittington, G.）等の所説は，財務報告が「受託責任」（Stewardship）を独立した目的とすべきという世界観を基礎としている（Lennard[2007], Whittington[2008]）。ウィッティントンは，「受託責任」という名称が，例えば取得原価主義指向といった特定の手続きとのリンクを連想させるという理由から（Whittington[2008], p. 157），当世界観を「代替的アプローチ」（Alternative View）と名付けているが，本章では，「受託責任アプローチ」（Stewardship View）と呼ぶこととする。

　「受託責任アプローチ」は，市場は相対的に不完全・不備で，そうした市場

環境において財務報告は，報告企業に実際利用可能な機会を反映する企業固有の測定（entity specific measurement）を利用して，過去の取引・事象の報告によって現在株主による監視要請（受託責任）を満たすべきだと仮定する（Whittington[2008], p. 139）。「企業固有の測定」は，「収益費用アプローチ」における「財務諸表の作成者がその利用者よりも標準化を行うには有利な位置にいる」（FASB[1976], p. 20）という観点に呼応するものである。

「受託責任アプローチ」の主要な特徴の1つとして，「経済環境は，市場機会が企業固有である不完全・不備な市場の1つである。」と述べられている（Whittington[2008], p. 159）。また，「受託責任アプローチ」の含意の1つとして，「財務諸表は特定企業の財務的業績と財政状態とを反映すべきであり，企業固有の仮定は，これらが，企業に利用可能な実際の機会を反映するとき前提とされるべきである。」と述べられている（Whittington[2008], p. 159）。

基本的に，伝統的時価主義会計は，「インフレーション」会計であり，例えば，インフレーションがもたらす資源の配分への影響を取除くことに目的があった。これに対して，国際的会計基準では，公正価値の定義に基づく価格は，出口価格であり，それは市場参加者の観点からみた資産に関連する将来キャッシュ・インフローおよび負債に関連する将来キャッシュ・アウトフローについての現在の期待を示すとされている。

「公正価値アプローチ」と「受託責任アプローチ」にまつわる対立点は，単なる会計処理という手続的レベルの対立ではなく，その根底にある「市場参加者の観点」対「企業固有の観点」という価値観のレベルに起因する。この会計の基本的前提の相違は，「資産負債アプローチ」と「収益費用アプローチ」の相違に遡ることができる。

9-4　日本における戦後の時価評価および公正価値測定受容の経緯

日本では，会社規制型会計としての会社法（商法）会計と資本市場指向型会計（capital market-oriented accounting）としての金融商品（証券）取引法会計と

が併存している。第 2 次大戦後の企業会計および会計学にとって，両者の調整は重要な課題であった。しかし，あらためてその経緯を振り返ってみると，商法会計とは別個の証券取引法会計のフィールドで中間財務諸表やキャッシュフロー計算書の導入，あるいは有価証券の時価情報開示といった実験を行うことができた。また，商法会計サイドでも，いわば，証券取引法会計のフィールドで実験済みの制度，例えば公認会計士監査や連結財務諸表といった制度を準用する形で，自らのフィールドに会計監査人監査や連結計算書類を導入することが可能であった。第 2 次大戦後のこうした両体系間の相互作用と棲み分けは，日本の企業会計の近代化に対して重要な役割を果たしてきたことは明らかである（久保田［2010b］参照）。

　また，商法とは別個のフィールドで，商法を補完するものとして会計基準が制定されるというやり方は，1930 年代の商工省臨時産業合理局による「財務諸表準則」，「財産評価準則」および「製造原価計算準則」に始まり，1940 年代の企画院による「製造工業原価計算要綱草案」および「製造工業財務諸表準則草案」（以下では企画院「準則草案」と略す）や第 2 次大戦後占領期の経済安定本部企業会計制度対策調査会による「企業会計原則」および「財務諸表準則」等（以下では安本「原則」と略す），そして独立回復後の企業会計審議会による「原価計算基準」および「連結財務諸表原則」等において継承された（久保田［2008］参照）。さらに，企画院「準則草案」では，資本金等の基準により，また，安本「原則」以降は，上場会社というように大規模な会社を実験場として日本の会計近代化が進められてきた（久保田［2001］199 頁参照）。以下では，日本における時価評価から公正価値測定に至る経緯を概観してみよう。なお，引用条文等の一部については，片仮名を平仮名に換え，漢字の送り仮名を補足し，句読点を付す等により，読みやすくしている。

(1)　企業会計原則（1949 年）

　第 2 次大戦後の占領期に総司令部（SCAP/GHQ）による「工業会社及ビ商事会社ノ財務諸表作成ニ関スル指示書」の改訂作業と日本の「企業会計基準法」

構想とが合流するような形で企業会計制度対策調査会（以下では「調査会」と略称する。）を経済安定本部内に設置することが1948年（昭和23年）6月29日に閣議で決定された（久保田［2010a］参照）。そして，1949年（昭和24年）7月9日，「調査会」は，「企業会計原則」と「財務諸表準則」を中間報告として発表した。

「企業会計原則」及び「財務諸表準則」と共に公表された「企業会計原則の制定について」において，「企業会計原則」の目的の一つとして以下のものが挙げられている。

「企業会計原則は，将来において，商法，税法，物価統制令等の企業会計に関係ある諸法令が制定改廃される場合において尊重されなければならないものである。」

この点について黒澤清は後に次のように述べている。

「周知のように企業会計原則は，商法の改正にさきだち，商法における会計に関する規定の改正に対する勧告書の意味を含めて公表されたものである。すでにのべたようにこの勧告は，充分には考慮されなかったけれども，幾分かは反映されたのである。（傍点久保田）」（黒澤［1954］3頁）

「企業会計原則」において，最初の1949年版では，市場性ある有価証券の評価について次のように規定されていた。

「市場性ある有価証券にして，一時的所有のものは原則として，時価により評価する。但し，市場の状況等を勘案し，適当な減価を考慮して評価することができる。（貸借対照表原則，5B）」（傍点久保田）

この規定は，1954年（昭和29年）の修正の際は，ほぼそのまま踏襲されたが，1963年（昭和38年）の修正の際には，1962年（昭和37年）の改正商法に合わせて以下のように規定された。

「市場性ある有価証券で一時的所有のものは，原則として，取得原価で記載する。但し，有価証券の市場価格が著しく下落し回復可能でないと認められるときは，時価まで価額を引き下げなければならない。

市場性ある有価証券で一時的所有の時価が取得原価よりも下落した場合に

時価によって評価する方法を採用することができる。(貸借対照表原則, 5B)」(傍点久保田)

1950年(昭和25年)には,「財務諸表準則」を基礎に「企業会計原則」の一般原則の一部を取り込んで,「財務諸表規則」(証券取引委員会規則第18号)が制定された。

1950年5月に,「調査会」は,「経済安定本部設置法の一部を改正する法律」の公布によって法制化され,名称も企業会計基準審議会に改められた。同年7月には,この企業会計基準審議会によって「監査基準」及び「監査実施準則」が公表され,1951年(昭和26年)には,「財務書類の監査証明に関する規則」(証券取引委員会規則第4号)によって「監査基準」の一部が法制化された。日本の会計制度にとって長年の課題であったフルセットの会計近代化が「企業会計原則」,「財務諸表規則」および「監査基準」等によって実現した。なお,同審議会は,1952年(昭和27年)7月,行政改革に伴い経済安定本部が経済審議庁に改組された折に,大蔵省の所管となり,名称も「企業会計審議会」と改められた。

これらを基礎にして,証券取引法に基づく会計制度監査が,戦後占領期に初度監査(1951年)から第2次監査(1952年)まで,独立回復後に第3次監査(1952年)から第5次監査(1956年)まで行われた(久保田[2009]参照)。そして,1957年(昭和32年)1月1日以降に始まる事業年度から正規の財務諸表監査が実施された。

商法改正に当たっては「企業会計原則」が尊重されなければならないといっただけでは不十分という理解から,商法改正についての具体的勧告として1951年に企業会計基準審議会によって「商法と企業会計原則との調整に関する意見書」(以下では「商法調整意見書」と略称する。)が公表された。

第1から第14までの項目のうちの第8は,「財産の評価」に関する以下のような勧告であった。

「第285条の財産評価に関する特則によれば,営業用の固定資産についてはその取得価額または製作価額を超ゆる価額を附することを得ずとして原価

主義をとり，取引所の相場ある有価証券についてはその決算期前1月の平均価格を超ゆる価額を附することを得ずとして時価主義（または時価以下主義）をとっているが，この評価規定は甚だ不充分であり実状に適しないものであるから，これを次のとおりに改めること。
1 『財産目録に記載する営業用の固定資産』という文言のうち『財産目録』を削除して『貸借対照表』とすること。
2 固定資産の評価は，第281条の計算書類の作成目的上原価主義により，減価償却をすること。したがって，取引所の相場のある有価証券についても，投資（長期投資）の目的で所有するものの評価は原則として取得原価を基準とすること。
3 流動資産の評価は，棚卸資産，有価証券およびその他の流動資産とに区別し，棚卸資産については原価主義または低価主義の選択をみとめ，取引所の相場のある有価証券（短期投資の目的で所有するものに限る）については時価主義をみとめ，その他の流動資産については原価主義を原則とする。」

当時の商法改正委員会委員 矢澤惇は，「商法調整意見書」による勧告は，「要望しているとおりに取り入れられたかどうかは，多少問題がある」としながらも，原則的には商法の1962年改正と1974年改正とでほとんど全部取り入れられたといってよいと思うと述べている（新井ほか [1978] 23頁）。しかし，その結果，「商法が会計原則を取り入れたその瞬間に会計原則はセミの抜け殻」（新井ほか [1978] 24頁）のようになるという事態を招来した（千葉 [2004] 9頁参照）。

(2) 「企業内容開示制度における物価変動財務情報の開示に関する意見書」（1980年）

1973年の石油危機以後の世界的物価高騰の下で，物価変動が企業会計に与える影響を分析し，その変動の影響に関する情報開示の意義を明らかにする「企業内容開示制度における物価変動財務情報の開示に関する意見書」が1980年5月に公表された。そこでは，アメリカ，イギリス，西ドイツの動向が紹介

され，日本における物価変動に関する情報開示の方向性を示唆しようと試みられたが，日本で制度化されることはなかった。そもそも当意見書が公表された1980年代は，インフレ自体が終息しつつあった。

　当意見書は，物価変動が企業会計に与える問題点として，次の4つを挙げている。

① 非貨幣資産の評価額について，経済的実態を的確に反映した数値に関する情報が不足する。
② たな卸資産および減価償却資産の保有に係る損益と操業による損益とが区別して示されない。
③ 減価償却資産の再取得に必要な資金が十分回収留保されているかどうかについての情報が不足する。
④ 物価変動に伴う貨幣購買力の変動が企業会計に与える影響に関する情報が提供されない。

　上掲の問題点からも分かるように当意見書は，伝統的時価主義会計に属する立場を採り，取得原価主義会計の問題点を克服する提案を内容とするものであった。但し，貨幣購買力の変動を示す指標に何を選ぶべきかとか，現在原価そのものを客観的に求め難いといった伝統的時価主義会計を制度として実施する際の問題点も指摘していた。そして，物価変動に関する財務情報開示の内容と方法についての社会的合意成立の前段階としての検討を要望するに留まるもので，具体的制度化を進言するものではなかった。

(3) 「金融商品に係る会計基準」(1999年)

　1971年の変動相場制への移行によって為替リスクという問題が新たに生じ，また，金融政策のターゲットが金利から貨幣供給量に移行することにより，金利の変動も著しくなった。これらの状況に対処すべく，コンピューター・テクノロジーの発展，それに伴う世界のマネー市場のリンク，リスク評価技法の開発等によってリスクをヘッジするための新たな金融商品が生み出されてきた。これらの金融商品の評価が企業会計の新たな課題となりつつあった。

　金融商品に関する会計基準として，企業会計審議会は，まず，1990年（平

成2年）5月に「先物・オプション取引等の会計基準に関する意見書等について」を公表し，先物取引，オプション取引および市場性のある有価証券について時価情報の開示基準等を整備した。その後，先物為替予約取引およびデリバティブ取引全般について，時価情報開示の拡充が行われた。

そして，1998年（平成10年）6月に「金融商品に係る会計基準に関する意見書（公開草案）」，翌1999年1月に「金融商品に係る会計基準に関する意見書」がそれぞれ公表された。当意見書の「意見書の位置づけ」において「資産の評価基準については『企業会計原則』に定めがあるが，金融商品に関しては，原則として，本基準が優先して適用される。」と述べられている。

当意見書では「時価」について以下のように定義している。

「時価とは公正な評価額をいい，市場において形成されている取引価格，気配または指標その他の相場（以下，『市場価格』という。）に基づく価額をいうこととした。また，デリバティブ取引等において，個々のデリバティブ取引について市場価格がない場合でも，当該デリバティブ取引の対象としている何らかの金融商品の市場価格に基づき合理的に価額が算定できるときには，当該合理的に算定された価額は公正な評価額と認められる。」（Ⅲ 金融商品に係る会計基準の要点及び考え方，一 金融資産および金融負債の範囲等，2時価）。

上掲の定義で明らかなように，当基準における時価は，伝統的時価主義会計におけるそれとは異なり，欧米の「公正価値」に相当するものである。しかし，「時価」という用語は，その後も，「固定資産の減損に係る会計基準」（2002年），「企業結合に係る会計基準」（2003年），「賃貸等不動産の時価等の開示に関する会計基準」（2008年）等において使用されている。

なお，2002年（平成14年）商法改正では，1962年改正で商法に持ち込まれた，資産評価規定や繰延資産，引当金等に関する規定，及び一部繰延資産の準備金超過額と資産評価益による純資産増加額を貸借対照表上の純資産額から控除する旨の規定が「商法施行規則」（法務省令）に委任された。省令委任の趣旨として「商法のほうが遅れをとってしまって証券取引法会計の変更が遅れるといった事態が生じないようにしようという趣旨」が法務省の当時の担当官に

よって挙げられている（神田ほか［2003］8頁）。つまり証券取引法会計の実体規定である「企業会計基準」の，金融のグローバル化に伴う整備に対して，商法が足枷にならないよう配慮されたのである。これは，グローバル・スタンダードとしての「企業会計基準」と国内法との関係が大きく変化したことを意味する。

そして，2006年に施行された「会社法」及び「会社計算規則」（法務省令）では，具体的規制に関しては，「企業会計基準」に委任されることになった。

9-5 おわりに

企業会計基準委員会（ASBJ）は，2010年7月に「公正価値測定及びその開示に関する会計基準（案）」を公表した。当基準案では，その公表に至る経緯として，上述の，2006年9月にFASBよりSFAS157号「公正価値測定」が公表され，これをベースとして2009年5月にIASBにより「公正価値測定」の公開草案が公表されたことを紹介している。また，金融危機に対するIASBとFASBによる対応を踏まえ，2009年8月に「公正価値測定及びその開示に関する論点整理」が公表され，更なる検討後，当基準案がASBJによって公表された。

当基準案では，日本における「時価」と国際的な会計基準における「公正価値」の会計基準上の考え方には大きな差異はないとして，以下のように規定している。

「本会計基準は，公正価値に関する会計処理及び開示について適用する。この際，他の会計基準等で『時価』が用いられているときは，『公正価値』と読み替えてこれを適用する。」(para. 3)

「時価」と「公正価値」との相違は明確にされていないし，「結論の背景」では以下のような意見さえ紹介されている。すなわち，国際的会計基準では，公正価値の定義に基づく価格は，出口価格であり，それは市場参加者の観点からみた資産に関連する将来キャッシュ・インフローおよび負債に関連する将来キャッシュ・アウトフローについての現在の期待を示すとされている（para. 30,

傍点久保田)。一方，我国における時価の概念にはこのような観点は示されていないが，国際的な会計基準の考え方と同様に移転概念に基づく出口価値とするよりは，むしろ入口価値を用いた方が適切な場合があるのではないかという意見があるとされる（para. 31，傍点久保田）。

また，公正価値を算定するにあたっては，市場参加者の仮定を用いるとされているが，観察可能な取引が存在しない場合において，市場参加者の観点から公正価値を見積るにあたっては，企業の能力や意思が大きく影響することが避けられず，結果的には，固定資産の減損会計における「使用価値」の様な企業に固有の観点による見積りと実質的に変わらないのではないかといった意見もあるとされる（para. 36，傍点筆者）。

最終的には，市場参加者の観点によるのか企業に固有の観点によるのかは，概念的には重要な相違であり，公正価値は企業固有の観点による見積りとは区別すべきものであるため，観察可能な取引が存在しない場合においても，市場参加者の仮定を用いる必要があると結論付けられてはいる（para. 36，傍点久保田）。しかし，公正価値測定の基礎にある「市場参加者の観点」が，従来の評価の根底にある「企業に固有の観点」とは決定的に異質なものであるという理解が不十分なようにも思われる。「市場参加者の観点」と「企業に固有の観点」との対立点については，科学史家クーン（Kuhn, T. S.）が物理学の歴史における変化について「パラダイム」という概念を使って以下のように説明したことが妥当するように思われる。

「対立するパラダイムの主張者たちが，お互いの観点を完全に接触させることができないのはなぜか，その理由について，これまでいくつか述べてきた。全体として言うと，このような理由は，革命前と革命後の通常科学の伝統の間に同一の規準で測れないものがあるからだと言えるが，ここでは手短かにいくつかの理由をもう一度数えあげてみよう。まずはじめに，対立するパラダイムの主張者たちは，パラダイムの候補が解決しなければならない問題のリストについて，一致をみないことが多い。科学についての彼らの規準や定義は同一ではない。(傍点久保田)」（中山訳［1971］167頁）

例えば，発行企業が自身の負債を公正価値で測定することを選択したことにより生じる，純損益の変動性の問題，いわゆる「自己の信用」の問題について，それ自体は「市場参加者の観点」からすれば当然のことであるが，「企業に固有の観点」からすれば違和感があるということになる。公正価値測定に関する議論の前提として，従来の時価評価と公正価値測定との根底には，それぞれ「企業に固有の観点」と「市場参加者の観点」という相容れない価値レベルでの相違の存在することが明確に意識される必要がある。すなわち，公正価値測定とは「市場参加者の観点」という点で，従来の評価とは全く異質のものである。そして，「企業固有の観点」の下に行使されかねない恣意的測定の排除が公正価値測定の目的なのである。したがって，「時価」を「公正価値」と読み替えるという措置は，そうした異質性を相対化しかねないと考えられる。

【参考文献】

AAA［1936］, "A Tentative Statement of Accounting Principles Affecting Corporate Reports", *Accounting Review,* pp. 187–191. 中島省吾訳［1964］『増訂 A.A.A. 会計原則』中央経済社。

────［1941］, "Accounting Principles Underlying Corporate Financial Statements, *Accounting Review,* June 1941, pp. 133–139. 翻訳同上書。

────［1948］, "Accounting Concepts and Standards Underlying Corporate Financial Statements", *Accounting Review,* pp. 339–344. 翻訳同上書。

────［1957］, "Accounting and Reporting Standards for Corporate Financial Statements, 1957 Revision, *Accounting Review* October 1957, pp. 536–46. 翻訳同上書。

────［1966］, *A Statement of Accounting Basic Theory.* 飯野利夫訳［1969］『アメリカ会計学会基礎的会計理論』国元書房。

────［1969］Committee on External Reporting-An Evaluation of External Reporting Practices-A Report of the 1966–68 Committee on External Reporting, *Accounting Review* 44（Supplement, 1969）. 法政大学会計学研究室訳［1973］『基礎的会計理論の展開』同文舘出版。

────［1977］, *A Statement on Accounting Theory and Theory Acceptance.* 染谷恭次郎訳［1980］『会計理論及び理論承認』国元書房。

AIA, Committee on Accounting Procedure［1947］, *Accounting Research Bulletin* No. 33, "Depreciation and High Costs".

────[1953], ARB No. 43, "Restatement and Revision of Accounting Research Bulletins Nos. 1-42". 渡邊　進・上村久雄共訳［1959］『米国公認会計士協会編 会計研究公報・会計用語公報』神戸大学経済経営研究所.
AICPA, Accounting Research Division[1963], ARS No. 6, *"Reporting the Effects of Price-Level Changes"*. 片野一郎監訳［1972］『物価水準変動財務報告』同文舘出版.
────[1970]Statement No. 4 of APB, *Basic Concepts and Accounting Principles Underlying Financial Statements of Business Enterprises*. 川口順一訳［1973］『アメリカ公認会計士協会 企業会計原則』同文舘出版.
────[1973-1974], *Objectives of Financial Statements*. 川口順一訳［1976］『財務諸表の目的』同文舘出版.
Anthony, Robert N.[1984], *Future Directions for Financial Accounting*. 佐藤倫正訳［1989］『アンソニー財務会計論』白桃書房.
Canning, J. B.[1929], *The Economics of Accountancy*, New York.
Edwards, Edgar O. and Philip W. Bell[1961], *The Theory and Measurement of Business Income*, University of California Press. 中西寅雄監修，伏見多美雄・藤森三男訳［1964］『意思決定と利潤計算』日本生産性本部.
FASB[1974a], *Discussion Memorandum "Reporting the Effects of General Price Level Changes in Financial Statements"*.
────[1974b], *Exposure Draft-Financial Reporting in Units of General Purchasing Power*.
────[1976], *Scope and Implications of the Conceptual Framework Project*. 森川八洲男監訳［1988］『現代アメリカ会計の基礎概念』白桃書房.
────[1978a], *Statement of Financial Accounting Concepts No. 1*."Objectives of Financial Reporting by Business Enterprises". 森川八洲男監訳［1988］『現代アメリカ会計の基礎概念』白桃書房，平松一夫・広瀬義州共訳［2002］『FASB財務会計の諸概念〔増補版〕』中央経済社.
────[1978b], *Exposure Draft-Financial Reporting and Changing Prices*.
────[1979a], *Exposure Draft-Constant Dollar Accounting*.
────[1979b], *SFAS No. 33,* Financial Reporting and Changing Prices. 日本公認会計士協会国際委員会訳［1987］『米国FASB財務会計基準書物価変動会計他』同文舘出版.
────[1980], *Statement of Financial Accounting Concepts No. 2.* "Qualitative Characteristics of Accounting Information". 平松・広瀬訳［2002］上掲書.
────[1984a], SFAS No. 82, *Financial Reporting and Changing Prices : Elimination of Certain Disclosures.*
────[1984b], *Exposure Draft-Financial Reporting and Changing Prices : Current Cost Information.*

[1986a], *Exposure Draft-Financial Reporting and Changing Prices.*
　　　　　[1986b], SFAS No. 89, *Financial Reporting and Changing Prices.*
　　　　　[1990], SFAS No. 105, *Disclosures of Information about Financial Instruments with Off-Balance-Sheet Risk and Financial Instruments with Concentrations of Credit Risk.*
　　　　　[1991], SFAS No. 107, *Disclosures about Fair Value of Financial Instruments.*
　　　　　[1993], SFAS No. 115, *Accounting for Certain Investment in Debt and Equity Securities.*
　　　　　[2006], SFAS No. 157, *Fair Value Measurement.*
　　　　　[2010], *Conceptual Framework for Financial Reporting* : "Chapter 1, The Objective of Financial Reporting, and Chapter 3, Qualitative Characteristics of Useful Financial Information".
Fisher, Irving[1906], *Income and Capital,* in : Parker, R. H, Harcourt, G. C. and Whittington, G. [1986] *Readings in The Concept and Measurement of Income,* 2nd ed., Oxford.
IASC[1990] International Accounting Standard No. 32, *Financia Instrments-Disclosure and Presentation.*
　　　　　[1991], Exposure Draft 40 Financial Instruments.
　　　　　[1994], Exposure Draft 48 Financial Instruments.
IASC /CICA[1997], Discussion Paper : *Accounting for Financial Assets and Financial Liabilities.*
IASB[2011] *Fair Value Measurement.*
IASB/FASB[2010], *Exposure Draft* "Conceptual Framework for Financial Reporting : The Reporting Entity".
Jaedicke, Robert K. and Sprouse, Robert T. [1965], *Accounting Flows : Income, Funds, and Cash, Prentice-Hall.* 古川栄一監訳 [1968]『利益と資金の会計 アカウンティング・フロー』東洋経済新報社。
Joint Working Group of Standard Setters[2000], Draft Standard : *Financial Instruments and Similar Items,* International Accounting Standards Committee. 日本公認会計士協会訳 [2001]『金融商品及び類似項目』日本公認会計士協会。
Kuhn, Thomas S. [1962], *The Structure of Scientific Revolutions.* 中山茂訳 [1971]『科学革命の構造』みすず書房。
Lee, T. A. [1974], *Income and Value Measurement : Theory and Practice,* A. Wheaton & Company. 三木正幸訳 [1979]『利潤の価値と測定―理論と計算―』白桃書房。
Lennard, Andrew[2007], "Stewardship and the Objective of Financial Statements : Preliminary Views on an Improved Conceptual Framework for Financial Reporting : The Objective

of Financial Reporting and Qualitative Characteristics of Decision-Useful Financial Reporting Information", *European Accounting Review* Vol. 4, 2007.
MacNeal, Kenneth［1939］, *"Truth in Accounting"*, University of Pennsylvania Press.
Moonitz, Maurice［1961］, *"The Basic Postulates of Accounting"*, *Accounting Research Study No.1*. 佐藤孝一・新井清光訳［1962］『アメリカ公認会計士協会 会計公準と会計原則』中央経済社。
Paton, W. A.［1922］, *Accounting Theory,* New York.
Securities and Exchange Commission［1976］*Accounting Series Release No. 190*, "Notice of Adoption of Amendments to Regulation S-X Requiring Disclosure of Certain Replacement Cost Data".
Sprouse, Robert T. and M. Moonitz［1962］, AICPA ARS No. 3, *"A Tentative Set of Broad Accounting Principles for Business Enterprises"*. 佐藤孝一・新井清光訳［1962］『会計公準と会計原則』中央経済社。
Sweeney, Henry W.［1936］, *Stabilized Accounting,* New York.
Whittington, Geoffrey［1983］, *Inflation Accounting : an introduction to the debate,* Cambridge University Press. 辻山栄子訳［2003］『会計測定の基礎：インフレーション・アカウンティング』中央経済社。
────［2008］, "Fair Value and the IASB/FASB Conceptual Framework Project : An Alternative View", *ABACUS,* Vol. 44, No. 2.

新井清光ほか［1978］「〈座談会〉企業会計制度の基盤」『企業会計』30巻第12号。
神田秀樹・斎藤静樹・始関正光・鶯地隆継・和泉正幸［2003］「平成14年商法改正と会計・計算〔下〕」『商事法務』第1672号。
久保田秀樹［2001］『日本型会計成立史』税務経理協会。
────［2008］『「日本型」会計規制の変遷』中央経済社。
────［2009］「「日本型」会計規制史上における会計制度監査（1951-1956年）の意義」『甲南経営研究』第50巻第1号。
────［2010a］「『企業会計原則』の誕生―戦後占領期の会計規制」『企業会計』第62巻第10号。
────［2010b］「戦後占領期の会計規制と商法計算規定の近代化」（甲南大学経営学会編『経営学の伝統と革新』千倉書房所収）。
黒澤　清［1954］「企業会計原則の部分修正並に企業会計原則注解について」『企業会計』第6巻第8号。
千葉準一［2004］「『企業会計原則』再考」『企業会計』第56巻第9号。
日本公認会計士協会25年史編纂委員会［1975］『公認会計士制度二十五年史』同文舘出

版。
ロバート・C・マートン／大野克人編著［1996］『金融技術革命』東洋経済新報社。

第10章　歴史に見る公正価値会計離脱の諸相
——時価会計適用の現実的条件——

10-1　はじめに——時価会計適用を巡る基本的視座——

　本章の基本的視座は，時価会計適用の適否は，市場流動性と企業内流動性の状況に依存して決まるのではないか，ということである。即ち，時価会計の適用といっても，それは無前提に可能なわけではなく，ある状況の下でその適用が可能になると考えられる。例えば，市場の流動性が高ければ，資産の今現在成立している市場価格での取引成立の可能性は高いであろうが，市場の流動性が低ければ，その可能性は低くなることが予想される。換言すれば，市場流動性の状況如何により時価会計の適用可能性が規定されることになると考えられるのである。

　他方，時価会計が適用可能な状況の下で，時価会計を適用することが常に自明のことであるのか否かは，別に検討を要する問題である。例えば，長期保有目的の資産（投資有価証券，子会社株式など）について市場で活発な取引がなされ，市場の流動性が充分に確保されている場合に，当該資産に時価会計を適用することは「可能」であるが，果たして「妥当」なことであるのかは別途考察を要するであろう。換言すれば，当該資産（或いは負債）の企業内における流動性の位置付け（どの程度の時間的視野に基づいて保有または返済するのか）によって，時価会計適用の妥当性が問われる場合が出てくることになると考えられるのである（図表10-1参照）。

　従って時価会計適用の適否は，市場流動性と企業内流動性の状況に応じてそ

図表 10-1

	長期保有金融商品	短期保有金融商品
市場流動性	長期保有事業資産	短 期 債 権

企業流動性

注) 図中に挙げた項目はあくまで一例である。

の適用可能性と適用妥当性が規定されると考えられる。そこで本章では, 時価会計に関する過去の議論や事例を, 市場流動性及び企業内流動性の観点から整理し, 時価会計適用（或いは非適用）の現実的条件を探ることを試みたい。

10-2　金融危機と時価会計適用緩和に対する一つの解釈

先般のサブプライムローンに端を発した金融危機は, 近年の時価会計を制度化する流れの中で, 図らずもその限界を暴露する役回りを担うこととなったと考えられる。即ち,「金融市場が活発な場合には, そこで取引される価格は恐らく, 金融商品の将来キャッシュ・フローや不確実性の程度についての売り手と買い手のコンセンサスを反映している[1]」と考えられるが,「しかしながら, 流動性が不足する危機の時には, 時価は将来収益力を反映せず, 金融機関の支払い能力を評価するのに利用することもできない[2]」ので, 常に金融商品の時価＝公正な価値とは単純に言えないことが露呈されたからである。

確かに「時価評価は『現実』を知るための第一歩[3]」であり,「会計基準が, 企業の実態を反映する鏡であり, 投資家に対して意思決定情報を提供するための財務諸表に関する基準であることから, 金融市場の混乱を契機に金融商品の時価評価を凍結することは, 到底, 賛同できない」とした日本公認会計士協会の「会長声明」[4]等は, 極めて真っ当な正論である。

しかしながらこうした「正論」は言わば平時の議論であることを忘れてはな

---

1) Vinals[2008], p. 123f.
2) Allen and Carletti [2008 (b)], p. 5.
3) 藤井[2009] 66頁。

らないであろう。平時に於いて一定の有益な情報提供機能を果たしてきた時価会計も，金融危機といった非常時に於いては，市場の流動性の枯渇による時価そのものの崩壊（具体的には「投げ売り価格」といったファンダメンタルズを反映しない時価の現出や売買が成立しないといった時価の喪失，等）という根本的な欠陥を露呈する形となったのである。その意味で「今回の国際金融システムにおける大混乱は，こうした公正価値〔会計〕の限界のいくつかを際立たせた」[5]と言えるであろう。

更に時価会計の停止に際しては，「活発な市場が存在しなくなった……場合に，時価をどのように計算したらいいのかについて，解釈指針があまりにも少なかった。……このように市場が混乱しているときの時価の算定の仕方についての議論は，引き続き行われていく」必要があるとして，「平時の時価」とは異なる「緊急時の時価」という概念が提示されることとなったのである[6]。即ち，金融危機における時価会計の停止は，単に会計規制に対する政治の介入としてのみ解釈されるべきではなく，時価会計に潜在していた，流動性の欠如がもたらす適正な時価の喪失という根本的な矛盾の露呈としても解釈される必要があるであろう。

10-3　時価会計に対する流動性の機能[7]

流動性とは「取引したい時に容易に取引できる」程度，或いは「取引したい時に取引機会が十分に提供されている」程度として定義されるが[8]，流動性が時価会計との関係で重要性を持つのは，それが価格の振幅（volatility）に影響を与えるからである。一般に「価格が変化するのは，新情報が発生して本源的

4）増田［2008］。但し，金融危機時点の一連の措置に関しては「流動性の著しく乏しい債券等の時価の算定等に係る取扱いについて，現在の基準の枠組みの中での対応が図られているものである」として，飽くまで時価会計の枠組みの中での処理であるとした。
5）Vinals［2008］, p. 125.
6）坂本［2009］138-139頁。
7）公正価値会計と市場流動性・保有目的との関係を包括的に論述したものとして大日方［2012］を参照されたい。
8）太田・宇野・竹原［2011］4頁。

価値が変化した場合か，新情報はないが，例えば大口注文によりマーケット・インパクトが発生した場合である」[9] が，後者のような価格変動は流動性が低い時により一層高くなるであろうことは容易に予想できる。

　換言すれば，「流動性が希薄な時，資産価格は利用可能な流動性，別言すれば，市場に存在するキャッシュにより決定される」[10] ので，僅かの需給量の変化が大幅な価格変動をもたらす可能性を持つことになるわけである。

　しかもこうした価格変動が，金融機関同士，或いは，株式市場の各経済主体間で瞬時に伝わることが現代の金融システムの特徴であるが，このような価格変動の「伝染（contagion）」が「時価会計の利用に関係している」[11] ことは論を待たない。即ち，「もしバランスシートの評価が『時価』ではなく『簿価』に基づいてなされてたなら，最初の金融機関から他の金融機関への負の連鎖もなかっただろう。つまり，バランスシートの安全規制における『時価評価』は，価格のシグナルを通じた金融機関の行動のシンクロナイズ化を生むために，〔金融〕システムに対する衝撃を内生的に拡大する要因となりえる」[12] ことを見逃すわけにはいかないであろう。

　勿論，市場に流動性が充分にあり，価格の変動がファンダメンタルズの変化を反映したものであるならば，時価会計の適用は，当該情報利用者の意思決定に有用なものとなるであろう。「しかしながら，市場のキャッシュで価格決定がなされる場合のように，市場が完全には作動せず，必ずしもファンダメンタルズの価値を反映しない時には，時価会計は，金融機関の貸借対照表の価値を短期的で過度の振幅に晒すことになり，それは究極的には伝染を生み出す可能性がある」[13] と言わざるを得ないであろう。

　即ち，市場流動性の喪失が起こった場合には，市場に於いて本源的価値から乖離した価格が成立する可能性が極めて高くなるが，その場合の「『時価』は

9）太田・宇野・竹原［2011］14頁。
10）Allen and Carlettip［2008(a)］, p. 12.
11）Allen and Carlettip［2008(a)］, p. 14.
12）竹森［2008］208頁。
13）Allen and Carlettip［2008(a)］, p. 14.

むしろ，ファンダメンタルズではなく，その時点での『流動性』を反映したものとなるので」[14]，市場価格（時価）が必ずしも公正価値の指標とはならなくなることを意味しているわけである。「これまでの『価格シグナル』に対する信頼が，経済学にとって，いわば中核的な思想だったから……その信頼に基づいて『時価会計』の提唱もなされてきてた」[15]と考えられるが，市場流動性の欠如は，そうした市場価格に対する本源的な信頼を突き崩す要因となり得るのである。

10-4　流動性喪失時における時価離脱論と時価からの隔離

　流動性の喪失といった状態は，歴史上恐慌期を中心に幾度も知り返し現出してきたが，その中で証券価格の暴落といった事態に対してどのように対処すべきか，様々な議論がなされ，また，現実的な方策の実践がなされてきた。ここではその中のいくつかの事例を採り上げて流動性喪失時の時価評価に対する考察の一助としたい。

(1)　恐慌時における時価離脱論

　恐慌時に於いては証券価格の暴落は必然的随伴現象であるが，それに対して積極的な処方箋を提示した論者としてバジョット（Walter Bagehot）の名前を挙げることに異論はないであろう。事実，先般の金融危機に際しても彼の名を挙げた論者は少なくなかった。例えば，Allen and Garletti [2008b] は，「バジョットは……恐慌時には市場価格は〔本源的〕価値の正確な尺度にはならないので，恐慌に対して中央銀行は，銀行担保を恐慌時と恐慌前の価格を加重平均して評価すべきであると提案した。」[16]と，バジェットの考えを紹介している。

　ここで採り上げるバジョットの議論は，所謂「バジョットの原理」或いは「バジョット・ルール」として広く知れ渡っている。即ち，それはイングランド銀行はパニックに際して高い利子率を課しつつも公衆の要求する限り信用を

---

14) 竹森［2008］252頁。
15) 竹森［2008］252頁。
16) Allen and Carlettip[2008(b)], p. 1.

供与すべきであり，またそれを可能にする充分な準備金を維持するように努めねばならないとするものである[17]。何故なら「パニック中には新たに投入されうる資金などどこにもない。したがってまた，保有証券の売却も不可能である。『即座にそれを購入するような巨額の使用されていない現金は，この国には全然ない』ので」[18]，イングランド銀行が「最後の貸し手」として現金を供給するしかないからである。ここで「最後の貸し手は，実物資産や流動性の低い金融資産を貨幣に換えようとする投げ売りを，より多くの貨幣を供給することによって阻止すべく待機している」[19]存在である。ここに見られるのは第一義的には，流動性枯渇時に於ける中央銀行による資金供給の問題であるが，そこには資金供給の前提としての担保評価をどのようにするのかについて，興味深い考え方が提示されている。

即ち，彼は次のように述べている。「既に見たように，原則としてそのような貸付は，苟くも恐慌を鎮静化する目的でなされるのであれば，最も鎮静化するような方法でなされるべきである。この目的のためには，貸付は平時に於いて優良な銀行担保である全てのものについてなされるべきである。不幸なことは，恐怖のため通常は優良な担保がそうでなくなってしまうことである[20]」と。

換言すれば，恐慌時では流動性の枯渇のために担保品の適正な評価がなされなくなることを指摘し，「平時に於いて優良な銀行担保である全てのもの」に対して貸付がなされるべきことが主張されている。勿論，その際の担保品の評価額は「投げ売り価格」では意味が無いわけで，「『金融危機発生時の』市場価格では必ずしもなく，『平常時における』市場価格で評価する[21]」ことになる。別言すれば，このバジョットの「最後の貸し手」論に於ける担保評価の議論は，恐慌時の担保品評価に関する「実体的時価離脱」論として解釈すること

---

17) 金井［1989］129頁。
18) 金井［1989］136頁。
19) Kindleberger［1996］, p. 146.
20) Bagehot［1873］, pp. 204f.
21) 小栗［2001］143頁。

が可能なのである。

　ここで「担保資産を『平常時の』市場価格で評価するのは，近年における時価評価の動向と逆行するようにみえるが，……バジョット原則では，中央銀行のLLR〔Lender of Last Resort〕貸出はソルベントな先が一時的な流動性不足に陥った場合に限って行われるので，……ソルベントなゴーイングコンサーンとしての金融機関に対する担保資産価値と，インソルベントな先に対するそれとは，当然異なってくる[22]」との前提があるわけであった。

(2) 昭和恐慌期・生保業界による時価回避行動
◆生保業界の有価証券評価問題

　両大戦間期わが国は，1920年の反動恐慌，1922年の金融恐慌，更に1927年の昭和金融恐慌，1930年～31年の昭和恐慌と繰り返し発生する恐慌に翻弄されたが，当然のことながらそれは企業経営にも甚大な被害を与えることとなった。特に昭和金融恐慌後に於いては銀行の合同等の構造改革が進められたが，ここでは銀行と並ぶ金融機関の一つである生命保険会社に焦点を当て，そこに見られた会計問題とその独自の克服方法から時価会計への示唆を得ることとしたい。

　金融恐慌，昭和恐慌の影響による「有価証券の大暴落，金利低下，貸付金の回収困難等のため財務面の影響は甚大で，生命保険会社の決算は深刻な局面に逢着した」[23]とされているが，その背景には「総資産に対して余りに巨額の有価証券を持っていること」[24]があったのである。即ち，総資産に対する有価証券の割合は過半数に達し，株式に限っても約二割になっていた（図表10-2参照）。

　しかも有価証券の暴落は，株式に限っていたわけではなく債券にも及んでいた。確かに「国債，地方債及公社債等の確定利附物は大した低下ではない〔とされるが〕。尤もこれは表面だけの問題で，全然売買出合がつかず止むを得ず

---

22) 小栗［2001］143頁。
23) 生命保険協会［1970］5頁。
24) 生命保険協会［1970］42頁。

図表10-2 生保業界の保有資産

	総資産高（千円）	有価証券（千円）	株券（千円）
T13	765,334	329,042（43）	96,979（13）
T14	893,717	416,316（47）	117,969（13）
S1	1,036,473	508,551（49）	150,806（15）
S2	1,166,430	582,125（49）	186,087（16）
S3	1,315,212	689,572（52）	249,589（20）
S4	1,454,881	768,002（53）	269,890（20）

注1）Tは大正，Sは昭和を示す。
注2）有価証券，株券の括弧内は総資産高に占める百分比。
出所：生命保険協会〔1970〕，42-43頁。

図表10-3 生保業界の財産評価損益

	評価益（千円）	評価損（千円）	差額（千円）
T13	5,090	6,204	1,114（損）
T14	6,777	6,269	508（益）
S1	5,368	8,209	2,941（損）
S2	6,432	12,444	6,012（損）
S3	6,432	12,941	6,509（損）
S4	4,949	39,133	34,184（損）

注3）Tは大正，Sは昭和を示す。
注4）評価損益に不動産，債権等に関するものも含まれるが，90数％は有価証券に係わる評価損益である。
出所：生命保険協会〔1970〕，48頁。

市価が釘附けの状態にある某財閥の社債の如きがあるから，実際はモット下げている筈である」[25]と考えられていたのであった。実際生命保険会社がどの程度の評価損を計上していたかをみると図表10-3のようになっていた。

これを見ると昭和恐慌期に生保業界の財産評価損，就中，有価証券評価損が

25）生命保険協会〔1970〕55-56頁。

著増したことが分かるが，とりわけ日本生命・第一生命・千代田生命・帝国生命の「四大生保が昭和恐慌期に多額の売却損・評価損を計上したために大きく収益を悪化させていた」[26]とされている。但し，こうした多額の評価損の計上には，生保の運用の在り方も関わっていた。即ち，「あらかじめ評価損を計上して簿価を引き下げておいた証券等を，事後的に時価で売却することによって含み益を利益に計上する」[27]といった運用のあり方であった。

このように評価損計上の背景には，単に有価証券の市場価格下落を反映したという側面ばかりではなく，有価証券運用の一環として敢えて計上するという側面もあったことは否定できないが，やはり生保業界にとってそれが重荷になっていたことは認めざるを得ないであろう。

こうした背景から生保業界は，有価証券の時価評価に関する「決算緩和方法」を主務官庁である商工省に対して陳情することとなったが，その中で「元来生命保険会社が有価証券に投資するのは価格の変動に依る利益を目標とするものにあらずして事業の性質に鑑み長期の投資を目的とするものたること論なきところなれば其評価に付ては……時価の下落の為めに左右せらるることなく長期投資の利廻り等を基準として考察すべきものと存候然るに商法に於ては時価を以て計算すべきものと相成り居り候為め各社共有価証券の値下げを余儀なくせられ多数の会社は甚しき決算難に陥り一般契約者に不安の念を抱かしめ保険事業の将来の暗影を投ずることに相成り……」[28]として，時価評価の適用緩和を求めたのであった。

しかしながら「結局，国債の価額については〔昭和〕七年六月三十日法律第十六号をもって発行価格に依り得ることになり……アモーチゼーション法は十四年保険業法改正の際取入れられたが，株式の平均価格法は採用されなかった」[29]のである。即ち，時価評価に関して債券については考慮が払われたもの

---

26) 武田［2009］70頁。
27) 武田［2009］73頁。
28) 生命保険協会［1970］6頁。
29) 生命保険協会［1970］6頁。

の，株式については特別の配慮がなされることは一切無かったわけである。

◆生保証券の設立と時価からの隔離

こうした事態を受けて生保業界は，更なる対策を講ずることとなった。それは「一種の証券プールないしインベストメント・トラストである株式保有会社を設立して保有有価証券の〔価格〕下落を防止・回避しようという新しい構想」[30]であった。この構想はその後結実して昭和5年10月に生命保険会社32社の出資を得て「生保証券株式会社」（生保証券）が設立されるに至った[31]。この生保証券の「株式は生保のみが引受け，他の引受けを許さないところにミソがあった。……すなわち，直接保有する個々の上場株式の時価評価から免れ，間接保有にともない株式保有会社という非上場株式の一括評価に転換できることにこそ最大の眼目があったと考えられる」[32]のである。

生保証券設立の主意では「当会社設立の目的は巨大なる運用資産を有する保険会社がその株式投資資産の一部をきよ出して協同の団体を作りその団体を通じて堅実にして安全なる株式を買収保有せんとするものである……この団体発起に関してはがうも不純の動機なきはもちろん……[33]」と謳われていたものの，こうした動きに対しては当時から批判があったのも事実である。例えば，『東洋経済新報』（昭和5年9月13日号）では「生保証券会社の設立に反対す」との論説が掲載され，その中で「要するに生保証券会社は衆目瞞着のペテン会社，一時逃れの欠損掩蔽会社である。生命保険会社はやがて同社によって自殺するより外はあるまい[34]」。と手厳しい論評が加えられていた。

また，監督官庁であった商工省保険部も「保険行政の立場からもし〔生保〕証券会社が生保会社の値下がり損防止のみから不当に株価釣上策を行ひあるひは市場においてスペキュレーション的行為を発揮すべき目的内容を有してゐる場合は設立以前に二三の警告を発する必要があらう」[35]としていたが，結局，

---

30) 小川［1994］151頁。
31) 生命保険協会［1970］93頁。
32) 小川［1994］153頁。
33) 生命保険協会［1970］81頁。
34) 生命保険協会［1970］89頁。

当時の「報道によれば俵商工大臣の意向を受けた田島商工次官が煮え切らない犬塚保険部長に生保証券の認可方強権で命令したとまでいわれ[36]」る状況があったと考えられている。

◆生保証券の効果とその会計的意義

このように生保証券の船出はかなり厳しい環境の下で行われたと言わざるを得ないが，その現実的な効果はどの程度のものであったのであろうか。実は，生保証券の所有株式数は出資をした33の生命保険会社の所有株式数の数％程度であったされている[37]。これだけを見るとその効果は大したものではなかったのではないか考えられるが，一部の生保会社にとってはそれなりの効果を持ったのではないかということが言われている。例えば，「愛国，安田，千代田，明治，帝国など株式総額に対する生保証券出資金額の割合が相対的に高い生保では，株式を圧縮すれば直接保有する上場株式の時価評価から免れ，生保証券という非上場株式に転換できるという効果はかなり高かったと推定される[38]」。

具体的に見ると生保証券への出額は，安田生命の昭和5年度の株式総額の15.6％，千代田生命の昭和5年度の株式総額の11.2％，帝国生命の昭和5年度の株式総額の8.14％をそれぞれ占めており，その部分は時価評価を免れたことになるわけであった[39]。因みにこの時期の株価指数は約27％（公益事業の株価指数は約41％）下落しており，これらの企業にとっては時価評価を免れた効果は少なからずあったと推察されるのである。

このような生保業界による生保証券株式会社の設立と同社による生保各社所有株式の買い取りは，生保の保有する個々の上場株式を生保証券に移転する代わりに，非上場株式である生保証券株を保有することにより，上場株式の時価変動を回避しようとするものであったが，それは換言すれば，上場株式を時価

---

35) 生命保険協会［1970］80頁。
36) 小川［1994］155頁。
37) 小川［1995］12頁。
38) 小川［1995］17頁。
39) 小川［1995］17頁。

の変動からの隔離しようとする試みであり，時価を遮断する為の実体的会計行動としての意義を有していたと解釈できるであろう。

10-5　時価会計の適用妥当性に関する議論と時価会計適用回避

(1)　時価会計を適用することの妥当性

　これまでの議論から時価会計を適用する前提条件として市場の流動性が不可欠であることを確認したが，それでは市場の流動性が満たされている場合には，常に時価会計を適用すべきなのであろうか。別言すれば，時価会計が適用可能な時には，いつでも適用することが妥当なのであろうか，ということを考える必要がある。その際，重要となるのは，時価会計の対象となる可能性のある資産等の外形よりもその内実である。即ち，時価会計適用の適否は，対象となる資産等の内実が，「金融投資か事業投資かといった投資の実質的な性格に依存して決まるという点」[40] に留意する必要がある。

　というのは，「金融投資では，保有する資産や負債のポジションをそのまま清算したキャッシュ・フローが，投資にあたって事前に期待されていた成果で……このキャッシュ・フローは保有する資産や負債の時価と直結する」[41] のに対して，事業投資で「求められているのは，設備や原材料をそのまま換金した対価ではなく，より価値の高いものに変換したうえで販売するという事業活動の成果である。」[42] そうした成果は「事業を行う主体のノウハウや営業努力によって違ってくる〔ので〕……その資産の価値は誰がもつかで同じでなく，〔単なる資産の〕市場価格つまり時価は企業固有の価値を表さない[43]」ことになるからである。

　この考え方を敷衍すれば，外形上金融資産でありながら時価評価の対象とはならない資産が出てくることになる。即ち，金融投資としてではなく事業投資として保有されている子会社や関連会社の株式である。「これらは他社の営業

---

40)　斎藤［2009］40 頁。
41)　斎藤［2009］40 頁。
42)　斎藤［2009］39 頁。
43)　斎藤［2009］57 頁。

を支配する事業投資であり，その投資から生ずる利益は，……連結決算や持分法により，自社の利益を測るのと同様の方式で測定され……株式の時価は無視される[44]」ことになるわけである。換言すれば，金融資産などにおいて時価評価が可能な状況にあっても，時価評価を行わないことが妥当とされる状況が存在することになる。

従って改めて言うまでもなく現行の会計制度では，個別財務諸表に於いて一般に子会社や関連会社の株式は，強制評価減が必要とされる状況を除いては原価評価が維持される。しかしながらこうした会計規定が存在する以前から，関係会社株式に対しては原価法を優先する会計政策が行われていたこと忘れてはならないであろう。ここではそうした事例を我が国戦前期の財閥を例にとって見ることにしたい。

(2) 戦前期財閥における時価会計適用回避

ここでは三菱と住友の本社＝持株会社を事例として取り上げながら子会社株式に対する評価のあり方を見ていく。言うまでもなく，財閥における持株会社の機能は，傘下の事業会社の株式を所有し，その株式所有に基づき傘下企業を統括・管理することであったが，自らの業績は所有株式の評価と傘下企業からの配当吸引により左右されるので，株式評価政策は極めて重要な経営政策となっていたわけである。

まず三菱について見ると，1925年から1932年までは所有株式の内，分系会社株式（直轄事業会社）の割合が9割以上を占め，その後も8割以上を維持しており，大半を占めていたことが分かる[45]。更に分系会社株式の投資収益率の方が非分系会社株式に比較して格段に高く且つ安定しており，後者においてはしばしば多額のキャピタル・ロスが生じていたとされるが[46]，特に1925年から1936年にかけて「有価証券の売却・評価損は断続的に計上され，……東洋織布・東亜興業・中日実業など三菱系以外の企業の株式に関する評価損が主要

---

44) 斎藤 [2009] 159 頁。
45) 岡崎 [2000] 166-167 頁の第1表。
46) 岡崎 [2000] 190 頁。

図表10-4　三菱本社における評価損の計上　　（単位：円）

年	評価損計	評価損計上銘柄
1925	411,769	東亜興業 250,000　中日実業 96,600　東京会館 37,500　明治漁業 27,669
1926	341,889	北樺太鉱業 249,144　大源鉱業 92,745
1927	21,116	電気化学工業 11,116　,万朝報社債 10,000
1928	1,240,449	東洋織布 1,080,478　漢城銀行 6,250
1929	1,651,912	
1935	228,131	東洋織布 210,631　日露実業 15,000　アルゼンチン農牧 2,500
1937	26,460	都ホテル減資損失 22,500　日本耐火防腐減資損失 3,960
1938	41,750	鶴見臨港鉄道 30,000　国際電話合併損失 11,750
1939	381,396	上海三菱倉庫資本変更損失 379,549　出雲鉄道減資損失 1,848
1940	173,550	富士繊維工業合併損失 173,550
1941	175,000	協和鉱業合併損失 175,000
1942	189,594	南洋真珠解散損失 189,594
1943	179,160	台湾拓殖 95400　南洋拓殖 83760

注）1929年の評価損の内訳は不明。
出所：岡崎〔2000〕の第19表・第43表より作成。原出所：三菱合資会社，『決算勘定書』・『三菱社誌』。

な部分を占めた[47]」のである。こうした株式評価のあり方はその後も続き，1937年から1944年にかけても専ら非分系会社株式に対して減資損失を含む評価損の計上が続いたのであった（図表10-4）。

　次いで住友について見ると，大正10（1921）年に住友総本店が住友合資会社に改組されたが，住友「本社の有価証券残高は増加の一途を辿り，大正一〇年末約八，〇〇〇万円は，昭和五年ころまでに倍増し，以後漸増にとどまった」[48]とされている。総資産に占める有価証券の割合でみると昭和4年から11年にかけて8割前後の水準で推移しており[49]，更に住友合資会社所有有価

---

47) 岡崎〔2000〕191頁。
48) 麻島〔1983〕440頁。

図表10-5　住友合資会社における評価損（益）の計上 (単位：千円)

年	住友系銘柄	その他銘柄
1925		日銀，東京海上 328
1926	大阪北港 264	東亜興業・中日実業 347
1927	大阪北港（償却）439	台湾銀行（減資）58 東亜興業他（償却）405
1929		阪神電鉄 169
1930		日銀・阪神電鉄 2280
1931		日本電力他 1917
1932	住友銀行 86	
1940	住友金属他（評価益）8966 住友鉱業他 3801	北支産金 5165
1941	住友金属他（評価益）2115 住友鉱業他 297	日本産金 1818

出所：麻島〔1983〕の第195表・第202表より作成。
原出所：住友合資会社，『実際報告書』，住友修史室所蔵。

証券の「内訳は，一般株式が6～7％，住友関係会社の株式が90％前後に及んでいたのである[50]」。所有株式の減少要因としては「減資・評価減が減少要因に含まれており，金額的に僅少とはいえない程度みられる[51]」とされたが，具体的には次のような状況であった。

住友の場合，傘下の事業会社においても評価損益を計上している場合が散見されるが，その中身は「株式評価引上は時流に乗って発展する住友金属が主体であり，評価引下は純益半減，減配の住友鉱業株式が主因[52]」であり，その有価証券の保有高からすれば，極めて僅少な割合であったと考えられる。それに対してその他の保有株式では「上場株式も多く，……表面的には住友関係株

---

49) 麻島〔1983〕439頁の第166表。
50) 麻島〔1983〕486頁。
51) 麻島〔1983〕494頁。
52) 麻島〔1983〕505頁。

式より〔評価損による〕償却率が高いが，市場実勢や業績不振を反映させているからであって，業績不振でも取得原価のまま持ち続ける住友関係株式とは事情を異にするものと[53]」解釈されていた。

即ち，戦前の財閥においては傘下企業の株式評価に対して，一般の株式とは異なり，長期継続保有を前提とした原価法の適用が多くの場合見られたが，それは時価会計の適用妥当性の見地からする「時価からの遮断」であったと考えられるであろう。

10-6 おわりに——時価会計適用の前提となる市場と企業主体の条件——

市場の流動性が希薄な時には，市場価格はファンダメンタルズを反映しない水準で決まる可能性が極めて高い。そうした「金融商品のバブル価格〔或いは投げ売り価格〕を反映した公正価値の評価〔損〕益は，実体のない幻想的な利益〔或いは損失〕であり，短期投資者をミスリードするおそれすらある[54]」と言わざるを得ない。別言すれば，金融危機の状況下で時価会計を適用することは「公正な価値による会計」とはならないであろう。

時価会計が「公正な価値による会計」となり得るのは，市場流動性の厚みがあることが前提条件なるであろう。これまでそうした前提条件を欠く状況の下での時価会計の適用に関しては，そうした問題があることすら殆ど意識されてこなかったのが実情であったと言ってよいであろう。

もっとも歴史を遡ると「公正価格」が如何なるものであるのかという議論は，実はヨーロッパに於いては古く中世にまでその淵源を求めることが出来る。それはスコラ学派によってなされた「公正価格」(iustum pretium) に関する議論である。そこでは例えば，

・「価格決定は市民の共同体によって共同でなされねばならない。例外時ではなく，平時の価格水準に合わせるべきである[55]」。

---

53) 麻島 [1983] 499 頁。
54) 古賀 [2009] 7 頁。
55) 大黒 [2006] 72 頁。

・「市場で売手と買手が合意した価格であっても,それが一方の無知や必要に迫られてなされたものであれば不正である[56]」
・「市場価格の＝協同の決定は単なる法的・形式的なものであってはならず,自然法に基づくべきであり,自然法の正義に照らせば無知や必要に迫られての合意が不正であることは明白である[57]」。といった議論がなされてきた。

即ち,「スコラ学者は……供給の独占的制限や純粋に投機的な購入により市場価格を人工的に操作する試みを非難[58]」してきたのであるが,そこに見られる「公正価格」観は,明らかに平時の流動性のある市場取引を前提に公正価格を考えようとする態度であった。そこで示された「必要に迫られた」ものであれば,売手と買手の合意があっても,その価格を公正とは認めないとする考え方は,現代の我々にとっても極めて示唆に富む考え方であると言えるだろう。

他方で,時価会計が適用可能な状況に於いても,その適用妥当性が問われる場合がある。対象となる資産が事業投資として見なされる場合である。とりわけ金融資産でありながら事業投資である関係会社株式の場合,上場されているものには時価会計が適用可能であっても,その適用妥当性が否認されるが,そうした処理が会計規制のない戦前期の財閥持株会社によって自主的に行われていたことは注目に値するであろう。

勿論,戦前の財閥系企業においては全ての関係会社が株式公開されていたわけではないが,1930年代になって徐々に株式を公開する事業会社が出てきた。そうした株式を公開した傘下の事業会社に対して,持株会社はいちいち時価評価をすることはなかったが,他方でその他の保有株式に関しては寧ろ時価評価をして,特に評価損を計上することには積極的な態度をとったことが分かる。こうした状況は,時価会計の適用に関して何らかの線引きが行われていたこと

---

56) 大黒［2006］74頁。
57) 大黒［2006］74頁。
58) Noonan, Jr.［1957］, p. 88.

を伺わせるものであり，時価会計の適用妥当性の議論に対して示唆を与えるものであろう。

　本章で瞥見したいくつかの議論や事例は，流動性の喪失といった状況や事業資産としての関係会社株式といった事柄に対して，会計的に如何に対処すべきか，特に時価評価に対していかに処理すべきかについての先人の格闘の跡として捉えられるかもしれない。そこに見られるのは，時価評価の前提条件である市場の流動性が無くなった場合に，如何に対処すべきかについての実験的試行例であり，また，時価会計の実施可能な状況下でのその適用妥当性に関する先行的実施例であったと考えられる。

【参考文献】

Allen, F., and E. Carletti[2008 a], "The Role of Liquidity in Financial Crises," prepared for the 2008 Jackson Hole Symposium.

―――[2008 b], "Should financial institutions mark-to-market," Financial Stability Review (Banque de France), No. 12.

Bagehot, W.[1873], *Lombard Street, a Description of Money Market,* Henry S. King & Co.

Kindleberger, C. P.[1996], *Manias, Panics and Crashes : A History of Financial Crises,* 3rd ed. Macmillam Press .

Noonan, Jr., J. T.[1957], *The Scholastic Analysis of Usury,.* Harvard University Press.

Vinals, J.[2008], "Improving fair value accouting", *Flinancial Stability Review*（Banque de France), No. 12.

麻島昭一［1983］『戦間期住友財閥経営史』東京大学出版会。

大黒俊二［2006］『嘘と貪欲：西洋中世の商業・商人観』名古屋大学出版会。

太田　亘・宇野　淳・竹原　均［2011］『株式市場の流動性と投資家行動：マーケット・マイクロストラクチュア理論と実証』中央経済社。

岡崎哲二［2000］「三菱財閥本社の財務構造―1925～1944年度決算書の分析―」『三菱史料館論集』第1巻。

小川　功［1994］「昭和恐慌と生保経営（Ⅰ）―生保証券（株）設立を中心として―」文研論集（生命保険文化研究所），第109号。

小川　功［1995］「昭和恐慌と生保経営（Ⅱ）―生保証券（株）設立を中心として―」文研論集（生命保険文化研究所），第110号。

小栗誠治［2001］「バジョット再考―中央銀行の『最後の貸し手』機能―」『彦根論叢』第332号．

大日方隆［2012年］「金融危機と金融商品会計基準」大日方隆編『金融危機と会計規制：公正価値測定の誤謬』中央経済社，所収．

金井雄一［1989］『イングランド銀行金融政策の形成』名古屋大学出版会．

古賀智敏［2009］「金融危機と公正価値会計のゆくえ―新たな財務報告の構築に向けて―」，『企業会計』第61巻3号．

斎藤静樹［2009］『会計基準の研究』中央経済社．

坂本道美［2009］「インタビュー 金融危機は時価会計を変えたか―時価をめぐる議論と各国の制度対応―」『企業会計』第61巻2号．

生命保険協会［1970］『昭和生命保険資料 第一巻 初期 （1）』．

武田晴人［2009］「戦前期日本資本市場における生命保険会社の投資行動」『金融研究』（日銀金融研究所），第28巻2号．

竹森俊平［2008］『資本主義は嫌いですか』日本経済新聞出版社．

藤井眞理子［2009］『金融革新と市場危機』日本経済新聞出版社．

増田宏一（日本公認会計士協会会長）［2008］「時価会計等に関する所感」（会長声明）．

結章　行き過ぎた有用性アプローチへの歴史からの警鐘

11-1　は じ め に

　FASBによって展開された資産負債アプローチにもとづく会計観は，今まさに現代会計を席捲し，会計が800年もの長きにわたって継承してきた発生主義を基軸にした取得原価主義会計にコペルニクス的転換を突きつけたといって過言ではない。

　現代会計の最も基本的な役割は，情報提供機能にあるといわれている。しかしながら，近年，意思決定に有用な情報という側面が過度に強調されすぎたため，財務会計は，その本来の計算構造の枠組みを超えて，事実にもとづく結果の提示から乖離した，予測あるいは期待という禁断の実を口にしてしまったように思えてならない。なぜなら，投資家とりわけ投資ファンドに代表される投機家にとっての有用な情報は，過去の取引事実にもとづく信頼される情報ではなく，たとえそれが実現されなくても，期待に満ちたバラ色の数字に満たされた世界の方がはるかに魅惑的になるからである。その結果，単なる過去の事実情報よりも市場で推定できる将来の予測情報が意思決定により有用であるという錯覚を生み出してくる。

　FASBは，1997年に包括利益の開示を義務付ける会計基準SFAS第130号を発表したが，「SFAS130の構成要素である『その他の包括利益』は，単に包括利益にノイズを加えているに過ぎない[1)]」という実証研究による指摘も同時になされているのは興味深い。本来，過去会計である財務会計に将来の予測を見

込む管理会計的な現象が生じてきた結果[2]，財務会計の事実にもとづく検証可能性に裏打ちされた信頼性に大きな歪が出てきているといえよう。

　会計の計算構造を支えてきた複式簿記が13世紀の初めから今日に至るまでの800年の長きにわたり，脈々と継承されてきたのは，取引事実にもとづく正確で誰によっても検証可能な信頼できる利益計算システムであったからである。有用性や目的適合性という名のもとに，極論すれば継続的な記録を前提にしない資産負債アプローチによって，会計は，投資家や与信者から信頼を得ることができるのであろうか。果たして真に有用な情報を提供することができるのであろうか。会計を誕生せしめた収益費用アプローチを片隅に追いやった公正価値会計は，それを会計の本質に照らし合わせて見たとき，如何なる，そして如何ほどの理論的根拠を持ちうるのであろうか。

　本書の結章としての本章の目的は，情報提供機能を第一義的とする現代会計の役割に照らし合わせながら，会計ならびにその損益計算構造を支えてきた複式簿記がいかなる役割を担って歴史の舞台に登場してきたのかを再吟味し，これを通して，会計の本質がどこにあるのかを再検討するところにある。会計の重心を信頼性から有用性に，あるいは検証可能性から目的適合性にシフトさせてきた現代会計が目指す方向性の危うさに歴史というフィルターを通して警鐘を打ち鳴らしたい。

11-2　会計の本質——証拠性の担保としての取得原価——

　AAAによると，会計は，「情報の利用者が判断や意思決定を行なうにあたって，事情に精通したうえでそれができるように，経済的情報を識別し，測定し，伝達する過程である[3]」と定義されている。言うまでもなく，会計は，英語でアカウンティングと言われるように，その意味するところは，企業の1年間の営業活動の成果を利害関係者に説明する行為である。したがって，会計の

---

1) Dhaliwal, Dan, K. R. Subramanyam and Robert Trezevant[1999], p. 47.
2) 松本［2008］57頁.
3) AAA[1966], p. 1. 飯野訳［1969］2頁.

役割は，一般に情報提供機能と利害調整機能の二つがあると言われているが，とりわけ財務会計の第1義的な機能は，外部の利害関係者に期首から期末までの1年間に企業が獲得した期間損益情報を投資家や与信者に提供するところにある。財務会計が外部報告会計ないしは過去会計と言われてきたゆえんである。決算時点から遡及して過去1年間に実現した配当可能な期間損益を算出し，それを利害関係者にディスクローズするのが財務会計の本来的な役割であり，発生主義にもとづく配当可能な実現利益を意思決定にとって有用な情報と位置づけていたのが，いわゆる伝統的な会計の枠組みであった。

しかしながら，意思決定に有用な情報という側面に力点を置いて考えるならば，これまでに獲得した利益の過去情報よりも，これからいくらの利益を獲得する見込みがあるのかという未来情報の方がより魅力的になってくる。多くの投資ファンドや一般の株主たちの要望に応えたアナリストといわれる人たちは，こぞって企業の将来の獲得利益の予測を行い，将来キャッシュ・インフローを推測することによって企業価値を判断し，その予測結果によって投資意思決定の決断に役立つ情報を提供しようとする。すなわち，投資ファンドやアナリストたちにとって，したがって彼らの予測を参考にする投資家とりわけ投機家にとって有用な情報は，過去1年間で獲得した配当可能な実現利益よりも公正価値によって測定された未実現利益をも含めた包括利益や株価総額を基準にして求められる企業価値情報がより魅力的になってきたのである。

会計ビッグバン以降の新しい会計観は，会計が利害関係者に提供する情報の中身を当期純利益から包括利益，あるいは企業価値に，したがって取得原価から公正価値へとその測定基準をパラダイム・シフトさせてきた。もし会計の目的が企業価値を提供するのであれば，800年近くも会計の計算構造を支えてきた複式簿記は，不要になってしまう。なぜなら，企業価値計算には，必ずしも，継続的な記録が前提にされるわけではないからである。企業価値計算は，会計の枠組みを超えたいわばファイナンスの研究領域の問題である。

いうまでもなく，伝統的会計のもとでは，そこで提供される意思決定に有用な情報というのは，取得原価をベースにした発生主義にもとづいて計算された

当期純利益，すなわち配当可能な実現利益である。それがここに至り，とりわけ1960年代以降になって，投資意思決定にとって有用な情報は，単なる過去情報ではなく，たとえ予測を含んだ不確実な情報であったとしても，未来情報がより重要であるという考え方が登場してくる。

ここに，虚偽や粉飾といった現代会計の陥りやすい大きな落とし穴が存在する。なぜなら，予測と実際に差異が生じた時，自らの予測を正当化させるために，実際を予測に近づけようとする意図が強く働くからである。粉飾ないしは逆粉飾という事実の改ざん行為である。将来の当てものの世界である予測情報に，もっともらしい説明や数字によってまやかしの客観性や正確性や信頼性を付与するために作り上げられたのが，まさに，将来キャッシュ・フローとか割引現在価値と言った得体の知れない数字なのである。このような数字がいくらディスクローズされたからといって，真に会計の透明性が確保されたと言うことにはならない。

近年，有用性のために信頼性が足かせになってくると，意思決定に有用な財務報告の基本的な質的特性からこの信頼性や検証可能性を後退させ，忠実な表現という新たな概念を持ち出して，信頼性後退の大義を求めようとしている。この点については，11-7で述べる。

11-3　会計の計算構造を支える複式簿記の根源的役割

発生当初の複式簿記は，損益計算ではなく債権債務の備忘録ないしはトラブルが生じたときの文書証拠，すなわち公正証書の役割を果たしてきた。人間の記憶には限界がある。そのため，後日のトラブルを回避する目的で記録されたのが，複式簿記である。万一，係争になった時，帳簿が裁判所に提出され，証拠書類として用いられた。複式簿記は，日々の取引を誰によっても検証可能な文書証拠として書き残すために記録された技法なのである。その証拠性を高めるために，したがって，公正証書と同様の役割を果たさせるため，16世紀末ころまでの帳簿や簿記書には，その冒頭に，十字架と共に「神の名において，アーメン」(Al Nome di Dio, Amen) という文言が付されていた。

文書証拠として記録された金額は，いうまでもなく，正確で信頼できる金額，すなわちいつでも，誰によっても直ちに検証されうる数字でなければならない。このすべての人から信頼される数字であるためには，先ず，如何なる予断も入らない事実にもとづいた正確で客観的な金額であること，次いで，その金額がいつでも，誰によっても検証できる現実に取引された金額であることが要求される。すなわち，透明で検証可能な信頼できる金額であることが前提になる。一体，信頼できる数字であるがゆえにこそ，意思決定に際して有用な情報になるはずなのである。

　会計の利益計算構造を支えてきた複式簿記は，その発生以来，かかる要求に応え得る測定手段として，現実に取引した時点の市場価格，すなわち取引価格（時が経過すると取得原価に変容）にその根拠を求めてきた。取引価格による測定の最大の利点は，そこで測定された価額が歴史的な事実として，その価額の客観性あるいは事実の検証をいつでも誰によっても可能にさせるところにある。ここにこそ複式簿記のレーゾンデートルがあり，会計に対する信頼性を確固たるものにした最大の要因が存する。最古の勘定記録から数えて今年が801年目にあたる。会計ないしは複式簿記が中世より今日に至るまでの長きにわたって継承されてきたのは，まさにこの事実性と検証可能性に裏づけられた正確性と透明性，すなわち信頼性が担保されていたからなのである[4]。

　13世紀の初めに複式簿記が発生するが，その発生当初では，集合損益勘定は，まだ形成されていない。そのため，継続記録によって企業の総括的な損益を計算することができなかった[5]。しかしながら，たとえそのような状況下においても，フィレンツェの期間組合では，貴族社会のヴェネツィアの家族組合（ソキエタス）とは異なり血族間での結社（コンソルテリア）が否定されていたため，血族によらない期間組合（マグナ・ソキエタス）が結成された[6]。それ

4）会計における信頼性の原点は，その計算構造を支えている複式簿記が中世イタリアで完成する際，実地棚卸による有高計算を継続記録によって証明する道具として用いられたところに求められる。
5）渡邉［2005］47-48頁。
6）斎藤寛海［2002］301-336頁。

故，組合員相互間での利益分配の現実的な必要性に迫られ，必要に応じて未だ非定期的ではあったが，期間に区切った総括損益計算が行われた。複式簿記の完成以前では，継続記録にもとづく利益分配が出来なかったため，当時の商人たちは，それに代わる方法を考案した。それが実地棚卸しを中心にしたビランチオ（利益処分結合財産目録）にもとづく損益計算，すなわち複式簿記の完成（14世紀前半）以前における先駆的期間損益計算である[7]。

　しかしながら，実地棚卸しによる結果の側面からの有高計算だけでは，そこで求められた利益の信頼性に共同出資者から疑義が挟まれる。「たったこれだけの利益しか獲得できなかったのか」と。そこで，経理担当者は，ビランチオで求めた利益に一切の誤りや不正がなかったことを信頼できる何らかの別の手段で検証する必要に迫られた。信頼できる検証方法，これが継続記録，すなわち複式簿記による損益計算である。こうして13世紀初頭に発生した複式簿記は，ビランチオの利益の正しさを証明する手段として遅くとも14世紀前半にはその総括損益計算システムを完成させることになる。事実性（正確性）と検証可能性（透明性）に裏づけられた信頼性こそが複式簿記を誕生させた直接的な要因であり，これこそが複式簿記ひいては会計を存立させてきた，そして現在もなお存立している根源なのである。

　複式簿記が原因の側面からの抽象的な損益計算によって結果の側面からの具体的な有高計算を証明する道具であったという一つの証左として，われわれは，17世紀冒頭にライデンで出版されたシーマン・ステフィン（Simon Stevin：1548-1620）の『数学的回想録』を挙げることができる。継続記録にもとづく費用・収益の変動差額計算で求めた利益は，有高計算の結果としての資産・負債・資本の増減比較計算によって求めた利益を証明する手段として用いられていた。

　彼は，元帳諸勘定の締切に際し，資産・負債・資本の一覧表としての状態表（Staet）を作成して期末の正味資本を算出している。この期末資本が期首のそ

---

[7] 先駆的期間損益計算については，渡邉［2005］17-18頁，および渡邉［2008a］45-46, 80, 109頁を参照。

れと比較されて1年間の利益が計算される。ステフィンは，このストックの側面から求めた期間利益を証明するために，証明表（Staet Proef）としてフローの側面から計算された損益表（Winst en Verlies）を作成し，そこで求めた利益によって状態表で算出した利益を証明するという手法を説いている[8]。したがって，継続的な記録によって損益表で求めた利益は，証明のために用いられる数値であるため，その利益は，誰によっても検証可能であるという透明性とその記録に対する絶対的な信頼が確保されていなければならない。この信頼は，事実にもとづく記録，すなわち取引が実際に行われた時点の価格，すなわち取得原価によって担保されるのは，いうまでもない。

11-4　時間軸の相違に過ぎない取得原価と時価

取得原価というのは，取引時点の時価（取引価格＝市場価格）である。取引が実際に行われた時点の価格が時の経過した決算時点で過去の価値を示す取得原価に変容するに過ぎず，その実態には何らの相違もない。すなわち，取引が行われた時点の市場価格，すなわち取得原価と決算時点での価格，すなわち時価は，単に時間軸の落差によって生じる表象上の相違に過ぎず，市場価値は，本質的には取得原価と同質なものと位置づけることができる[9]。

一般的には，公正価値とは時価と称され，具体的には，現在の市場価値ないしは将来キャッシュ・フローの割引現在価値を指している。しかしながら，現在の価値と言ったときの現在という時間が果たして実在しているのであろうか。時間を過去，現在，未来という時系列で捉えたとき，現在はまさに瞬間の今であり，「したがって，本来的な『今』は，時間の部分ではなく，過去と未来を分割し，両者を区別するだけの『長さも幅もない点』である[10]」。したがって，時間は，現在と過去との関係論であり，未来は，「言葉のあらゆる意味で『ない』のであり，それは，過去と現在に吸収されてしまう[11]」ことにな

---

8) Stevin[1605], p. 34-36. 岸［1975］138-140 頁。
9) 渡邉［2010］2-3 頁。
10) 入不二［2008］21 頁。
11) 中島［2007］194 頁。

る。

　だとすれば，われわれは，将来キャッシュ・フローという実在しない未来という時間で測定された価額のどこにその実在性を求めればよいのであろうか。会計ならびにその利益計算構造を支える複式簿記は，正確性や検証可能性に裏打ちされた利益情報を提供することによってその信頼を勝ち取ってきた。実在する現在価値で評価する市場価値は別にしても，この信頼性をもっとも重視しなければならない会計的測定にとって，果たして実在しない未来という時間によって測定する得体の知れない将来キャッシュ・フローやその割引現在価値のどこにわれわれは，信頼を置くことができるのであろうか。

　同じく公正価値といえども，市場価値と割引現在価値では本質的にはその次元を異にしている。時間の時系列で見ていくならば，現在という時間を一定の幅をもった帯として捉えるか瞬間の今として捉えるかによって違いは生じてくるが，いずれにせよ，「瞬間の今」という時間は，すぐに過去へと吸収されていく。すなわち，この「瞬間の今」における市場価値による評価額は，瞬きをした次の瞬間に過去，取得原価に変わってしまっているのである。換言すれば，市場価値は，現在を今としてとらえ，過去と未来との単なる接点として見ていく限り，取得原価と本質的な違いは存在しない。このように考えてくると，過去が「かつての現在」であるように[12]，取得原価は，「かつての市場価値」なのである。したがって，公正価値測定のうち市場価値（現在価値）による評価は，それが単に時間の経過によって取得原価（過去価値）に変容するだけであり，取得原価主義会計の枠組みの中に位置づけることが可能になる。市場価値測定会計は，修正取得原価主義会計と見なすことができるのである。すなわち，複式簿記は，その発生の当初から，時価会計と取得原価会計との併存会計（混合属性会計）であったといえる。

　事実，18，19世紀イギリスの簿記書では，そのように位置づけてきているように思われる。しかしながら，割引現在価値（未来価値）は，それができな

---

12) このような考え方は，時間における運動，すなわち「時間の流れ」の錯誤を明らかにした結果の産物である（大森［1996］89-90頁）。

い。なぜなら，未来は，そのままの形で現在に存在することがありえないからである。

すでに言い古されたことであるが，例えば市場性のある有価証券一つをとっても，そのマーケットでの市場価値は，一般に客観性があると思われているが，1万株や2万株の僅かな持ち株数であればともかく何百万株と言った巨額の株式をいっときに現金化するに際しては，その市場価値は，頭の中で思っているほど実現可能な価額とはいえない。売り進めていく中で株価は下落し，たちまちストップ安となり，当初の価額で全てを売り尽くすことはできなくなる。そんな市場価額のどこに，実現可能で信頼できる根拠を求めることができるのであろうか。

いうまでもなく，会計記録は，経済事象の反映である。そのため，取引として認識された事象（仕訳）から元の姿（取引）に復元できる手法によって表現されているか否かが極めて重要になる。きまぐれな時価の変動によって企業利益そのものに目まぐるしい変動をきたすような情報のどこに，一体われわれは，信頼できる価値を見出せるというのであろうか。現代会計は，将来キャッシュ・インフローというばら色の期待でカモフラージュされた禁断の実を口にしてしまったのはなかろうか。

11-5 取引価格会計としての取得原価と市場価値

周知のように，公正価値(フェアー・バリュー)とは，2006年9月のSFAS第15号のパラグラフ5で，「測定日における市場参加者間の秩序ある取引において，資産の売却によって受け取った，あるいは負債の支払いや移転のために支払った金額」であると定義されているように，わが国では，一般的に時価（出口価値）を指している。すなわち，SFACあるいはSFASやIFRSの規定によると，資産の価値を測定する公正な物差しは，時価ということになる。公正な価値で測定することに異存のある者は，誰もいない。しかし，一体誰が公正な価値を時価と規定したのであろうか。この最も肝心な問題を掘り下げて論ずることなく，公正価値が時価であるということを所与のものとして措定しているところにこそ，今

日の測定問題の大きな落とし穴があるように思われてならない。重要なのは，公正な価値の具体的な測定属性を何に求めるかにある。経済学の領域ならば，「公正な価値で測定する」で終わっていても問題がないかもしれない。しかし，会計の領域では，公正な価値の具体的な測定属性を明確にしなければ，貸借対照表の価額を決定することができないのである。

　市場によって測定された価値こそが完全かつ公正で，いかなる物差しよりも客観的であるという一種の神話が蔓延しているように思われてならない。しかし，すべての資産や負債に市場が存在しているわけではない。市場のない資産や負債は，将来キャッシュ・フロー等の予測の価格で測定される。これもまた公正な価格だというのである。公正な価格での評価であれば，誰も反対はできない。まさしく「公正な（フェアー）」という言葉の持つ魔術であろう。欧米社会におけるフェアーという言葉の意味するところは，われわれ日本人が受け取る感覚とその比重の度合いに大きな落差があることを認識しなければならない。

　本来，会計の分野で慣習的に用いられている公正（フェアネス）という概念は，表現の公正さを意味しており，財務報告における準備と表現の中立性を含んだものである。すなわち，公正とは，本来，いわばどのような考え方にも偏らない中立的な考えを意味する言葉なのである。それは同時に，結果として出てきたものに対する公平さないしは正義という考え方が包括されたものでもある。したがって，財務諸表における表現ならびに宣誓における専門的な知識と注意深さが企業の財務活動の公正さを保証することになる。公正（フェアネス）という言葉は，会計においては極めて重要な役割を担っており，それは，元来，「表現における公正」を意味し，アメリカにおいては公正な教義として，またヨーロッパ社会では，「真実かつ公正な（トゥルー・アンド・フェアー）」教義を意味している[13]。

　したがって，フェアーを否定するということは直ちにアン・フェアーであることを意味し，アン・フェアーな人間とは，特定の予断を持った偏った人間を指し，その結果，人格すべてが否定されることになる。この魔術を利用して，

---

13) Monti-Belkaoui and Riahi-Belkaoui[1996], p. 1

結章　行き過ぎた有用性アプローチへの歴史からの警鐘　245

会計がその生成以来 800 年にわたって用いてきた，一部に時価による修正をも包含した取引価格による測定を，何故公正な価値が時価であるのかという合理的な説明なしに，公正価値による測定に無理やり変換させようとしているのがアメリカ基準であり，かつ国際会計基準なのである。

　ここにこそ，基準設定者の巧妙な意図，ないしは世界戦略が窺えるのではなかろうか。しかし，この公正価値が当初から単に時価や市場価値，あるいは割引現在価値と呼ばれていたならば，時価が公正な価値であるといった神話がこれほど広くかつ強く多くの人々の心を支配していたであろうか。はなはだ疑問である。重要なのは，公正な価値の具体的な測定属性を何に求めるかにある。経済学の領域ならば，物の価値を市場における公正な価値で測定するということに何の問題もないかも知れない。しかし，会計の領域では，その公正な価値の具体的な測定属性を明確にしなければ，貸借対照表の各資産の価額を決定することができず，したがって利益を確定することもできない。

　周知のように，2001 年 12 月のエンロン，2002 年 7 月のワールドコムの経営破綻，あるいは 2006 年末のサブプライムローンの焦げ付きに端を発した 2008 年 9 月のリーマン・ブラザーズの金融破綻によって，市場神話は，もろくも崩れ去ってしまった。つい 4 年程前のことに過ぎない。この市場に過度に依存する危険性をマイケル・ブロミッチ（Michael Bromwich）は，すでに 1980 年代半ばに，警鐘を鳴らしている。すなわち，「実社会においては，すべての資源や投資の機会が完全な市場で取引されているわけではない。完全な市場が損なわれている事例としては，'人的'資産を市場に売り込んだり，他の資産と切り離して企業'暖簾'を［適正に評価して］販売することの困難さが挙げられる。……［すなわち］完全な［市場が担保されている］一連の先物市場や保険［投資］への機会が不足［している状況］は，市場が不完全であるという更なる事例を提示している。資産の実現可能価格ないしはその再調達原価と現在使用中の価値との落差は，不完全な市場で予測される［であろう］結果に一般的でかつ重要な事例を会計に提供している［ことになる］。……これらの市場が抱える諸問題は，［とりわけ］高額な商品に［対して重要な］会計情報をもたらすかも知れ

ない[14]」と指摘している。

　また，高寺貞男は，バース（Mary Barth）やプランタン（Guillaume Plantin）等の論考を引用しながら，「あらためて指摘するまでもなく，『もしも市場がかなりの厚みをもちかつ容易に現金化できるならば，その時には，市場価格は信頼しうる尺度である』ので『市場価値測定体系の［歴史的原価測定体系に対する］優位性は否定できないかもしれない。［しかし］不幸なことには，市場に不完全さが存在する時には，［市場価格が資産の『真実かつ公正な』価値ではないことがよくある』ので］歴史的原価［測定］体系と比べて市場価値測定体系の優位性はもはやそれほどはっきりしなくなる[15]」と指摘している。

　とはいえ，複式簿記は，その発生当初からその時々の市場価値によって取引を行ってきた。この市場価値（現在価値）は，時が経つと取得原価（過去価値）に変容する。複式簿記の生成当初より，商人たちは，現在価値と過去価値の間に落差が生じた時，その差額を現在価値によって修正する知恵を産み出してきた。現存する最古の勘定記録は，1211年フィレンツェの一銀行家がボローニアの定期市で記録した2葉4頁の上下連続式の勘定記録である。そこでは，僅か4頁の勘定記録のため，勘定科目によって貸倒損失勘定が設定されていたか否かを確認することはできない。しかしながら，貸付先が倒産等によって貸倒れになるであろうリスクを十分に認識していたであろうことは，すでに第6章6-2「時価評価の登場」で述べたところである。

　実際に貸倒損失勘定を設定している記帳例として，われわれは，14世紀末のダティーニ商会バルセロナ支店の帳簿を挙げることができる[16]。この記帳例では，売掛金を時価で評価替えして，貸倒損失を「取り戻せない損失」(irrecoverable account)として計上している。また，1404年のダティーニ商会フィレンツェ支店では，掛売り代金のうち回収不能部分を不良債権（cattivo debitore）として計上している[17]。パチョーリの『スンマ』でも第3章「財産

---

14) Bromwich[1985], p. 57.
15) 高寺［2008］236-237頁。
16) de Roover[1974], p. 149.

目録の模範形式」項目 14 において，「私は，[支払いが] 確実な債務者に対して，何ダカットの回収可能な貸金があるかを記載する。これに対して，[回収が] 確実でない債務者に対する債権を不良な貸金と呼ぶ[18]」と述べている。

このように，時価（市場価値）による測定は，複式簿記の発生と同時に登場していたのである。それ故，取引時点での時価（取得原価）と決算時点での時価（市場価値）は，単に時間軸の相違によって生じる表象上の違いに過ぎず，市場価値は，本質的には取得原価と同質なものとして位置づけることができる。将来において市場がどのようにその姿を変えていくのかは，現在時点ではまったく不透明ではあるが，例え市場が不完全であったとしても，その時々の時点において，市場価値にもとづく取引価格は，動かしがたい客観的な事実として位置づけることができる。現実に売買がなされた結果によって生じる実現損益は，単に保有しているだけで発生する架空利益とは，質的に異なるということを認識しなければならない。取引価格，したがって取得原価による測定の最大の利点は，そこで測定された価額が歴史的な事実として，いつでもその価額の客観性と透明性，すなわち取引事実による検証を可能にさせるところにある。事実にもとづく検証可能性，ここにこそ実地棚卸しで求めた利益の証明手段として完成した複式簿記の原点があり，会計に対する信頼性を確固たるものにした最大の要因が存するのである。

11-6　割引現在価値と実現概念

公正価値は，1950 年代に将来キャッシュ・フローを基軸に据えた割引現在価値を原点にして，1973 年に APB オピニオン 29「非貨幣性取引の会計」において初めて完全な定義がなされた[19]。しかしながら，同じく公正価値と呼ばれたとしても，一般に時価と呼ばれる市場価値は，1950 年代以降に登場する将来キャッシュ・インフローを基軸に据えた割引現在価値を原点に置く公正価

---

17) Penndorf[1933], SS. 37-38.
18) Geijsbeek[1914], p. 37, 片岡[1967] 55 頁。
19) Bromwich[2007], p. 49.

値とは，その本質において大きく異なる。

　時価によって取引時点の価格を補正する方法は，複式簿記の発生と同時に登場している。貸付債権の時価評価，すなわち貸倒損失の計上，あるいは備品や棚卸商品の評価損の計上は，最古の勘定記録を始め 13-15 世紀のイタリア商人の帳簿の中に散見されるのは，すでに前節ならびに第 6 章で述べたところである。取得原価による測定と時価（市場価値）による測定の両者は，複式簿記の発生当初より併存していた。複式簿記は，生まれながらにして時価と原価の併存会計（混合属性会計）であったといえる。

　取引時点においては，すべてが市場価値（現在価値）で取引され，その価格は，時間の経過した決算時点で取得原価（過去価値）に変容するに過ぎない。換言すれば，市場価値測定会計は，広義の取得原価主義会計（過去会計と現在会計の両者を含む併存会計＝混合属性会計），すなわち取引価格会計（transaction-price accounting）の枠組みの中で捉えられるものであり，同じく公正価値会計の範疇に属する未来会計としての割引現在価値会計とは，その本質を異にしている。なぜなら，事実にもとづく実際の取引価格による記録なのか，それとも推測にもとづく仮想の取引価格による記録なのかによって，両者が寄って立つ時間軸が根本的に異なるからである。取引価格会計と公正価値会計を区分するのは，実現概念なのである（図表 11-1 参照）。

図表 11-1　取引価格会計と公正価値会計の関係

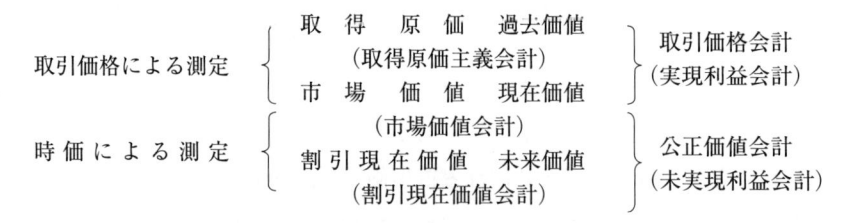

測定基準	価値区分	会計区分
取引価格による測定	取得原価　過去価値（取得原価主義会計）	取引価格会計（実現利益会計）
	市場価値　現在価値（市場価値会計）	
時価による測定	割引現在価値　未来価値（割引現在価値会計）	公正価値会計（未実現利益会計）

　今日の公正価値会計の最大の課題は，実現概念をどのように捉えるかにかかっている。物の価値それ自体を測定するのは，経済学の世界であり，経営者にとって重要なのは，保有する商品が今いくらの価値を有しているかではなく，

現実にいくらで売却できるかにかかっている。会計は，現実の経済事象の写像であり，決して予測や期待の世界の経済事象を映し出すものではない。実現した事実にもとづく利益計算こそが，幾多の不易流行を繰り返しながらも，その発生以来会計が変わらずに果たしてきた役割であり，それゆえにこそ800年もの長きに亘って信頼され続けてきたのである。われわれは，絵に描いた餅を食べて生きていくことは，できない。実現という物差しを棚上げして，保有利益や評価利益によって利益を求めたとしても，それは，決して会計上の真の利益を意味していることにはならないのである。

しかしながら，今日の公正価値会計にとっては，もはや実現概念など何の意味も持たないのかも知れない。複式簿記誕生当初における利益概念は，実際に手に入れることのできる実現利益こそが真の利益であって，絵に描いた餅のごとき未実現の利益などはまさに絵空事であり，当時の商人たちにとっては，何の意味も持たなかった。会計上の利益の本質は，配当可能な実現利益であり，決して包括利益ではないはずである。

取得原価と市場価値と割引現在価値の3者の関係を整理すれば，前頁の図表11-1のようになる。

市場のないものに対しては，市場価値で測定するわけにいかない。そのため，その測定のためには，類似の資産の市場価値で類推するか（レベル2），あるいは当該資産や負債の将来キャッシュ・フローを予測し，そこから将来利息を現在価値に割り引いた価額をもって時価と見なす（レベル3）かのいずれかである。とりわけレベル3では，そこで測定される価格は，いわば予測の二乗になる。予測というのは，外れるから予測であって，このように予測に予測を掛け合わせた割引現在価値のどこにわれわれは，会計的真実や取引の客観性を求めれば良いのであろうか。

私は，このような，割引現在価値という得体のしれない評価手段は，信頼性を基軸に置く会計の世界の物差しとしては，不適切であると思っている[20]。測定の原点は，取引価格（取引時点の市場価値＝取得原価）である。取得原価の最大の特徴は，それが現実に取引された客観的な価額であるということに加え

て、その価額が実際に取引した証憑書類によって検証することが可能なところにある。この事実性（客観性）と検証可能性（透明性）に支えられた信頼性こそが会計ないしはその計算構造を支えてきた複式簿記の原点なのである。信頼できるからこそ、会計ないしは複式簿記は、800年もの長きにわたり脈々と継承されてきた。ファイナンスの世界ならいざ知らず、会計学の世界は、決して目的適合性や有用性を第一とした今日の行き過ぎた意思決定有用性アプローチが大手を振ってのし歩く世界ではないのである。

11-7 信頼性、検証可能性の後退と忠実な表現

FASBは、1980年5月に発表したSFAC第2号「会計情報の質的特性」において、会計情報を有用なものとするための必要な質的特性について述べている。そこでは、「財務報告は、現在および将来の投資者、債権者その他の情報利用者が合理的な投資、与信およびこれに類似する意思決定を行うのに有用な情報を提供しなければならない[21]」とし、その有用性を担保するものとして、目的適合性と信頼性の二つを対等な関係で位置づけていた[22]。この段階では、いわば信頼できる情報でなければ有用でないということをまだ明確に意識していたのである。

しかしながら、安定的な配当を期待する一般の株主ではなく、投機的利潤を期待し膨大な資金力を有するごく一部の投機家からの企業への要求ないしは圧力が強まってくると、必然的に、経営者たちは、彼らの要求に応えるような行動を採らざるをえなくなる。すなわち、継続的な記録によって算出された当期純利益情報ではなく瞬間瞬間によって変動する企業価値情報の提供を余儀なく

---

20) 種々の引当金の設定額は、多くは動態論以降に登場してくるが、割引現在価値によって算出されているのではないかとの一部の見方もある。しかし、例えば貸倒引当金は、単に過去の経験値、すなわち過去に実際に発生した金額から算定したものに過ぎず、将来のキャッシュ・アウトフローの割引計算によって求められた数値と解釈すべきではない。

21) FASB[1980], No. 2, p. 9. 平松、広瀬共訳［1994］70-71頁。
22) FASB[1980], No. 2, p. 15. 平松、広瀬共訳［1994］77頁。

させられてくる。投機家の関心は，正常な経営活動にもとづいて獲得される成果がいくらあるのかではなく，今保有している株式を売り抜ければいくらの投機的利潤を得ることができるのかにある。彼らの求める情報は，いわばM&Aを前提にした企業の清算価値情報なのである。しかしながら，経営者にとって最も重要なのは，如何にして企業を倒産の憂き目から回避させるか，如何にして企業をゴーイングコンサーンさせていくのかにある。この命題は，単に製造業だけではなく金融業にも当てはまるのは，いうまでもない。決して，清算を前提にした企業価値を算出するのが目的ではないはずである。

今や誰も大きな関心を示さなくなってしまったが，会計を成立せしめる基礎的な前提，すなわち会計公準に継続企業の公準（ゴーイングコンサーン）があることを思い起して欲しい。会計は，あくまでも企業の継続を前提にして始めて成り立ち，清算を前提にしては成立しえないのである。清算を前提した企業価値計算は，もはや会計の領域ではない。このゴーイングコンサーンという大前提を忘れて，会計は，存在しえない学問領域なのである。

ヘッジ・ファンドに代表される投機家たちは，この継続企業を前提にした，複式簿記にもとづいて算出される当期純利益などにはほとんど関心がなく，今まさにその瞬間における企業価値がいくらであるかに最大の関心を払う。この1年でいくらの成果を上げたかといった過去ないしは現在の情報ではなく，将来どれだけのキャッシュ・インフローを生み出すことができるのかといった未来情報こそが彼らの意思決定にとって重要な情報なのである。その結果，大株主である投機家の要求にもとづいて，企業は，取得原価を基軸に据えた発生主義にもとづく当期純利益情報よりも公正価値によって測定された包括利益情報ないしは企業価値情報の開示を優先するに至った。とりわけ金融商品の世界では，貸借対照表に重点が置かれ，損益計算書の役割は，大きく後退していくことになる。極論すれば，損益計算書は，企業価値計算のもとでは，もはや不要な計算書になる。

すでに11-3で述べたが，会計の計算構造を支える複式簿記は，実地棚卸しによるビランチオで求めた利益を継続的な記録による集合損益勘定の利益で証

明することによって成立した。すなわち，実地棚卸しによる有高計算の証明道具として成立したのである。事実にもとづいて計算された利益の信頼性，したがって誰によってもそこで計算された数値の正確性ないしは事実性を確認できる検証可能性が担保されていることこそが会計を成立せしめた根源であり，会計の本質なのである。

しかしながら，会計の有用性が過度に主張されてくると，当初は，信頼できる情報こそが有用であると言っていた SFAS あるいは IFRS が有用な情報を提供するためには，この信頼性が足かせになってきた。そのため，近年では，信頼性や検証可能性を会計基準設定の基本的特性から後退させ補正的特性へといわば降格させたのである[23]。乱心としか思えない転換である。

測定の信頼性に関して，2010年の IFRS は，「ある項目を認識するための第2の基準は，当該項目が信頼性をもって測定できる原価又は価値を有していることである。多くの場合，原価又は価値は見積もらなければならない。合理的な見積もりの採用は，財務諸表の作成に必要不可欠であり，信頼性を損なうものではない[24]」とし，新しい概念フレームワークから信頼性を排除し，それに代わって「忠実な表現(フェイスフル・リプレゼンテイション)」という用語を登場させた。「その理由の一つは，『信頼性』の曖昧さに起因する公正価値評価批判がしばしば起こったからであった[25]」と言われている。まさしく，主客転倒である。いかなる情報にとっても，最も重要な要因は，信頼性にある。一体，信頼できない情報など正常な企業活動を行っている企業にとっていかほどの価値があるのであろうか。

信頼性が IFRS の会計基準の基本的な質的特性から外されたばかりではなく補助的な質的特性にすら位置づけられることもなく，またこの信頼性を担保する検証可能性が補助的な質的特性へとある意味では格下げになったのは，まさしく IFRS や SFAS が有用性を錦の御旗に，目的適合性にそぐわない情報をすべて排除しようという意向なのである。会計基準の設定に当たって，むしろ，

---

23) 岩崎[2011] 31-34頁。藤井[2011] 32頁。津守[2012] 21-22頁。
24) IASB[2010], Chapter 4, F4-41.『国際財務報告基準 (IFRSs)』[2011] 第4章4-41, A48頁。
25) 德賀[2011] 32頁。

排除されなければならないのは信頼性ではなく，有用性という名のもとで不確実な予測にもとづいて作成される情報の方ではなかろうか。

この点に関して，IFRS は，「財務報告書は，経済現象を言語と数字で表現するものである。有用であるためには，財務情報は，目的適合性のある現象を表現するだけでなく，表現しようとしている現象を忠実に表現しなければならない。完璧に忠実な表現であるためには，描写は3つの特性を有する。それは『完全』で，『中立的』で，『誤謬がない』ということである[26]」としている。一読すれば，忠実な表現とは，経済現象を忠実に表現するかのような印象を与えるが，事実としての経済現象ではなく，あくまでも目的適合性にかなった経済事象を忠実に表現することなのである。すなわち，IFRS2011 によると，目的に適合しない情報であれば，たとえそれが真の経済現象であったとしても，投資意思決定や与信にとっては，情報の忠実な表現には成り得ないのである。

11-8 むすびに代えて
――会計の本来的役割――

債権・債務の備忘録として13世紀初めに発生した複式簿記は，遅くとも14世紀前半には，企業の総括損益を計算するシステムとして完成した。複式簿記を完成に至らしめた第一義的な要因は，実地棚卸によってビランチオで求めた企業の総括損益を継続的な記録によって証明するところにあった。すなわち，会計の原点は，検証可能性に担保された信頼性の高い継続記録（複式簿記）によって，その継続記録とは無関係に実地棚卸しで算定された利益を証明する道具として確立したのである。正確性と検証可能性に裏づけされた信頼性こそが会計の利益計算構造を支えてきた複式簿記の出発点であり，同時にまた到着点でもある。この会計の信頼性を担保してきたのがまさしく発生（実現）基準を基軸に据えた取得原価（取引価格＝市場価値）にもとづく損益計算であった。そこで算出された利益が信頼できる情報であったからこそ，複式簿記は，800

---

26) IASB[2010], Chapter 3, FQC12.『国際財務報告基準（IFRSs）』[2011] 第3章，QC12，A33頁．

年もの長きにわたって，会計の利益計算構造を支え続けることができたのである。

しかしながら，時移り，17世紀後半から18世紀前半にかけて，保有する資産の価額と取得時のそれとの間に落差が生じてくると，会計の根源的な役割である利益計算機能にさまざまな矛盾が生じてきた。取得原価による測定で果たして正確な利益計算が行われるであろうかという疑義である。このような問題を解消するために，当該資産を市場の現在価値で再評価する会計処理法やキャッシュ・フロー計算書が登場してくるのである。

さらに，18世紀後半から19世紀初めにかけて，それまでの組合や許認可制度によって設立された株式会社に代わって巨大で近代的な株式会社が次々と誕生してくると，会計の役割に変化が生じてきた。正確で検証可能な信頼できる配当可能実現利益を計算するというそれまでの会計の主目的が株主から資金を調達するために投資意思決定に有用な情報を提供するという目的に大きく舵を切り替えることになる。会計目的の転換である。

この流れに拍車をかけたのが，発生主義を基軸に据えた取得原価にもとづく配当可能な実現利益計算から将来キャッシュ・フローをも巻き込んだ公正価値会計への転換である。

1976年12月にFASBは，討議資料を公表し，資産負債アプローチと収益費用アプローチによる会計観を提唱した。その後，新たな金融商品の登場により，1990年にSFAS第105号を，さらに1991年SFAS第107号を公表し，公正価値による測定が広く知られるところとなった。1993年のSFAS第115号により，取得原価と公正価値の両者による「混合モデル」が主流となったのは，周知の通りである。2006年9月には，SFAS第157号が発表され，これを基軸に2009年5月IASBにより「公正価値測定」の公開草案が策定され，2011年5月にIFRSが新たなガイダンスを公表するに至ったのである。

このような公正価値への傾倒が顕著になる中で，FASBは，国際基準のロードマップへコミットするか否かの判断基準を2011年6月から12月に先延ばししたのである。かかる状況下で，IFRSアドプションへの世界的な流れにも大

きな変化が見られようとしている。恐らく，今しばらくの間は，わが国も宙ぶらりんの状況を引きずって行くものと思われる。

不易流行という言葉があるが，われわれ会計学徒は，時の流れに棹さすことなく，今一度原点に立ち戻り，会計が果たさなければならない本来の役割や目的，すなわち目先の有用性ではなく，根底に横たわる会計の本質について，地に足を着けた研究に目を向ける必要があるのではなかろうか。

【参考文献】

AAA[1957], "Accounting and Reporting Standards for Corporate Financial Statements 1957 Revision", *The Accounting Review,* Vol. 32, No. 4.

AAA[1966], *A Statement of Basic Accounting Theory,* Illinois. 飯野利夫訳［1969］,『アメリカ会計学会基礎的会計理論』国元書房。

Alvaro, Martinelli[1974], *The Origination and evolution of Double Entry Bookkeeping to 1440, Part1 and Part 2,* Denton.

Barth, Mary[2006], "Including Estimates of the Future in Today's Financial Statements", BIS Working Paper, No. 208, August.

Bromwich, Michael[1985], *The Economics of Accounting Standard Setting,* Prentice Hall.

――――[2007], "Fair Values : Imaginary Prices and Mystical Markets. A Clarificatory Review", Walton, Peter, ed., *The Routledge Companion to Fair Value and Financial Reporting,* New York.

de Roover, Reymond[1974], *Business, Banking, and Economic Thought,* Chicago & London.

Dhaliwal, Dan, K. R. Subramanyam and Robert Trezevant[1999], "Is comprehensive income superior to net income as a measure of firm performance", *Journal of Accounting and Economics,* Vol. 26, Nos. 1–3.

FASB[1976], *An Analysis of Issues Related to Conceptual Framework for Financial Accounting and Reporting : Elements of Financial Statements and Their Measurement,* FASB Discussion Memorandum. 津守常弘監訳［1997］『FASB財務会計の概念フレームワーク』中央経済社）．

――――[1980], *Statement of Financial Accounting Concepts,* No. 2 "Qualitative Characteristics of Accounting Information". 平松一夫，広瀬義州共訳［1994］『FASB財務会計の諸概念［改訳新版］』中央経済社。

――――[2000], *Statement of Financial Accounting Consepts,* No. 7 "Using Cash Flow Information and Present Value in Accounting Measurements".

Geijsbeek, John B.[1914], *Ancient Double-Entry Bookkeeping,* Denber.

IASB[2010], *Conceptual Framework for Financial Reporting 2010.*

Monti-Belkaoui, Janice and Ahmend Riahi-Belkaoui[1996], *Fairness in Accounting,* London.

Penndorf, Balduin[1933], *Luca Pacioli Abhandlung über die Buchhaltung 1494,* Stuttgart.

Plantin, Guillaume, Haresh Sapra and Hyun Song Shin[2004], *Fair Value Reporting Standards and Market Volatility,* Working Paper, Carnegie Mellon University, University of Chicago and LSE, October, 2.

Porter, Roy[1982], *English Society in the Eighteenth Century,* (Revised edition 1990), London. 目羅公和訳［1996］『イングランド18世紀の社会』法政大学出版局。

Stevin, Simon[1605], *Vierde Stvck Der Wisconstighe Ghedachtnissen Vande Weeghconst,* Leyden.

Yamey, Basil S.[1978], *Essays on the History of Accounting,* New York.

安藤英義［2012］「財務会計と財務報告の間」『企業会計』第64巻第4号。
泉谷勝美［1980］『複式簿記生成史論』森山書店。
入不二基義［2008］『時間は実在するか』講談社現代新書，第7刷。
岩崎　勇［2011］「IFRSの概念フレームワークについて」『會計』第180巻第6号。
大森荘蔵［1996］『時は流れず』青土社。
片岡義雄［1967］『増訂パチョーリ「簿記論」の研究［第二版］』森山書店。
岸　悦三［1975］『会計生成史―フランス商事王令会計規定研究―』同文舘。
木村　敏［1982］『時間と自己』中公新書。
斎藤静樹［2012］「会計基準と基準研究のあり方―整合性・有用性・規範性」大日方隆編著『会計基準研究の原点』中央経済社。
斎藤静樹編著［2002］『会計基準の基礎概念』中央経済社。
斎藤寛海［2002］『中世後期イタリアの商業と都市』知泉書館。
高寺貞男［1988］『可能性の会計学』三嶺書房。
―――［2008］「市場の不完全さと市場価値会計の適用限界」『大阪経大論集』第59巻第2号。
津守常弘［2012］「現代会計の『メタ理論』的省察」『企業会計』第64巻第8号。
徳賀芳弘［2011］『会計基準における混合会計モデルの検討』IMES Discussion Paper No. 2011-J-19，日本銀行金融研究所。
中島道義［2007］『「時間」を哲学する 過去はどこへ行ったのか』講談社現代新書，第22刷。
藤井秀樹［2011］「FASB/IASB改定概念フレームワークと資産負債アプローチ」『国民経済雑誌』第204巻第1号。

松本敏史［2008］「財務会計と管理会計の融合」『會計』第 173 巻第 5 号。
渡邉　泉［1983］『損益計算史論』森山書店。
―――［1993］『決算会計史論』森山書店。
―――［2005］『損益計算の進化』森山書店。
―――［2008a］『歴史から学ぶ会計』同文舘出版。
―――［2008b］「現代会計の落とし穴―歴史からみる会計の本質―」『会計史学会年報』第 27 号。
―――［2009］「会計目的のパラドクス―信頼性と有用性の狭間―」『會計』第 175 巻第 5 号。
―――［2010］「取得原価主義会計と公正価値―市場原価による測定の位置づけ―」『會計』第 178 巻第 3 号。
―――［2011］「歴史から見る時価評価の位置づけ―取引価格会計としての取得原価と公正価値―」『會計』第 180 巻第 5 号。
―――［2012］『行き過ぎた有用性アプローチへの歴史からの警鐘』大阪経済大学ワーキングペーパーシリーズ，No. 2012-1, April。

索 引

あ 行

IASB ……………………………… 73
IFRS ……………………… 51, 57, 61, 252
IFRS 下の会計情報 ………………… 63
IFRS 第 13 号 ……………………… 28
IT バブル …………………………… 37
アカウンティング・マインド ……… 89
RAP ………………………………… 31
アンダーセン ……………………… 41

イギリス東インド会社 …………… 98
一般事業会社 ……………………… 144
一般貸借対照表 …………………… 151
入口価値 …………………………… 209
イングランド銀行 ………………… 219
インピン（Jan Ympyn Christofells）.. 134
「インフレーション」会計 ………… 201

売残商品の棚卸高 ………………… 106
売残商品の評価額 …………… 106, 111
売残商品の評価方法 ……………… 100

ARS 第 6 号 ………………………… 195
営業キャッシュ・フロー ………… 23
AAA ………………………………… 236
ASOBAT …………………………… 27
ASBJ ………………………………… 6
エコノミックス・マインド ……… 90
SIV ………………………………… 44
S&L ………………………………… 30
S&L 危機 …………………………… 28

SFAS 第 15 号 ……………………… 243
SFAS 第 33 号 ……………………… 196
SFAS 第 105 号 ……………………… 33
SFAS 第 107 号 ……………………… 33
SFAS 第 114 号 ……………………… 35
SFAS 第 115 号 ………………… 35, 197
SFAS 第 130 号 ……………………… 235
SFAS 第 133 号 ……………………… 39
SFAC 公開草案 …………………… 81
SFAC 第 1 号 ……………………… 27
SFAC 第 2 号 …………………… 27, 250
SFAC 第 7 号 ……………………… 82
FASB ………………… 73, 79, 83, 235
エンロン …………………… 36, 245
エンロン事件 ……………………… 28

欧州債務危機 ……………………… 43
オフバランスリスク ……………… 34

か 行

会計委員会 ………………… 105, 115
会計公準 …………………………… 251
会計訴訟 …………………………… 144
会計不信 …………………………… 46
会社資本評価 ……………………… 114
価格の振幅 ………………………… 217
価格変動の「伝染」………………… 218
拡張された収益費用アプローチ … 88
過去価値 …………………………… 248
過去情報 …………………………… 238
貸倒損失 …………………………… 246
貸倒損失勘定 ……………………… 123

加重平均単価 ……………………… *107*
仮説検証型のサーベイ ……………… *52*
仮想上の原価配分 ………………… *108*
家族組合 …………………………… *239*
価値関連性 ……………… *58, 61, 64*
貨幣動態 …………………………… *77*
カレント・コスト ………………… *193*
カレント・バリュー ……………… *193*
監査テキスト ……………………… *167*
監査人の義務 ……………………… *178*
監査人の責任 ……………………… *174*

期間組合 …………………………… *239*
企業会計基準審議会 ……………… *204*
企業会計原則 ……………………… *202*
企業会計審議会 …………………… *204*
企業会計制度対策調査会 ………… *202*
企業価値情報 ……………………… *237*
企業内流動性 ……………………… *215*
企業に固有の観点 ………………… *209*
期待キャッシュ・フロー …………… *80*
期待キャッシュ・フロー・アプローチ
　……………………………………… *84*
期待払出価値 ……………………… *87*
期待利益 …………………………… *138*
規範提唱型のサーベイ ……………… *53*
期末棚卸商品の時価評価 ………… *134*
キャッシュ・フロー計算書 ……… *254*
キャンドル形式 …………………… *99*
競売 ………………………… *99, 105*
緊急時の時価 ……………………… *217*
金融イノベーション ……………… *199*
金融危機 …………………………… *216*
金融商品に関する会計基準 ……… *206*
金融商品プロジェクト ……………… *32*
金融投資 …………………………… *226*
金融破綻 …………………………… *245*

偶発損失準備金 …………………… *150*
グランド・ジャンクション鉄道会社
　…………………………………… *144*

経済学的アプローチ ……………… *199*
計算擬制的の項目 …………………… *76*
契約支援機能 ………………… *54, 66*
決算緩和方法 ……………………… *223*
原価・実現主義 ……………………… *7*
原価・実現主義会計 ………………… *10*
原価配分 …………………………… *117*
原価法 ……………………………… *227*
原価法の適用 ……………………… *230*
現在価値 …………………… *126, 248*
現在市場価値 ………………… *80, 87*
現在の市場価格 …………………… *137*
現在払出価値 ………………… *80, 87*
現状・課題明示型のサーベイ ……… *52*
検証可能性 ………………………… *236*
減耗償却 …………………………… *159*

ゴーイングコンサーン …………… *251*
公益事業会社 ……………………… *144*
更新基金 …………………………… *157*
公正 ………………………………… *244*
公正価格 …………………………… *230*
公正価値 …………… *83, 208, 241, 243*
公正価値アプローチ ……………… *200*
公正価値オプション ………………… *73*
公正価値会計 ……………… *9, 32, 54, 68*
公正価値測定 ………………… *194, 198*
公正価値〔会計〕の限界 ………… *217*
合同東インド会社 …………………… *98*
合本企業 …………………………… *98*
国際会計基準委員会（IASC）……… *198*
£5,000 定額方式 …………… *144, 151*
固定資産の時価評価 ……………… *126*

「こと」の世界 …………………… 122
混合会計 ……………………… 7, 19, 25
混合属性会計 …………………… 242
混合モデル ………………… 197, 254

さ 行

財貨動態 …………………………… 77
採掘権 …………………………… 160
債権債務の備忘録 ……………… 238
最後の貸し手 …………………… 220
最古の勘定記録 ………………… 123
最低競売価格 …………………… 163
財閥 ……………………………… 227
財閥持株会社 …………………… 231
財務会計基準審議会（FASB）……… 195
財務制限条項 …………………… 66
財務報告書 ……………………… 253
サブプライムローン …… 28, 41, 216, 245
残高表 …………………………… 132

GAAP …………………………… 31
時価 ………………………… 138, 207
時価会計適用回避 ……………… 227
時価からの遮断 ………………… 230
時価評価 ………………………… 116
時価評価の前提条件 …………… 232
事業投資 ………………………… 226
自己金融 ………………………… 154
自己金融機能 …………………… 148
自国基準 …………………………… 61
自国基準下の会計情報 ………… 63
資産再評価差損 ………………… 148
資産再評価方式 …………… 148, 151
資産の検証 ………………… 173, 183
資産負債アプローチ
 ………………… 54, 74, 76, 197, 201
事実性 …………………………… 250

市場価値 …………………… 112, 241, 247
市場参加者の観点 ……………… 209
市場流動性 ……………………… 215
実現概念 ………………………… 248
実現・稼得過程アプローチ ………… 10
実現の判定規準 ………………… 86
実現の本質的意味 ……………… 85
実在性の検証 ……………… 174, 176, 183
実体的時価離脱 ………………… 220
実体特殊的測定値 ……………… 81, 83
実物にあたったテスト ………… 190
実用簿記書 ……………………… 128
資本維持の原則 ………………… 12
資本的支出 ……………………… 147
資本不変の原則 ………………… 12, 15
車両減価償却および更新基金 ……… 155
車両購入価格上昇見積り ……… 146
車両再評価益 …………………… 150
車両資産再評価要約表 ………… 149
収益費用アプローチ …… 54, 74, 76, 201
受託責任アプローチ …………… 200
取得原価 …………………… 130, 137
純資産簿価モデル ………………… 7
純利益 ……………………………… 57
使用価値 …………………………… 15
商法調整意見書 ………………… 204
情報提供機能 …………………… 237
正味実現可能価値 ……………… 87
昭和金融恐慌 …………………… 221
初期プロフェッショナル監査 ……… 168
新金融商品プロジェクト ……… 197
信頼性 ……………………… 236, 250

スウィーニー（H. W. Sweeney）…… 194
数量の検証 ……………………… 189
スコラ学派 ……………………… 230
ステフィン（Simon Stevin）……… 240

262 歴史から見る公正価値会計

ストック・アカウント ………… 148, 154
ストックオプション ……………… 39, 56
スピーサー (E. E. Spicer) …………… 177
住友 …………………………………… 228

制規組合 ……………………………… 98
精細監査 ……………………………… 183
生保業界の財産評価損 ……………… 222
生保証券の設立 ……………………… 224
制約された資産負債アプローチ …… 88
世界金融危機 ………………………… 43
先駆的期間損益計算 ………………… 240
全面公正価値会計 ………… 16, 21, 25

増減比較計算 ………………………… 240
相対情報内容 ………………………… 59
増分情報内容 ………………………… 59
総平均法 ……………………… 106, 109
測定属性 …………………………… 78, 80
測定値の硬度 ………………………… 54
その他の包括利益 …………………… 17
損益計算収支計算書 ………………… 151

た 行

第1の利益測定モデル ……………… 76
第2の利益測定モデル ……………… 77
貸借対照表監査 ……………………… 181
ダーティー・サープラス …………… 67
棚卸資産数量の検証 ………… 188, 190
棚卸資産の数量に関する検証 ……… 187
単式簿記 ……………………………… 128
担保評価 ……………………………… 220

忠実な表現 …………………………… 252
帳簿記録の監査 ……………………… 169

低価評価 ……………………………… 12

ディクシー (Lawrence R. Dicksee)
………………………………… 169, 174
定型的照合業務 ……………………… 182
ディッキンソン (Authur L. Dikinson)
……………………………………… 180
出口価値 ……………………………… 208
デリバティブ ………………………… 207
伝統的時価主義会計 ‥ 194, 199, 201, 206
伝統的実現概念 ……………………… 85
投機家 ………………………………… 251
当期純利益 …………………………… 17
投資意思決定支援機能 …………… 53, 57
ドゥ・ポーラ (de Paula) …………… 178
透明性 ………………………………… 250
土地評価益 …………………………… 161
トライアングル体制 ………………… 6
取締役報告書 ………………………… 146
取引価格 ……………………………… 247
取引価格会計 ………………………… 248

な 行

投売価格 ……………………………… 220
ナタールランド・コロナイゼイション株
式会社 ……………………………… 161

ヌーシャテル・アスファルト株式会社
……………………………………… 159

は 行

売価 …………………………… 109, 112
「売価」に基づく評価 ……………… 108
売却価格の選択 ……………………… 110
配当可能利益 ………………………… 22, 115
配当可能利益の代替値 ……………… 22
配当財源 ……………………… 145, 150
配当財源の確保 ……………………… 165

ハイブリッド型会計 …………………… 7
バウチング ………………… 169, 171, 172
バジョットの原理 …………………… 219
バジョット・ルール …………………… 219
パチョーリの「スンマ」…………… 124
発生主義 ……………………… 237, 251
ハミルトン（Robert Hamilton）
　……………………………… 132, 137

東インド会社 …………………………… 98
秘密積立金 …………………… 155, 176
評価 …………………………………… 167
評価額 ………………………………… 167
評価額に対する監査 ………………… 186
評価額の検証 ………………… 177, 184, 189
評価についての検証 ………………… 187
ビランチオ ………………… 121, 240

VR 指標 ……………………………… 66
複合会計 ……………………………… 19
複式簿記のレーゾンデートル ……… 239
負債のパラドックス ………… 73, 90
不正の摘発 …………………………… 170
不良債権の一括償却 ………………… 164
プロフェッショナル監査 …………… 172
文書証拠 ……………………………… 238
分配可能利益 ………… 4, 9, 10, 22

平均固定資産減価相当額 …………… 146
平時の時価 …………………………… 217
ヘイズ（Richard Hayes）………… 136
併存会計 ……………………………… 242
ペイトン（W. A. Paton）………… 194
ペグラー（E. C. Pegler）………… 177
変動差額計算 ………………………… 240
変動相場制 …………………………… 206

包括利益 ………………………… 17, 57
包括利益化 ……………………… 7, 21
包括利益情報の有用性 ……………… 60
簿価修正アプローチ ………………… 84

ま 行

マルコム（Alexander Malcom）…… 128

三菱 …………………………………… 227
見積評価 ……………………………… 116
みなし売却 …………………………… 137
未来価値 ……………………………… 248
未来情報 ……………………………… 238

名目価値 ……………………………… 154
メイヤー（Jhon Mair）………… 130, 136

目的適合性 …………………………… 236
持株会社 ……………………………… 227
「もの」の世界 ……………………… 121
モンゴメリー（Robert H. Montgomery）
　……………………………… 181, 184

や 行

有価証券の時価評価 ………………… 223
有用性 ………………………………… 236
輸入商品 ……………………………… 104

「寄せ集め」の集合勘定 …………… 124

ら 行

利益処分結合財産目録 ……………… 240
利益調整弁 …………………………… 151
利益の先取り ………………………… 137
利益標準化 …………………………… 200
利害調整機能 ………………………… 237
Lee 原則 ……………………………… 162

リサイクリング……………………… 22
利息法………………………………… 83
リーマンショック…………………… 42
リーマン・ブラザーズの破綻……… 28
流動性………………………………… 217
流動性の喪失…………………… 219, 232

歴史的原価…………………………… 84
レベル 1………………………… 58, 64
レベル 2………………………… 58, 64
レベル 3………………………… 58, 64
ロンドン＆ジェネラル銀行事件…… 176
ロンドン・バーミンガム鉄道……… 151
ロンドン東インド会社……………… 97

わ 行

割引現在価値…………………… 241, 247

【執筆者略歴─執筆順】

松 本 敏 史（まつもと としふみ）：第1章
　1953年　福山市に誕生
　1980年　同志社大学大学院商学研究科博士後期課程中退
　1980年　同志社大学商学部教授助手，講師，助教授を経て現在同大学商学部教授
　主要業績
　　『財務諸表分析入門─エクセルでわかる企業力─』松村勝弘・松本敏史・篠田朝也共著，BKC，2000年。
　　「カスタマー・ロイヤルティ・プログラムと収益認識」『国際会計研究学会年報』（第29号，2012年）。
　　「財務会計と管理会計の新たな融合」『會計』第173巻第5号，2008年5月。他
　特　許
　　「企業価値評価装置，企業価値評価方法，及びコンピュータプログラム」（特願2007-258746，登録日2012年6月1日）。

宮 武 記 章（みやたけ のりあき）：第2章
　1974年　新居浜市に誕生
　2004年　関西学院大学大学院商学研究科博士後期課程単位取得
　2004年　大商学園高等学校教諭
　2008年　大阪経済大学経営情報学部専任講師，現在情報社会学部准教授
　主要業績
　　「サステナビリティ報告書の国際的動向」平松一夫編著『国際財務報告論』中央経済社，2007年。
　　「排出量取引制度会計の本質」『社会関連会計研究』日本社会関連会計学会，第21号，2009年。
　　「日本における気候変動情報の開示事例」村井秀樹他編著『カーボンディスクロージャー』税務経理協会，2011年。他

宮 宇 地 俊 岳（みやうち としたけ）：第3章担当
　1978年　京都市に誕生
　2009年　京都大学大学院経済学研究科博士後期課程単位取得
　2009年　京都大学博士（経済学）
　2011年　追手門学院大学経営学部専任講師，現在に至る
　主要業績
　　「国際会計と会計ビッグバン」桃田龍三・由井敏範編著『現代会計学と会計ビッグバン』森山書店，2007年。
　　「M&A後の収益性に関する実証分析」『産業経理』第69巻第1号，2009年。
　　「M&Aの理論と実証─先行研究サーベイ─」『追手門経営論集』第17巻第2号，2012年。

高 須 教 夫（たかす のりお）：第4章
　1951年　愛知県に誕生
　1982年　神戸大学大学院経営学研究科博士後期課程単位取得退学
　1981年　広島経済大学経済学部助手・専任講師
　1985年　近畿大学商経学部専任講師・助教授・教授
　1997年　神戸大学博士（経営学）
　2000年　神戸商科大学商経学部教授（組織変更により）兵庫県立大学経営学部教授・大学院会計研究科教授，現在に至る
　主要業績
　　『アメリカ連結会計論』森山書店，1992年。
　　『連結会計論─アメリカ連結会計発達史─』森山書店，1996年。
　　『会計とイメージ』山地秀俊・中野常男・高須教夫共著神戸大学経済経営研究所，1998年。
　　「意思決定有用性アプローチの確立と概念フレームワークの形成─アメリカにおける会計規制の観点から─」千葉準一・中野常男編著『体系現代会計学第8巻会計と会計学の歴史』，2012年。他

杉 田 武 志（すぎた たけし）：第5章
　1979年　松山市に誕生
　2008年　神戸大学大学院経営学研究科博士後期課程修了
　　　　　神戸大学博士（経営学）
　2008年　広島経済大学経済学部准教授，現在に至る
　主要業績
　　「株式会社における内部監査の起源に関する考察─17世紀ロンドン東インド会社の監査の仕組み─」『広島経済大学経済研究論集』第31巻第4号，2009年3月。
　　「17世紀イギリス東インド会社の会計帳簿の実証分析─売残商品の売価評価とその背景─」『會計』第178巻第1号，32-46頁，2010年7月。
　　「資料：ロンドン東インド会社における棚卸資産評価の実態─1664-1713年の会計帳簿を対象として─」『広島経済大

学経済研究論集』第34巻第3号, 2011年12月。
「17世紀ロンドン東インド会社における複式簿記導入の目的」『日本簿記学会年報』第27号, 95-105頁, 2012年。他

渡 邉　　　泉 (わたなべ いずみ): 第6章, 結章
　奥付を参照

佐 々 木 重 人 (ささき しげと): 第7章
　1955年　東京都に誕生
　1983年　専修大学大学院商学研究科博士後期課程単位取得満期退学
　1983年　専修大学商学部助手, 現在同大学同学部教授
　2011年　神戸大学博士 (経営学)
　主要業績
　『近代イギリス鉄道会計史』国元書房, 2010年。
　「鉄道業の会計—固定資産の維持・更新に留意された会計法規制の展開—」安藤英義他編著『体系現代会計学 第5巻 企業会計と法制度』中央経済社, 2011年。
　「19世紀イギリスの鉄道会計報告と規制」『会計史学会年報』2007年度 (第26号)。他

岡 嶋　　　慶 (おかじま けい): 第8章
　1969年　埼玉県川口市に誕生
　1997年　慶應義塾大学大学院商学研究科後期博士課程単位
　1998年　静岡産業大学経営学部専任講師
　2006年　拓殖大学商学部助教授, 現在拓殖大学商学部准教授
　主要業績
　「アメリカ監査史における貸借対照表監査の位置づけ」『環境と経営』第10巻第2号, 2004年。
　「アメリカ証券法・証券取引所法制定期における監査人への期待」笠井昭次先生古稀記念論作集編集委員会編『笠井昭次先生古稀記念論文集』, 2009年。
　「SEC監査規制史におけるマッケソン＆ロビンス事件」『三田商学研究』第55巻第1号, 2012年。他

久 保 田 秀 樹 (くぼた ひでき): 第9章
　1958年　熊本県に誕生
　1982年　神戸大学大学院経営学研究科博士前期課程修了
　1882年　滋賀大学専任講師
　1997年　神戸大学博士 (経営学)
　2006年　甲南大学経営学部教授, 現在に至る
　主要業績
　『市場経済の展開と発生主義会計の変容』滋賀大学経済学部研究叢書第26号, 1996年。
　『日本型会計成立史』税務経理協会, 2001年。
　『欧米制度の移植と日本型会計制度』滋賀大学経済学部研究叢書第41号, 2005年。
　『「日本型」会計規制の変遷』中央経済社, 2008年。他

小 野 武 美 (おの たけみ): 第10章
　1956年　埼玉県浦和市に誕生
　1986年　京都大学大学院経済学研究科博士後期課程中退
　1886年　名古屋市立大学経済学部助手
　1996年　京都大学博士 (経済学)
　1997年　東京経済大学経営学部教授, 現在に至る
　主要業績
　『企業会計の政治経済学—会計規制と会計政策の動態分析—』白桃書房, 1996年。
　『外貨換算会計』新世社, 1998年。
　「経済危機とレトリックとしての会計」『会計理論学会年報』24号, 2010年。他

編著者略歴

渡邉　泉（わたなべいずみ）：まえがき，第6章，結章を担当
　1943年　神戸市に誕生
　1968年　関西学院大学商学部卒業
　1973年　同大学院商学研究科博士課程単位取得
　1974年　大阪経済大学経営学部専任講師
　1986年　イギリスに1年間留学
　1994年　日本会計史学会賞
　1996年　関西学院大学博士（商学）
　1997年　日本会計史学会会長（現在，同学会理事）
　2001年　大阪経済大学学長（現在，情報社会学部教授）
　2012年　日本会計研究学会監事
〔主要著書〕
『損益計算史論』森山書店，1983年。
『決算会計史論』森山書店，1993年。
『損益計算の進化』森山書店，2005年。
『歴史から学ぶ会計』同文舘出版，2008年。
『会計の仕組と役割』（共編著）森山書店，1996年。
『会計基礎論〔新訂版〕』（共編著）森山書店，2010年。他

歴史から見る公正価値会計

2013年3月7日　初版第1刷発行

編著者　©　渡邉　泉
発行者　　　菅田直文
発行所　有限会社　森山書店　東京都千代田区神田錦町
　　　　　　　　　　　　　1-10林ビル（〒101-0054）
　　　　TEL 03-3293-7061 FAX 03-3293-7063　振替口座 00180-9-32919

落丁・乱丁本はお取りかえ致します　　印刷／製本・シナノ書籍印刷
　　　　本書の内容の一部あるいは全部を無断で複写複製する
　　　　ことは，著作権および出版社の権利の侵害となります
　　　　ので，その場合は予め小社あて許諾を求めてください。

ISBN 978-4-8394-2124-3